"十三五"职业教育国家规划教材
经全国职业教育教材审定员会审定
全国船舶工业职业教育教学指导委员会"十三五"重点规划教材

船体加工与装配

主　编　何志标　周启学
主　审　严　芳　詹映龙　刘桂香

哈尔滨工程大学出版社
Harbin Engineering University Press

内容简介

本书为全国船舶工业职业教育教学指导委员会"十三五"重点规划教材,按照船舶工程技术专业的核心课程"船体加工与装配"课程标准的要求编写。

本书为项目任务类教材,即依据船体建造的工艺阶段和职业岗位组建一系列行动化的学习项目,且将每个项目分解成一个个典型的工作任务。全书分6个项目共计35个任务,主要内容包括钢船建造基本知识、船体建造主体工种、船体构件加工、船体部件装配、船体分段装配、船台装配。

本书充分反映现代造船模式下船体加工与装配的主流技术,同时充分考虑高职学生的认知规律和教学实际,内容尽可能"基础化"和"简明化",做到通俗易懂、易教易学,使学生在完成项目任务的过程中获得最基本的知识、技能和素质养成训练。

本书适合作为高职船舶工程技术专业的教材,也可以作为船舶企业职工的上岗培训教材。

图书在版编目(CIP)数据

船体加工与装配/何志标,周启学主编. —哈尔滨:
哈尔滨工程大学出版社,2019.8(2024.1 重印)
ISBN 978 - 7 - 5661 - 2235 - 3

Ⅰ.①船… Ⅱ.①何… ②周… Ⅲ.①船体 - 加工 -
高等职业教育 - 教材②船体装备 - 高等职业教育 - 教材
Ⅳ.①U671

中国版本图书馆 CIP 数据核字(2019)第 175929 号

选题策划	史大伟　薛　力
责任编辑	薛　力
封面设计	李海波

出版发行	哈尔滨工程大学出版社
社　　址	哈尔滨市南岗区南通大街 145 号
邮政编码	150001
发行电话	0451 - 82519328
传　　真	0451 - 82519699
经　　销	新华书店
印　　刷	哈尔滨午阳印刷有限公司
开　　本	787 mm × 1 092 mm　1/16
印　　张	12.75
字　　数	331 千字
版　　次	2019 年 8 月第 1 版
印　　次	2024 年 1 月第 4 次印刷
定　　价	35.00 元

http://www.hrbeupress.com
E-mail:heupress@ hrbeu.edu.cn

船舶行指委"十三五"规划教材编委会

编委会主任:李国安

编委会委员:(按姓氏笔画排名)

马希才	王　宇	石开林	吕金华	向　阳
刘屈钱	关业伟	孙自力	孙增华	苏志东
杜金印	李军利	李海波	杨文林	吴志亚
何昌伟	张　玲	张丽华	陈　彬	金湖庭
郑学贵	赵明安	柴敬平	徐立华	徐得志
殷　侠	翁石光	高　靖	唐永刚	戚晓霞
蒋祖星	曾志伟	谢　荣	蔡厚平	滕　强

前　言

为规范高等职业教育船舶工程技术类专业的教学,积极推进课程改革与教材建设,提高教学质量,更好地满足我国船舶工业高质量发展的需要,全国船舶工业职业教育教学指导委员会(简称船舶行指委)和哈尔滨工程大学出版社组织全国涉船的职业院校及其骨干教师,编写了船舶行指委"十三五"规划教材。

这些教材适用于船舶工程技术专业、轮机工程技术专业和船舶电气工程技术专业,以及船舶检验、船舶舾装、焊接技术及自动化、游艇设计与制造等船舶技术类专业。

船舶行指委"十三五"规划教材大部分是在高职船舶规划教材的基础上修订而成。本规划教材注重以就业为导向,以职业能力培养为核心,面向行业企业,充分体现职业教育的特色,满足高素质实用型、技能型船舶技术类专业高等职业人才培养的需要。

本规划教材适合作为高职船舶技术类专业的教材,也可以作为船舶企业职工的上岗培训教材。

《船体加工与装配》作为全国船舶工业职业教育教学指导委员会"十三五"重点规划教材,按照船舶工程技术专业的核心课程"船体加工与装配"课程标准的要求编写而成。本书为项目任务类教材,即依据船体建造的工艺阶段和职业岗位组建一系列行动化的学习项目,且将每个项目分解成一个个典型的工作任务。全书分 6 个项目共计 35 个任务,主要内容包括钢船建造基本知识、船体建造主体工种、船体构件加工、船体部件装配、船体分段装配、船台装配。

本书由何志标、周启学担任主编,负责组稿和统稿。具体编写分工如下:武汉船舶职业技术学院何志标编写项目 1、项目 4,武汉交通职业学院赵洁编写项目 2,武汉交通职业学院周启学编写项目 3、项目 5、项目 6。

本书特别邀请武昌船舶重工集团有限公司严芳高级工程师、中船黄埔文冲船舶有限公司詹映龙高级工程师、江苏海事职业技术学院刘桂香教授担任主审,并提宝贵意见,在此一并表示衷心的感谢!

限于编者经历和水平,书中难免存在疏漏与不足之处,恳请读者批评指正,以便在修订时完善。

编者

2019 年 7 月

目　　录

项目1 钢船建造基本知识

●项目要求

知识要求

1. 初步认识造船工业在国民经济中的重要地位；
2. 掌握钢质船体建造的基本概念、主要工艺阶段及其工作内容；
3. 熟悉钢质船舶焊接船体常规建造工艺流程；
4. 了解造船模式的演变历程和现代造船模式的内涵与特点；
5. 了解"两个一体化"，即什么是"壳、舾、涂一体化"和"设计、生产、管理一体化"。

能力要求

1. 具有初步分析船体建造典型工艺阶段与常规工艺流程的能力；
2. 具有分析判断造船生产的基本原则和方式是否合适的基本能力；
3. 在系统了解船舶建造的内容、模式及生产特征的基础上，明确专业及课程的学习目标。

任务1.1 船舶建造的内容与模式

1.1.1 船舶建造的主要内容

最初的钢质船舶是通过铆钉将各构件铆接成船体的，随着焊接技术的应用和发展，焊接工艺逐渐取代了铆接工艺。现在在船体建造中普遍采用了电子计算机和数控技术，而且还应用了精度控制理论和成组技术原理，使船舶生产进一步向机械化、自动化和高效优质的方向发展。

船舶的建造过程比较复杂。在很长一段时间内，造船工艺分为船体建造和舾装工艺两部分。但是由于后来船舶建造的大型化及环保和宜人性的要求，导致船舶涂装工程量大大增加，质量要求也不断提高，涂装技术得到迅速发展，从而促使涂装作业从舾装作业中分离出来，形成独特的涂装生产作业系统。因此，按照现代造船工艺学的观点，船舶建造可分为3种类型的生产作业，即船体建造、船舶舾装和船舶涂装。

船体建造是将船用钢材制成船舶壳体的生产过程。从生产的顺序来划分，船体建造包括3个工艺阶段：

(1)将原材料制成船体零件；
(2)将零件组装成部件，进而组装成分段和总段；
(3)将分总段及少量部件总装成整个船体。

船舶舾装是将各种船用设备、仪器、装置和设施等安装到船上的生产过程。它不仅使用钢材,还使用铝、铜等有色金属及其合金,使用木材、工程塑料、水泥、陶瓷、橡胶和玻璃等多种非金属材料。舾装作业涉及装配工、焊工、木工、铜工、钳工、电工等多达十余个工种。按作业区域和专业来分,船舶舾装包括甲板舾装、住舱舾装、机舱舾装和电气舾装等工作内容。按工作地点和阶段来分,有内场预制舾装、外场分段舾装、船台舾装和码头舾装(后两者统称为船上舾装)。

船舶涂装是对全船进行除锈、涂漆的生产过程。涂装可使金属表面与腐蚀介质隔开,达到防腐蚀处理的目的。按作业顺序来分,船舶涂装可分为钢材表面预处理、分段除锈及底漆喷涂(即分段涂装)、下水前船体外部面漆涂装和交船前船舶进坞进行完工涂装等几个阶段(后两者统称为船上涂装)。

船舶是具有水上交通运输或作业等用途的工具。它是一个漂浮的建筑物,装有各种设备和仪器,能防止海水的腐蚀。欲使船舶完成预定的使命,除了必须精心设计之外,还应该精心建造。

1.1.2 现代造船模式概述

1. 造船模式的演变历程

模式的基本含义是指事物的标准样式,是从不断重复出现的事件中发现和抽象出的规律,是人们在生产生活实践当中解决问题、形成经验的高度归纳总结。只要是一再重复出现的事物,就可能存在某种模式。模式其实就是解决某一类问题的方法论,即把解决某类问题的方法总结归纳到理论高度。

造船有着不同的方式和方法,即使建造的船舶相同,在不同的船厂由于技术水平和生产条件的不同,船舶建造的方式和方法也不尽相同。不过,我们应该看到,尽管造船方式、方法多种多样,在形式上难求完全统一,但组织造船生产的基本原则和基本方式存在着一致性。这种具有共性的组织造船生产的基本原则和基本方式就是造船模式。

船舶建造是极其复杂的工程,由船体建造、船舶舾装和船舶涂装等子工程构成,具有作用面广、工种多、过程复杂、工作量大、周期长等特点。怎样高质量、高效率、短周期且确保安全地造船,是造船工作者长期以来不断追求的目标,人们在“怎样造船”和“怎样合理组织造船生产”方面所做出的努力和取得的成果集中反映到造船模式的演变和进步之上。

造船模式是不断发展变化的,但相对地在一定的时期内又是稳定不变的。追溯世界造船史,我们可以看到其大体经历了四个阶段,已经形成了四种模式。

第一个阶段(20世纪40年代以前的铆接船时代):按功能系统组织生产的造船模式。

第二个阶段(20世纪40年代中后期至20世纪50年代末的全焊接船初期):按区域、系统组织生产的造船模式。

第三个阶段(20世纪50年代末70年代初):按区域、阶段、类型组织生产的造船模式。

第四个阶段(20世纪70年代初至今):按区域、阶段、类型一体化组织生产的造船模式。此种模式一直沿用至今,已被国内外造船界公认为当今最先进的造船模式。

以上四种模式从本质上看,可分为两大类:前两种模式为一类,称为系统导向型的传统造船模式;后两种模式为另一类,称为产品导向型的造船模式,见表1-1。

表1-1 造船技术水平、模式及特征一览表

第一级水平	第二级水平	第三级水平	第四级水平	第五级水平
整体制造模式	分段制造模式	分道制造模式	大批量定制模式	敏捷制造模式
木船制造技术	焊接技术	成组技术	模块化造船技术	敏捷制造技术
系统导向	系统和区域导向	区域、类型和阶段(中间产品)导向		
船台散装	分散建造	分段建造	壳舾涂一体化	设计、制造一体化
码头舾装	预舾装	区域舾装		
整船涂装	预涂装	区域涂装		
劳动密集型		设备密集型	信息密集型	知识密集型
离散型生产过程		连续型生产过程		
传统造船		现代造船(模块化造船模式)		未来造船

2. 现代造船模式的一般概念

现代造船模式的主要特征就是把传统造船按功能、系统和专业的设计、生产、管理方式改变为按区域、阶段和类型的设计、生产、管理方式,又把传统造船的全能厂性质改变为总装厂性质。可形象化地认为,现代造船模式是一种以"块"(区域)代"条"(系统)的造船模式,也就是把"块"作为船舶建造过程中的一个产品,整合所需的一切生产资源(含人、财、物),进行合理的空间上分道、时间上有序的船体建造、舾装、涂装一体化作业,以确保船舶建造质量与生产效率的提高、建造周期的缩短及生产成本的控制。现代造船模式与传统造船模式的区别见表1-2。

表1-2 现代造船模式与传统造船模式的区别

特征	传统造船模式	现代造船模式	
		初级阶段	高级阶段
生产组织特征	系统导向型 (按功能/系统/专业)	区域导向型 (按区域/阶段/类型)	产品导向型 (按中间产品/阶段/类型)
设计技术特征	手工画图	手工与计算机画图相结合	计算机画图
制造技术特征	按专业划分作业	按区域划分作业	按中间产品划分作业
管理技术特征	按专业分系统管理 属调度型	按区域综合管理 属计划调度型	按中间产品综合管理 属计划型
计算机应用特征	性能计算	CAD/CAM/MIS	CIMS

3. 现代造船模式的内涵与特点

现代造船模式是通过科学管理,特别是通过工程计划对各类中间产品在船舶建造过程中的人员、物料、任务和信息的强化管理,以实现作业的空间分道、时间有序、逐级制造、均衡连续地总装造船。现代造船模式运用了许多新理论、新技术,如统筹优化理论、系统工程技术、成组技术,所以现代造船模式可理解为以统筹优化理论为指导,以中间产品为导向,按区域组织生产。

现代造船模式的内涵可归纳为以下几个方面。

(1)成组技术的制造原理和相似性原理,以及系统工程技术的统筹优化理论,是形成现代造船模式的理论基础。

(2)应用成组技术的制造原理,建立以中间产品为导向的生产作业体系,是现代造船模式的主要标志。

(3)中间产品导向型的时差作业体系的基本特征是以中间产品的生产任务包形式体现的。

(4)应用成组技术的制造原理进行产品作业任务分解,以及应用相似性原理按作业性质(壳、舾、涂)、区域、阶段、类型分类成组,必须通过生产设计加以规划,其中按区域分类整组,建立区域造船的生产组织形式,是形成现代造船模式的基础和必要条件。

(5)应用系统工程的统筹优化理论优化现代造船生产作业体系以形成"两个一体化"是现代造船模式的核心。"壳、舾、涂一体化",指以船体为基础、舾装为中心、涂装为重点,将不同性质的三大作业类型,建立空间上分道、时间上有序的立体优化排序。"设计、生产、管理一体化",指充分运用数字化信息技术,将设计体系、生产体系和管理体系三者有机结合起来,使设计图纸与生产的各工序、各工位的施工方法和管理要求一一对应,形成高度协调的有关"造什么样的船""怎样造船"和"怎样合理组织造船生产"的解决方案,使整个船舶建造过程实现最优化,如图 1 - 1 所示。

现代造船模式具有如下特点。

(1)对生产设计工作进行变革,生产设计的过程是在图面上完成"模拟造船"的过程。

(2)以中间产品为导向,实现分段区域化制造。

(3)在分段制造过程中,最大限度地实现壳、舾、涂一体化作业。

(4)作业者的专业分工逐渐消失,向一专多能方向发展。

(5)设备的采购、供应实现纳期和托盘化管理。

(6)造船生产计划实行节点管理,造船生产的计划性得到了有效的加强。

(7)船舶制造过程逐步实行有条件的集成化、模块化、标准化。

(8)船舶制造厂向总装厂发展。

现代造船模式的推行和有效实施,必将把造船企业的制造技术和生产、管理的水平推向一个新的高度。

设计	生产	管理
设计思想	建造策略	管理思想

理论指导　　　　　统筹优化理论　　　　改善作业方法、提高效率，
　　　　　　　　　成组技术原理　　　　按制造特性组织作业

船舶设计　　　　　建造方针　　　　　早期策划
　　　　　　　　　建造计划　　　　　设计方针、建造方针
　　　　　　　　　　　　　　　　　订货方针、质量方针

系统分解　　　　　生产设计　　　　　中间产品导向
区域/阶段/类型　　中间产品分解　　　模拟造船，按区域出图，
　　　　　　　　　　　　　　　　　用船舶建造编码标识

组织生产　　　　　壳、舾、涂一体化区域造船　　统筹协调
　　　　　　　　　　　　　　　　　计划管理、物资管理
　　　　　　　　　　　　　　　　　成本管理、质量管理

生产组织　　　船体　　涂装　　区域　　按船舶制造特性
　　　　　　　分道作业　阶段渗透　舾装作业　划分区域劳动组织，
　　　　　　　　　　　　　　　　复合工种自主管理

中间产品　　　零件　　底漆　制作件　外购、外协
　　　　　　　部件　　　　单元　综合生产
　　　　　　　组合件　　　管件　归类生产
　　　　　　　　　　　　模块　专业生产
　　　　　　　　　　　　设备　订货生产

　　　　　　　　　　　　托盘　　　生产管理
扩散生产　　　分段　　　　　　　　基本单元
　　　　　　　　　　　上建　货舱　机舱

　　　　　　　分段　　　　分段舾装　区域/阶段
　　　　　　　组合　　　　　　　　安装
　　　　　　　　　　　单元舾装

总装造船　　　　　　　　　　　　协调作业完成量

形成系统　　　　　船台大合拢，　　系统完整性试验
　　　　　　　　　船内舾装、涂装

　　　　　　　　　下水后码头工程

船舶产品　←　　　试航交船　　←　售后服务

生产技术
准备阶段
（模拟造船）

船舶建造阶段
（总装造船）

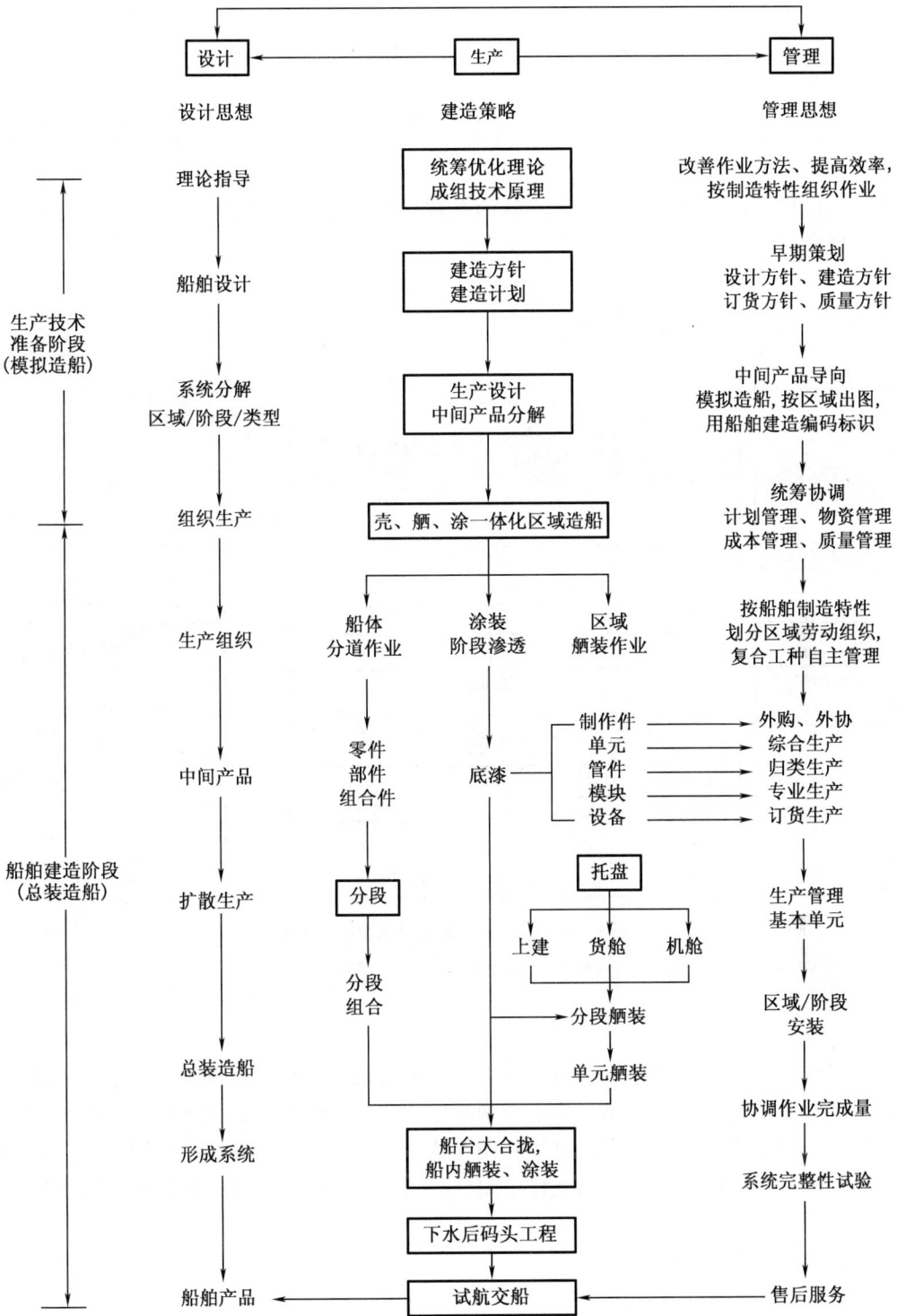

图 1-1　设计、生产、管理一体化示意图

任务 1.2 船体建造工艺流程

目前造船界正在推行"壳、舾、涂一体化"和"设计、生产、管理一体化"的造船模式,即将上述 3 种类型的生产作业按模块划分成区域,在每一个区域内都要完成"壳、舾、涂"的生产任务,在壳、舾、涂一体化过程中,以正确的管理思想主导设计、生产、管理。但是钢质船舶焊接船体常规的建造工艺流程仍然是如图 1-2 所示的形式。

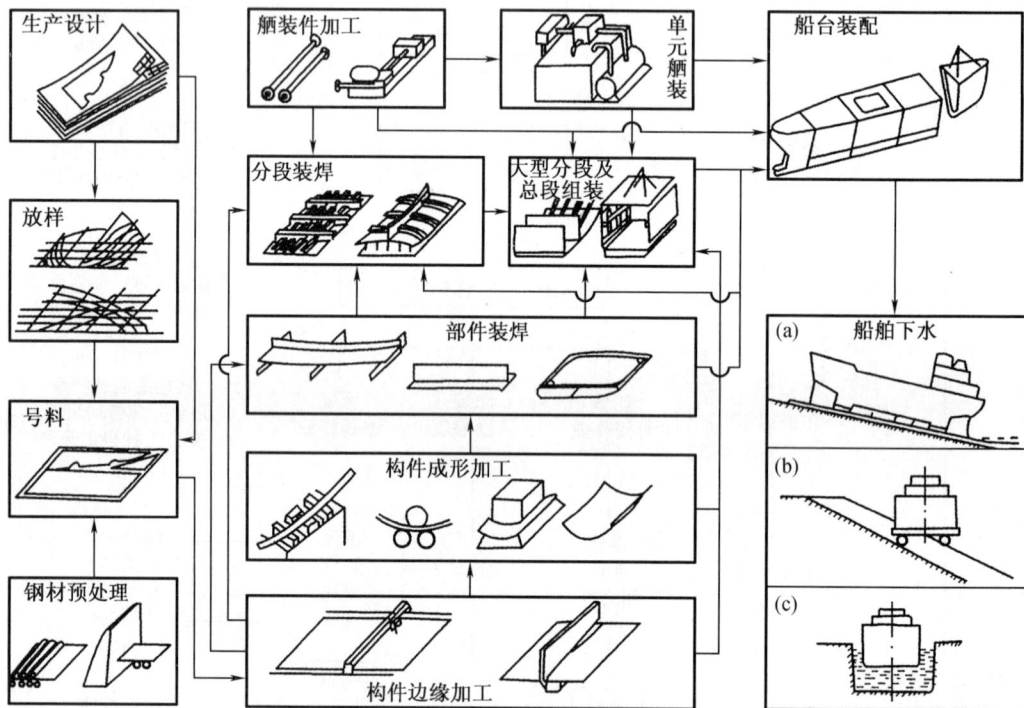

图 1-2 钢质船舶常规建造工艺流程图
(a)重力式;(b)机械式;(c)漂浮式

1. 船体放样

船体放样是以设计型线图为基础,按 1:1 或其他较大的比例在放样间的地板上通过几何作图进行手工放样,或运用数学方法编制程序利用计算机进行数学放样。不论采用上述何种方法,均需要先进行船体理论型线三向光顾,再进行纵横结构线放样及板缝排列,接着进行船体构件及舾装件展开,然后制作草图、样板、样箱或程序文件等放样资料以供后续工序使用。

2. 船体钢材预处理和号料

在对船体钢材进行矫正和表面锈斑的清理、防护等预处理工作后,再应用草图、样板、样箱或程序文件等放样资料,把放样展开后的各零件图形及其加工、装配符号,画到平直的钢板或型钢上去,这个过程称为号料。有时号料工序还与切割工作结合进行,如数控切割机就是在号料的同时将零件外形切割完毕,这实际上取消了号料工序。

3. 船体构件加工

在号料后的钢材上制作各种船体零件,需要进行切割分离、开坡口和磨边等作业,这个过程称为船体构件的边缘加工。它是通过机械剪切(如剪、冲、刨、铣等)或火焰切割等工艺方法来完成的。边缘的形状分为直线边缘、曲线边缘,其中有些边缘具有焊接坡口。

经过边缘加工后的船体各个零件的表面都是平直的,其中有一部分需要弯曲成它在船体空间位置上应具有的曲面或曲线形状,其弯制过程称为船体构件的成形加工。它是通过各种机械设备(如辊弯机、压力机、弯板机、折边机、撑床、肋骨冷弯机等)在常温下进行冷弯成形加工,对少数曲形复杂的构件则在高温下进行热弯成形加工,或采用水火弯制工艺来实现。经过加工后的船体零件就是船体结构构件。

4.船体装配

船体装配是把船体构件组合成整个船体的过程。因为船体建造方案不同,所以船体装配的工艺程序也不同。如分段建造法的船体装配分3个阶段进行:一是由船体零件组合成船体部件的部件装配,如T形梁、板列、肋骨框架、主辅机基座、艉柱、艏柱、舵、烟囱等部件的装配。二是由船体零件和部件组合成船体分段的分段装配,如底部分段、舷侧分段、甲板分段、舱壁分段、上层建筑分段、艏艉立体分段等的装配。以上两个阶段多半是在船体装配车间内进行的。三是由船体分段和零部件组合成整个船体的总装阶段。这个阶段是在船台或造船坞内完成的。因为我国多数在船台上总装,所以又称为船台装配。

又如总段建造法的船体装配与分段建造法的船体装配相比,增加了一个工序,即将已装配好的各个分段和零部件组合成总段后,再送交船台进行大合拢。

再如传统而落后的整体建造法,其装配方式为散装法,只有两个装配阶段:部件装配和船台装配。也就是说,由船体零部件直接在船台上组合成整个船体。

5.船舶焊接

船舶焊接是运用焊接技术并采用合理的焊接程序,将已装配妥的船体部件、分段(或总段)、整个船体的各种接缝,按照设计要求连接起来,从而使各种船体构件结合成一个整体。实际上船舶焊接是渗透在船体装配的整个过程中的,如船体部件焊接完成后才能进行分段(或总段)的装配,分段(或总段)焊接完成后才能进行船台装配等。

6.火工矫正

船体焊接都会产生局部和整体变形。船体部件焊接变形可采用机械矫正,也可采用火工矫正。但是分段、总段及整个船体的体积大、质量也大,其焊接变形无法用机械矫正,主要靠火工矫正。火工矫正是利用焰具局部加热变形部位,使之热胀冷却收缩而矫正变形的。船体部件如T形材、肋骨框架等在装焊后安装前应予以矫正。船体分段也须在分段装焊后船体总装前进行矫正。船台装配完工后还应进行一次全面彻底的火工矫正。

7.密性试验

船体上的许多连续焊缝,特别是水下部分的外板、舱壁、舵等的焊缝必须保证水密,船上的油舱和油船的各舱则要保证油密。因此,这些部位的焊缝需要进行密性试验(灌水、冲水、气压、充气、煤油等试验)来检查其质量,以防航行中漏水、漏油,确保航行安全。有些重要船舶或重要部位的焊缝质量还需运用仪器来检查,如超声波探伤、X光探伤等。

8.船舶舾装

船舶舾装的主要内容有各种设备和管系的安装、电气安装、木工作业、绝缘作业、舱室设备安装、房间修饰等。船舶舾装是一项相当复杂的工作,不仅需要各个专业工种的相互配合,而且需要生产上的合理组织与安排,以便最大限度地缩短造船的总周期。过去除少数舾装工作在船台上进行外,大多都是在船舶下水后移泊于舾装码头进行的,所以又称为码头舾装。

现代造船则尽量把舾装工作提前完成,如把码头舾装工作提前到船台装配时进行,把船台上的舾装工作提前到分段或总段装配时进行(如管系的安装等),使船舶舾装工作与船体建造工程成为平行作业的方式来进行,称为预舾装。也有的是将舾装件先组装成完整的舾装单元。例如在机舱分段中,根据缩比模型设计,把机舱中各附件先在分段内进行安装,这样,就使船舶在下水前完成了大量的机舱舾装工作,下水后移泊于码头时,只花费较少的时间即可完成全部舾装工作和一些收尾工程,并做好船舶试验的准备工作。

9. 船舶涂装

为了防止钢材腐蚀,延长船舶的使用寿命,必须对钢材和船体进行除锈、涂漆处理,这项工程作业称为船舶涂装。船舶涂装除了船体防腐外,还有外表装饰和船底防污等作用。

10. 船舶下水

船舶虽然是一种水上工程建筑物,但却是在陆地上建造的。当船舶建造完工后,必须把它从建造区(船台或造船坞)移至水中,这个过程称为船舶下水。船舶下水的方式多种多样,常见的有3种:重力式下水、漂浮式下水和机械化下水。

11. 船舶试验

船舶试验包括系泊试验、倾斜试验和航行试验,分两个阶段进行。

系泊试验是当系泊于码头的船舶的船体工程和动力装置安装基本完工,船厂在取得用船单位和验船部门的同意后,根据设计图纸和试验规程的要求,对该船的主机、辅机及各种设备和系统进行的试验,其目的是检查船舶的完整性和可靠性。系泊试验是航行试验前的一个准备阶段。

倾斜试验是对已完工船舶重心位置的测定,要求在静水区域进行。

以上是第一阶段的试验。

航行试验通常称为"试航",它是对所建造的船舶进行一次综合性的全面考核,是第二阶段的试验。按照船舶的类型,试航规定在海上或江河中进行。出航前,必须带足燃料、滑油、水、生活给养、救生器具及各种试验仪器、仪表和专用测试工具。航行试验分为空载试航和满载试航两种,由船厂会同用船单位和验船部门一起进行,就像正常航行时那样,对主机、辅机、各种设备系统、通信导航仪器及该船的各种航行性能等做极限状况的试验,以测定是否满足设计要求。

12. 交船与验收

当船舶试验结束后,船厂应立即进行消除各种缺陷的返修和拆验工作,并对船舶本体和船上的一切装备按照图纸、说明书和技术文件上的项目,一一向用船单位交验,譬如逐个舱室的移交,备品的清点移交,主辅机、各种设备系统和通信导航仪器的动车移交等。当上述工作结束后,即可签署交船验收文件,并由验船部门发放合格证书,用船单位即可安排该船参加运营。

任务 1.3 造 船 工 业

造船是建造船舶、近海平台和其他浮动装置的生产活动。造船生产具有一些固有的特征。第一,从技术类型来看,造船属于装配型工业,对配套工业的依赖性较强,所以造船生产须着重解决材料和设备的供应问题。第二,从订货方式来看,造船属于订货型,船厂根据船东的使用要求"定制"产品,生产任务由市场需求来决定,因而产品的品种与批量具有不确定性。第三,从生产类型来看,造船属于多品种、小批量或单件生产,生产过程不稳定,因此要求船厂设备和生产组织具有一定的柔性。第四,从作业性质来看,造船属于技艺型,工人的素质对产品质量影响较大,这就要求加强对工人的培训,适当稳定作业内容。造船生产的这些特征是造船企业经营与管理的基本出发点。

造船工业通常在开放的世界市场中经营,因而容易受外部环境的影响。例如,世界政治格局、军事形势、国际贸易、科技进步、金融市场、海运事业、配套工业及国家法令等,都能直接或间接地影响一国乃至全世界的造船工业。了解有关背景知识,有助于理解造船工业所面临的实际问题。

1.3.1 造船生产要素

造船生产活动所必须具备的资金、人员、材料、船厂设备和厂址条件等称为造船生产要素。

1. 资金

我国的造船生产原属于计划经济,政府部门通过拨款的方式为造船提供资金保证。随着经济体制改革的深入,目前建造国内船舶多数采取银行信贷的方式来筹措资金,这就迫使船厂或船东重视造船的经济效益和考虑企业的偿还能力。出口船舶的建造则根据合同规定由船东支付现金,例如,按建造阶段——签约、开工、上船台、下水和交船的日程安排分期付款(如每期为船价的 20%)或延期付款(如上述 5 期分别为 2.5%、2.5%、5%、5%、5%,剩余的80%在 10 年内分期还本付息)。政府间贸易则可能采取"以货易船"或"补偿贸易"等方式。在这种情况下,船厂所需的资金可由政府做出相应的安排。

2. 人员

船厂的工作人员包括脑力型人员和劳力型人员两种类型。前者从事经营、设计和管理等工作,后者承担生产性或服务性工作。尽管船厂实现了某种程度的机械化和自动化,但造船工业仍然是一个劳动力密集型产业部门。它除了需要数量众多的工人以外,还需要一个广泛的生产与非生产性工种的组合。生产性工种如放样工、样台木工、机床操作工、气割工、装配工、气刨工、批铲工、焊接工、火工、管子工、钣金工、钳工、电工、细木工、除锈工、油漆工、冷凝工、帆缆工,等等。服务性工种如脚手架工、起重工、通风照明工、焊接检验员、仓库保管员、安全员,等等。脑力型人员由高等学校和职业技术院校培养或从基层人员中提拔,劳力型人员由职业技术院校输送或由船厂向社会招收艺徒进行培训。

3. 材料

造船材料泛指钢材、铝合金、增强塑料、舾装材料、配件及机电设备、仪器、仪表等。在我国,材料供应由物资部门归口。主机、发电机、雷达等机电设备由船厂向有关工厂订货,电器、五金等器材可以在市场上采购,锚、螺旋桨等专用配件可以由外厂协作,外部不能提供的设备和配件则由船厂自己制造。材料的订货、采购、外协和自制统称材料采办。出口船用的材料和设备须经合同谈判商定,由指定厂商供应。船用材料和设备种类繁多,其合理选用和及时采办在船舶设计和制造中显得十分重要。

4. 船厂设备

船厂设备是造船所必需的手段,包括水工设施和工艺装备两大类。水工设施是指船台、船坞、码头等濒水建筑物。工艺装备是指加工设备、起重运输设备、焊接设备、装焊平台和管件生产线等造船设施。船厂设备不仅直接反映了船厂的生产能力和工艺方法,也是船东评价船厂技术水平的重要依据之一。例如,船厂若有钢材预处理流水线,则表明其涂装技术已进入前期管理的水平,具备了承接出口船合同的必要条件。因此,船厂设备的现代化与合理化,对吸引订货有着不可低估的作用,因而已成为世界各国船厂技术改造的重要内容。

5. 厂址条件

造船工业对船厂的地理位置有特殊要求。船厂必须在航道上,以便船舶建成后能自由通航。船厂应位于或接近工业区,这样可以减少船用材料与设备的运输费用,也可以分享电、水、交通、通信等公用设施。从世界范围来看,某些地区能为造船工业提供特别廉价的劳动力,也就成为厂址选择上十分有利的因素。例如,20世纪70年代后期韩国造船工业的崛起,主要是靠该地区的劳动力便宜这一有利因素。

1.3.2 造船成本与船厂利润

船舶价格一般包括造船成本和船厂利润两部分。

1. 造船成本

造船成本通常由人工成本、材料成本和一般管理费3项构成。人工成本是指建造一艘船舶所支付的工资、奖金、津贴等费用。材料成本是指建造一艘船舶所需的材料、设备、配件和能源等费用。一般管理费则包括设计费、行政费、设备折旧费及付息、纳税等项费用。造船成本一般占船舶价格的85%~95%,其余为造船利润。

人工成本和材料成本是造船成本的主要组成部分,由于工资和物价等因素的影响,其变化趋势是上升的。两者在造船成本中所占的具体比例视生产国、船型和尺度的不同而异。表1-3所示为美国和日本大型油船成本构成。表中,美国的材料费和人工费共占总成本的66%,而日本为83%。表1-4表明,不同船型的船舶其成本构成也有显著差别。军舰由于舾装工作量大而使人工成本所占比例上升,而材料成本则趋小。船舶尺度大小对材料和工时消耗影响较大。例如在日本,小型散货船的材料费占总成本的47%,人工费占35%;而中型散货船的材料费占总成本的52%,人工费占30%。

表1-3 美国和日本大型油船成本构成(%)

国别	材料费	人工费	管理费	其他	合计
美国	24	42	29	5	100
日本	54	29	10	7	100

表1-4 各种船舶的成本构成(%)

船型	项目	制作	舾装	机装	其他	总计
油船	材料费	17	16	20	2	55
	人工费	8	12	3	2	25
	管理费	–	–	–	–	20
	合计	25	28	23	4	100
货船	材料费	8	21	24	2	55
	人工费	5	13	3	2	23
	管理费	–	–	–	–	22
	合计	13	34	27	4	100

表 1 -4(续)

船型	项目	制作	舾装	机装	其他	总计
驱逐舰	材料费	6	18	15	1	40
	人工费	4	17	5	4	30
	管理费	-	-	-	-	30
	合计	10	35	20	5	100

2. 船厂利润

船舶成本项目也可以按固定成本和变动成本进行分类。不随批量增减而变动的成本称为固定成本,例如借入资金的利息,厂房和设备等固定资产的税金,固定资产的折旧费,不能随意解雇的职工的工资,等等。随着批量增减而变动的成本称为变动成本,例如材料费,水、电、燃气气费用,固定职工的奖金,加班津贴,合同工的工资,等等。如果船舶销售价格和变动成本与船舶批量的关系是线性的,那么船厂的经济效益可由盈亏平衡图进行分析。如图 1 -3 所示,直线 AD 表示固定成本,直线 AC 表示随着批量的增加而增加的变动成本。它与 AD 叠加成造船总费用。直线 OB 表示船舶批量变化时的销售价格,它是船厂的经济收入。则 AC 与 OB 的交点 E 称为盈亏平衡点,或叫损益平衡点:低于 E 点,船厂有亏损;超过 E 点,船厂能盈利。图中的阴影部分为造船利润。在船价确定的情况下,如果总费用线上升,则盈亏平衡点上移,利润额减少。如果变动成本率不变,那么销售批量增加,船厂的利润也相应增加。因为

$$利润 = 收入 - 成本$$

所以降低建造成本就可以增加造船利润。一般认为,盈利能力是船厂经营好坏的标志。

事实上,船舶生产属于多品种、小批量类型,船厂的收入和总费用与船舶批量的关系可能都是非线性的,因而可能出现两个盈亏平衡点,如图 1 -4 所示。在这种情况下,存在着能使船厂获得最大利润的最佳批量 M,批量超过 M 时,船厂的利润反而减少。

总收入曲线上一点的纵横坐标比值代表平均船价,总成本曲线上一点的纵横坐标比值代表平均成本。由图 1 -4 可以看出,随着批量的增加,平均船价有所下降,体现了规模经济性;但平均成本则可能随着批量而同步上升,因为增加批量可能迫使船厂增添设备,增加合同工或让工人加班加点。

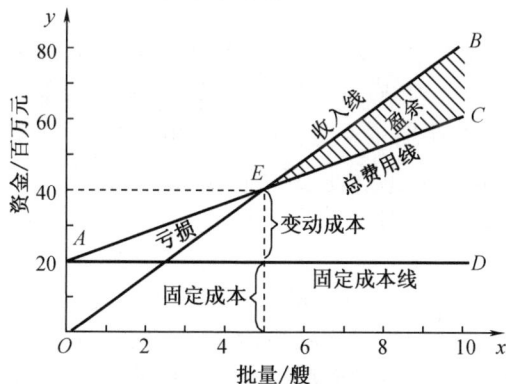

图 1 -3 盈亏平衡图

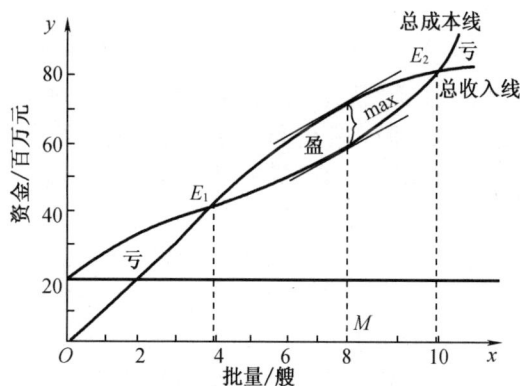

图 1 -4 最佳船舶批量

1.3.3　国际船舶市场

各造船国家的主要船厂,基本上都在敞开的世界市场中经营,只要报价合理,质量可信,交船期短,都可能得到订货合同。因而造船工业的国际竞争比较激烈。

1. 市场占有率

一个国家于某一时期承接合同船舶的吨位在世界船舶合同总吨位中所占的比例称为市场占有率。世界主要造船国家市场占有率的历史变迁为:从 20 世纪初到 20 世纪 50 年代,英国的造船能力一直遥遥领先,日本于 20 世纪 60 年代开始超过英国,从 20 世纪 70 年代起稳占世界船舶产量一半,韩国是一个新兴工业化国家,其造船工业于 20 世纪 70 年代后期开始腾飞,于 20 世纪 90 年代中期跃居世界第一。

我国造船工业一直立足于国内市场,从 20 世纪 80 年代初期开始打入国际市场。1987年虽跃居世界第 3 位,但市场占有率仅为 3.5%;1997 年达到 5%;2005 年我国造船量1 200万载重吨,市场占有率为 18%。2008 年,我国造船完工量、新接订单量和手持订单量等造船三大指标分别占世界份额的 29.5%、37.7%、35.5%,全面超越日本,位居世界第二。2010年,我国造船完工量、新接订单量和手持订单量等指标分别占世界份额的 41.9%、48.5%、40.8%,全面超越韩国,稳居世界第一。近几年来,我国造船量占世界的份额虽有一定变化,但基本保持了世界第一大造船国的地位。市场占有率的变迁,说明造船生产要素的优势发生了地区性转移。

2. 造船能力与海运能力

2000 年以来我国经济增长率保持在 9% 左右。2010 年以后,我国经济仍将保持平稳快速增长。我国经济的持续快速增长,对推动世界经济复苏发挥了积极作用。

若干年来,我国经济的快速增长也为国际航运市场注入了空前的活力,带动航运市场进入多年少见的繁荣。如 21 世纪初几年间,我国干散货海运量平均增长 19%,将陷于低潮的国际干散货市场推到了前所未有的巅峰。中国因素已经成为国际航运市场的决定性力量。当然,国际航运市场也会出现暂时的低谷,但总体形势仍将继续保持兴旺。

由于国际航运市场总体保持兴旺,世界航运业对运输安全更加重视,老旧船舶更新速度在一定程度上加快,对新船的需求也在增长。据统计,2010 年以来,中国造船产量占世界市场份额一般超过 35%,已经形成中、韩、日"三足鼎立"的世界造船格局。

3. 竞争因素与船价背景

价格、质量、交船期是反映造船工业竞争能力的 3 个要素。从船东的立场来看,首先考虑的是船价问题,在急需船舶的情况下,通常在报价合理、质量可信的投标者中挑选交船期短的船厂,而在船价和质量方面可能会稍作让步。如果船东希望自己的船舶吸引海员上船工作,并招揽旅客或货主用船,或许宁愿花更多的时间和金钱,向质量信得过的船厂订购船舶。因此,价格、质量和交船期是船东招标的考虑因素,也是船厂中标的决定性因素。其中,船价对于船厂争取订单的成败影响最大。

船价是一个复杂的问题,它不仅受建造成本的影响,还受船舶市场和国际金融的影响。首先,船价属于市场调节型,需求形势的变化决定了船价的变化趋势:需求上升,船价坚挺;需求下降,船价疲软。其次,市场波动和汇率变动对造船也有重要影响。市场波动方面,由于国际经济和造船市场波动的周期性规律,船市的兴旺与疲软也会随之发生变化。汇率变动将对造船业竞争力产生重大影响。如果国内货币增值,则用相同数量的外汇兑换成国内货币的数量就减少;如果国内工资率和材料费一时不变,那么用同样的材料和工时造船所耗费的外汇增加,船厂利润也就减少。2004年韩元兑美元汇率升值近14%,造成韩国造船企业收益状况普遍恶化,人民币汇率变化则势必影响中国造船企业的经济效益。

1.3.4 政府干预

政府干预企业经济主要是由企业的外部经济性问题所决定的。如果企业的经营活动导致其原材料供应厂商扩大生产规模,降低生产成本,从而使所有客户都享受到原材料降低价格的好处,那么可以认为该企业提供了外部经济性,反之,如果企业的经营活动使消费者或整个社会受到损害,例如造成公害,那就形成了外部不经济性。政府干预企业经济就是为了扶植外部经济性而限制外部不经济性,例如对前者给予补贴或奖励,而对后者加以征税或罚款。

1. 造船工业的地位

政府扶植造船工业还有着深远的战略意义。

首先,造船工业对于许多国家来说是国防工业的一个组成部分,海军的装备与维持依赖于船厂。因此,造船能力也是一种储备国防能力。一旦战争发生,船厂可以集中生产战舰,商船可以改成军辅船。

其次,造船工业是一个综合性的工业部门,它能带动相关工业部门,因而能对国家的发展起推动作用。造船工业可以成为国家发展的推动力的理由有以下3点:第一,造船是一个中等技术的工业部门,这与新兴工业化国家生产要素中人工成本的优势相一致,即技术问题并不是不可逾越的障碍,而劳动力密集型的造船工业为拥有大量廉价劳动力的国家创造了更多的就业机会;第二,国际船舶市场特别开放,买船的客户遍布全世界,新创建的船厂由于人工成本低而能提供低价船舶,因此能在国际市场中站稳脚跟,不断为国家创造外汇;第三,造船是装配型的工业部门,与其他工业部门关系密切,它的发展能刺激一大批工业部门(如钢铁工业、机械工业、电力工业等)的发展,对于国家的工业化来说是至关重要的。

2. 国家对造船工业的干预

国家对造船工业的保护政策可追溯到1920年美国的《商船条例》。该条例提倡保留一支商船队,以便在战时充作海军辅助船队。1936年的修改条例规定提供"建造差额补贴"和"运营差额补贴"。"建造差额补贴"是指对于一艘给定的船舶,美国船厂提出的最低投标价格与国外成本效益最高的船厂提出的最低投标价格两者之间的差额。只要这一差额不超过建造成本的55%(以后减为35%),联邦海事委员会就可以支付补贴。另外,美国船主有权享受"运营差额补贴"。即在指定航线上美国籍船舶的运营成本与同航线上其他国籍船舶的运营成本两者之间的差额,也由联邦海事委员会负责补贴,但要求船舶必须现代化,配备美国船员,以及由美国船厂建造。这两项补贴直接或间接地帮助了美国商船建造业。

20世纪70年代中期以来,由于造船吨位下降,世界范围内对造船业的资助倍增。主要表现为增加资本投资,增加补贴,减免税收,加速船舶折旧。各国政府还采取支持新船订货、供货优先、给予沿海贸易权和提供船用燃料资助等方式来支持海运业,使造船业也相应得益。近年来各国政府所提供的常规补贴是一种优惠的信贷方式,规定船舶价格的80%可以通过贷款筹措资金,偿还期为7~8年,固定利率为每年7%~8%或更低。

当然,政府干预也可以表现为对本国造船活动的限制。例如,1976—1978年间,由于油船订货较少,日本的造船厂商都转向中小型散货船生产,以极低的船价与欧洲经济共同体厂商争夺订单,由此产生了国际纠纷。欧洲各国政府向日本政府施加压力,迫使日本政府在其权限之内对船价强行限制,将合同价格提高5%,并保证不接受共同体国家船东的订货。政府还责成船厂削减生产能力,并减少生产设备供应,提高运费价格,使竞争双方的船价差距有了明显的缩小。

对私营船厂实行国有化是政府干预造船工业的最有力手段。国家控制船厂以后就能够有效地进行需求管理,在所属船厂之间合理地分配商船建造合同和军舰建造任务,有计划地对国营商船队和海军进行规划和建设。另外,政府还可以通过特殊贸易的方式为国营船厂争取订单。即使没有商船订货,政府可根据防卫计划为国营船厂安排军舰研制任务。英国的造船工业就是一个例子。20世纪60年代,英国的造船工业面临危机。为了渡过难关,一些私营船厂在政府的倡议下合并成地区性造船集团,然而造船工业仍不景气。为了保护本国的造船工业,英国政府于1976年对该集团实行国有化,即成为现在的英国国营造船公司。英国对私营船厂实行国有化,既保留了国防工业的生产能力,又在一定程度上保持了地区就业的稳定性,充分体现了政府干预的巨大作用。

思考与练习

一、问答题

1. 钢质船舶建造的主要内容有哪些?

2. 钢质船舶焊接船体常规建造工艺流程包括哪些主要工艺阶段?

3. 从20世纪40年代以前的铆接船时代开始到现在,造船模式的发展已经历了哪几个阶段,形成了哪几种造船模式?

4. 现代造船模式与传统造船模式相比有哪些区别?

5. 现代造船模式的内涵与发展趋势是什么?

6. 造船生产具有哪些固有的特征?

7. 造船生产有哪些生产要素?

8. 什么是造船成本?什么是船厂利润?

9. 什么是船舶市场占有率?造船工业竞争能力有哪些要素?

10. 请查阅了解我国造船工业现在的市场占有率是多少,还需要做哪些改进。

11. 在国民经济中造船工业具有什么样的地位?

12. 国家可对造船工业有什么样的影响?

二、选择题(单项选择题,即只有一个答案是对的)

1. 将船用钢材制成船舶壳体的生产过程是 ( )

A. 船体建造
B. 船舶舾装

C. 船舶涂装
D. 船舶下水

2. 将各种船用设备、仪器、装置和设施等安装到船上的生产过程是 ( )

A. 船体建造
B. 船舶舾装

C. 船舶涂装
D. 船舶试验

3. 对全船进行除锈、涂漆的生产过程是 ( )

A. 船体建造
B. 船舶舾装

C. 船舶涂装
D. 船舶焊接

4. 造船生产具有一些固有的特征。下列明显不是其特征的是 ( )

A. 造船属于装配型工业

B. 造船属于订货型

C. 造船属于多品种可批量生产

D.造船属于技艺型,工人的素质对产品质量影响较大

5.反映造船工业竞争能力最重要的3个要素是 （ ）

A.价格、质量和交船期

B.价格、质量和营销手段

C.价格、质量和船厂设备条件

D.价格、质量和汇率

三、判断题(对的打"√",错的打"×")

1.船舶的建造过程比较复杂。船舶建造可分为船体建造、船舶舾装和船舶涂装3种类型的生产作业。 （ ）

2.船体建造包括将原材料制成船体零件、将零件组装成部件或进而再组装成分段和总段、总装成整个船体等3个步骤。 （ ）

3.造船的生产要素有资金、人员、材料、设备等,与厂址条件没有关系,在大城市里都可以办大型船厂。 （ ）

4.造船成本通常由人工成本、材料成本和一般管理费3项构成。 （ ）

5.人工成本和材料成本是造船成本的主要组成部分,两者在造船成本中所占的具体比例视生产国、船型和尺度的不同而异。 （ ）

6.汇率变动对我国造船工业没有什么影响。 （ ）

7.造船工业对我国来说仍是需要大力发展的产业。因为它能促进就业,创造外汇,推动国家的工业化,同时,造船能力也是一种储备的国防能力。 （ ）

项目2　船体建造主体工种

●项目要求

知识要求

1. 熟悉船舶切割方法的分类及应用特点；
2. 了解船体构件加工方法与设备的分类及冷加工设备配置的基本状况；
3. 熟悉火工与其他工种的关系以及水火弯板、火工矫正的基本原理；
4. 了解船体装配常用的工具、设备及其使用方法；
5. 熟悉胎架结构与作用以及胎架设计与制造的方法；
6. 了解常用焊接方法的基本原理及应用特点。
7. 了解船厂安全文明生产行为规范。

能力要求

1. 经过实训能掌握手工气割、半自动气割或自动气割的基本操作技能。
2. 经过实训能掌握构件冷加工如机械剪切、辊弯、压弯等的基本操作技能。
3. 经过实训能掌握水火弯板、火工矫正的基本操作技能。
4. 经过实训能掌握使用常用画线、测量及装配工具的方法。
5. 能进行胎架设计与制造。
6. 经过实训能掌握手工焊接、埋弧自动焊的基本操作技能。
7. 牢记"安全第一"的方针,树立严格遵守安全生产行为规范的意识。

任务2.1　切割工基本知识与技能

从船舶建造流程来看,船舶切割过程主要集中在材料加工这个环节上,且贯穿船舶建造全过程。

2.1.1　船舶切割综述

1. 船舶切割的分类和应用

随着新材料和新能源不断地被人们开发和利用,各种材料的切割方法也在不断地更新和改进。

按照切割过程中所使用的能源,船舶切割的方法可分为热切割、动能切割、机械切割等几个主要类别。详细分类如图 2 - 1 所示。

在船舶切割中,主要采用热切割。其他切割方法由于成本、切割速度和切割条件等方面的限制而很少使用。热切割方法中的三种典型切割方法,即氧气切割、等离子切割和激光切割在船舶工业中应用最为广泛。这三种切割方法有各自的优点和缺点,都有应用,但侧重场合不同。

激光切割法目前主要适合中薄板材高精度、高速度切割的场合。当需要一定的切割精度和高切割速度,而材料品种又较多时则以等离子切割法较为合适。在切割碳素钢的厚度品种较多(包括 30 mm 以上较厚板)并欲减少设备投资时,采用氧气切割较好。另外,在需要少量切割时,氧气切割因为设备投资少、轻便灵活而成为不可替代的切割方法。

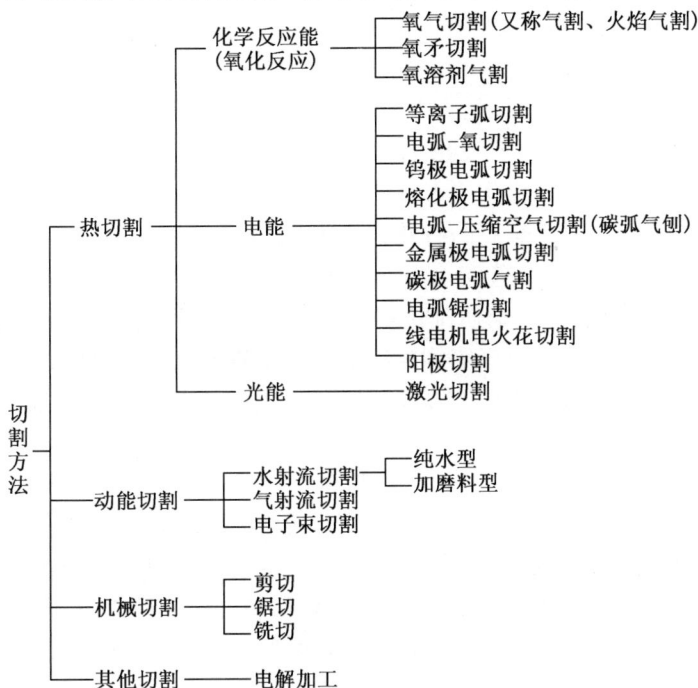

图 2-1 切割方法分类

因此,在选用切割方法时不仅要考虑切割加工对象和工厂实际情况,还要考虑经济性因素、技术力量、配套设施及后续投资等多方面的因素。

2. 船舶切割方法的发展历史和发展趋势

(1)氧气切割

氧气切割自 1905 年进入工业应用以来,与机械加工切割相比,具有设备简单、投资费用低、操作方便且灵活性好,尤其能够切割各种含有曲形形状的零件和大厚工件、切割质量良好等一系列特点,因此迅速成为工业生产中切割碳素钢和低合金钢的基本方法而被普遍使用。20 世纪 40 年代通过割炬和割嘴的改进,并研制出扩散型快速割嘴等新型割嘴,使切割的速度和质量有了进一步的提高和改善。20 世纪 50 年代中期至 60 年代又相继开发出各种机械化、自动化切割设备,特别是数控切割机的出现,使切割质量和效率大幅度提高,实现了各种形状复杂的成形零件的自动切割,且切割后不需再进行后加工。这一时期,随着船舶工业的高速增长,钢材加工量大增,氧气切割进入全盛时期。

从 20 世纪 60 年代末 70 年代初开始,适用于碳素钢、切割中薄板速度大大高于氧气切割的等离子切割法进入工业应用,氧气切割独占的局面被打破,其应用也随之减小。

从今后发展趋势来看,氧气切割将继续被等离子切割和激光切割所代替而逐步缩小其应用范围。但是气割设备价格低,轻便灵活,在以下几种场合还具有一定的优越性。

①在厚度为 100 mm 以上钢材的切割中,只有氧气切割才能胜任,其他切割方法尚难与之匹敌;

②在经常使用多割炬同时切割同形零件或含公共切割线的矩形零件的场合(如在大张钢板上切割板条),仍具有良好的经济性;

③切割焊接坡口;

④各种型材的切割。

因此,今后氧气切割仍将在热切割法中占有一席之地。

(2)等离子切割

等离子切割是在1955年投入工业应用的,当时主要用于切割铝及其合金,以惰性气体Ar(氩气)为工作气体,随后逐步开发出用 N_2(氮气)、$N_2 + H_2$(氮气 + 氢气)等为工作气体的切割方法,使切割能力提高,操作成本降低,并用来加工不锈钢、铜及其合金等有色金属。等离子切割成为一种切割有色金属的有效方法而获得推广。

空气等离子切割法于20世纪60年代后期成功开发,用于切割碳素钢薄板,不仅切割质量良好,而且切割速度比氧气火焰切割快得多,因此其很快得到工业应用。随后更适于碳素钢切割的氧等离子切割和水再压缩等离子切割法又研制成功。目前,国内大型船厂都配备了数控氧等离子切割机或水再压缩等离子切割机,用于船用钢板的切割。

(3)激光切割

在研制出大功率激光发生器后,激光切割在20世纪70年代后开始应用于工业切割。激光切割具有热变形和热影响区小、切割精度高、适用于柔性生产等特点,在各种金属和非金属高精度零件切割中应用日益增多。目前激光切割由于受制于激光功率,其在切割厚度和切割速度方面仍然不及等离子切割,导致在船舶切割方面应用比较少。但由于其本身的优势,激光切割在船舶工业中的应用必将扩大,形成与等离子切割相互竞争的局面。

2.1.2 氧气切割(又称气割、火焰气割)

手工氧气切割是船舶气割工应具备的最基本的切割操作技能。

1. 气割原理

所谓气割通常是指氧—乙炔切割或氧—丙烷切割,其实质是金属在氧气中燃烧。通常可将它分为预热、燃烧、去渣三个阶段。它首先用调节好的预热火焰加热金属,使割缝起点的温度逐步上升,直至达到被割材料的燃点,然后放出高压的纯氧流,使金属燃烧(即剧烈氧化),并将燃烧生成的熔渣(即金属氧化物)迅速被吹掉。连续不断地进行上述过程,就能在被割金属上形成一条光洁的割缝,而把被割材料分割开。

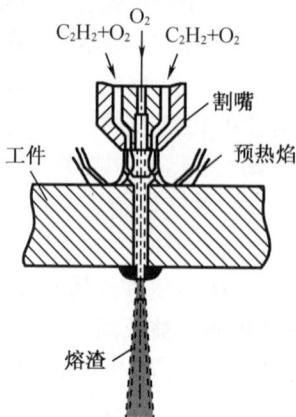

图2-2 气割过程

2. 金属的气割性能

从气割过程的特点可知,只有满足下述条件的金属才能进行气割。

(1)被割金属的燃点应低于其熔点。这是最基本的可割条件,否则,金属尚未达到燃点就已开始熔化,变成液态,就不可能进行切割。低碳钢和低合金钢都属于燃点低于熔点的金属,所以它们具有良好的气割性能。

试验研究资料表明,黑色金属的含碳量对其燃点和熔点的影响很大。通常,随着含碳量的增加其熔点降低,燃点升高。一般含碳量低于0.7%的黑色金属都能满足气割过程是燃烧过程。

(2)氧化物的熔点应低于金属熔点,并且具有良好的流动性;否则,氧化物不可能以液体状态自切割处排除,易产生黏渣等现象,妨碍切割过程进行。

(3)金属在氧气中的燃烧应是放热反应,且应能放出较大的热量。因为气割过程中上层金属燃烧放热对下层金属的补充预热作用是十分重要的。在气割过程中,预热焰的热量约占气割总热量的30%,而气割过程中金属燃烧产生的热量约占气割总热量的70%。虽然排除熔渣时带走了部分热量,但是金属燃烧时所产生的热量仍然是预热被割金属的主要热源。如果是吸热反应,气割过程就不能连续地进行。

(4)金属的导热率不应过高。否则预热火焰的热量和被割金属燃烧所产生的热量将从切割处迅速散失,使温度很快下降而低于燃点,从而使切割过程不能开始或者中断,甚至还会导致割缝过大。

(5)金属中不应含有使气割过程恶化的杂质。因为有的杂质会使氧化物熔点升高,有的会妨碍金属燃烧,有的则使割缝处金属性能变坏而引起裂缝,等等。例如,含碳量超过0.7%的钢,必须将其预热到400~700℃时才能进行气割,否则会在割缝表面产生淬火组织,甚至出现裂纹。

3. 气割的特点

气割的特点主要是适应性强,应用灵活,既能采用手工切割,也能通过半自动或自动设备实现自动切割。

2.1.3 等离子切割

1. 等离子切割原理

等离子切割法是利用"等离子体"进行切割的方法。所谓"等离子体"是指处于完全电离状态的气体,因其正、负离子的数量相等,所以整体保持电中性。但它具有很强的导电能力,能受电场和磁场的作用。

利用等离子发生装置可获得流速达300~1 500 m/s,温度达1500~3 300 ℃的高速高温的等离子流,即等离子弧,以之为热源,使被割材料割缝处温度迅速升高而熔化,同时将熔化的材料冲除,随着割嘴的不断移动形成狭窄割缝,从而达到切割的目的。典型等离子发生装置如图2-3所示。

高温等离子切割的过程是靠材料熔化来实现的,能切割许多熔点在其高温之下的金属及非金属材料,所以在现代工业上已成为一种有效的切割方法,特别适用于气割难以切割的金属材料,如铝、铜、镍、钛、不锈钢、高合金钢和各种有色金属等。

2. 等离子切割特点

(1)能切割氧气切割难以切割的各种金属材料;

（2）切割厚度不大的金属时，切割速度快，尤其在切割碳素钢薄板时，速度可达气割的5~6倍；

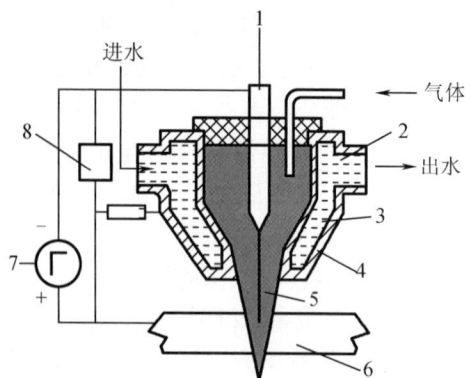

图 2-3　典型等离子发生装置原理图

1—钨极；2—气体压缩腔；3—冷却水；4—喷嘴；5—弧焰；6—被切工件；7—电源；8—振荡器

（3）切割面光洁，热变形小，尤其适合加工各种成形零件；

（4）切口宽度和切割面斜角较大，但切割薄板时采用特种切割炬或工艺可获得接近垂直的切割面；

（5）切割厚板的能力不如气割。

2.1.4　激光切割

1. 激光切割原理

激光切割是由激光器所发出的水平激光束先经 $45°$ 全反射镜变为垂直向下的激光束，后经过透镜聚焦，在焦点处聚成一极小的光斑，在光斑处会焦的激光功率密度高达 $10^6 \sim 10^9 \ W/cm^2$。处于其焦点处的工件受到功率密度这样高的激光光斑照射，会产生局部高温，达 $10\ 000 \ ℃$ 以上，使工件瞬间熔化甚至气化，从而将工件割开。

激光切割主要被用来切割各种高熔点材料，以及耐热合金、超硬合金等特种金属材料，也可切割硅、锗等半导体材料和塑料等非金属材料。其示意装置如图 2-4 所示。

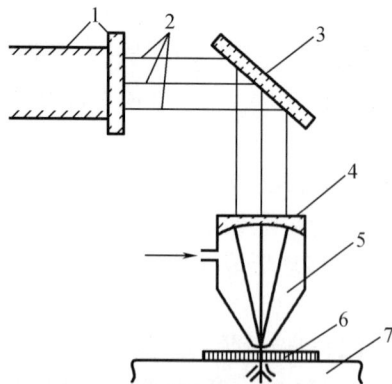

图 2-4　激光切割示意图

1—激光器；2—激光束；3—45°全反射镜；4—透镜；5—喷嘴；6—工件；7—工作台

2. 激光切割特点

(1)既能切割金属又能切割各种非金属材料;

(2)可实现高速切割,特别是薄板,切割速度可达一米至十几米每分钟;

(3)切割质量好,由于激光的光斑小,能量密度高,切割速度快,故能获得良好的切割质量;

(4)能进行多工位操作,一台激光器通过光缆可供几个工作台切割;

(5)利用机器人可切割三维零件;

(6)切割时割炬等与工件无接触,没有工具的磨损问题,易于实现无人化自动切割,提高切割生产率;

(7)噪声和振动小,对环境基本无污染。

任务 2.2　冷加工基本知识与技能

2.2.1　冷加工基本类型

1. 船体加工方法分类

船体构件加工的方法,按加工时钢材的温度情况可分为冷加工和热加工两大类。冷加工是指钢材在再结晶温度(Fe - C 状态图中的二次结晶温度,即同素异晶转变温度约为 727 ℃)以下时,对其施加一定的外力而发生断裂或塑变的工艺过程。热加工则是将钢材加热到 Fe - C 状态图中的二次结晶温度以上,利用船体结构钢材在高温时易与氧气燃烧和强度降低、塑性增高的特性,进行分离或塑变的工艺过程。

船体构件加工的方法,从其构件特点和加工要求来看,可分为边缘加工和成形加工两大类,这样分类有利于了解船体构件加工工艺的特点。

随着船体建造工艺的发展,船体构件的加工技术也有很大发展,主要趋向是加工设备高效化、辅助工作机械化、工艺操作流水化、加工机床数控化。

2. 船体冷加工形式

船体冷加工的形式有剪、冲、辊、压、折、钻、刨、撑、敲等。冷加工中的剪、冲、刨、钻等,属于外力超过材料强度,使材料产生断裂的加工形式;辊、压、折、撑、敲等,属于外力超过材料的屈服点,使材料产生永久变形的过程。

图 2 - 5 所示为船体钢材冷加工工艺方法与设备。

2.2.2　船体冷加工设备及发展

船体冷加工作为造船系统中的一个工种,其任务就是把下料工序中展开的平面板材和型材按照所要求的形状加工成构件。进行冷加工,必然要配置加工的设备,而设备的性能、精度直接影响到板材及构件加工的精度。

1. 加工设备在船体建造中的作用

船体加工是继船体放样后的一道重要工序,它对整个船体建造有着十分重要的影响,加工的质量和精度又直接影响船体装配的质量。了解船体加工、设备的分类、构造、工作原理并能熟练地操作,是十分重要的。

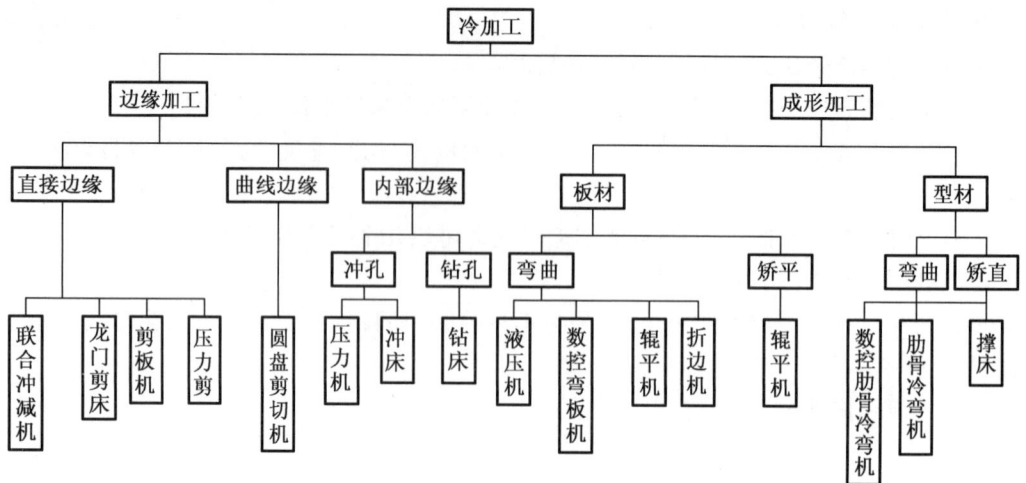

图 2-5 船体钢材冷加工工艺方法与设备

无论是大船还是小船,是军用舰艇还是民用船,其线型大多是较复杂的,既有平直部分,又有曲线或折角部分,这些都是为了满足船舶的各种性能而设计的,如为了减小航行阻力,船的首部设计成球鼻艏型,水下部分设计成流线型;船体的中部设计成平直型,可多装载货物。而这些部分的板材、内部的构件,只有经过船体加工才能实现。

船体由成千上万个零件经装配焊接组合而成,零件首先要进行边缘加工,如气割、剪切、刨边等作业,而这些加工需要有数控气割机、刨边机等。有的零件有纵横向曲度,就需要辊弯或压制,而这些加工需要有液压机或辊弯机等。船体内部构件如肋骨等,具有一定的弯势,要经过加工才能进行装配,要将型材加工成符合线型的肋骨,必须要有肋骨冷弯机、数控肋骨冷弯机、撑直机等。冷加工设备在船体建造中发挥着重要的作用。

2.目前船厂加工设备的配置状况

近年来,我国造船业获得突飞猛进的发展,现在建造的船舶吨位越来越大,建造工艺难度大,技术难度高,如果没有先进的大型加工设备是很难建造的。

目前我国造船工业所配置的加工设备,有的引进了一些新的较先进的设备,如大型数控肋骨冷弯机、大型的弯板机、大型的辊弯机(2 200 t×21 m)、数控切割设备等。大型的先进加工设备的使用,使得加工大型零件有了可能。

但也有不少船厂,设备的操作自动化程度低,自动化进料装置不普及,大件靠行车吊运、人力推入,小件的加工靠人工抬起送入。还有冲床、剪床之类,容易发生安全事故,保护设施不够完善,有待今后改进。

3.今后加工的发展方向

(1)以气割替代剪冲

造船产品与其他行业产品相比,批量小,产品的零件繁多,加工的难度大,随着造船工业的发展,机械化、自动化的提高,过去船体零件靠剪切,现在大部分零件的落料由剪冲改为气割。剪冲劳动强度大,一张板料由数人抬起送料,精度低,剪切零件在断裂带会产生冷作硬化现象,将给后道工序带来影响,甚至会影响产品的质量,如折角和小半径弯曲会产生板料豁裂等问题。

近年来由于数控技术的发展,在气割过程中,高速和精密割嘴得到应用,这使得经气割加工的零件精度提高、速度快、质量好、自动化程度高,而且省去了人工号料的工艺过程,节省劳动力。数控气割机还在逐步替代刨边机,高精度的门式气割机加工板材边缘和坡口,效率高、质量好,不产生板材边缘的加工硬化现象,它的优点是刨边机所无法比拟的。

(2)液压和数控技术的应用

加工常用的液压机采用液压技术,其他一些辊弯机、矫平机等的升降调节系统也采用液压系统。液压系统作用力恒定,变化过程缓慢,动作平稳,使加工精度易于控制;液压传动由泵、阀管路和油缸组成,易于调节。与传统的齿轮传动相比,整机结构简单、体积小,减小了机械惯性,提高了机械效益,是今后船体加工设备的发展方向。

数控技术是随计算机技术的发展而发展起来的新技术。数控技术使加工过程自动化的程度提高。近年来,数控肋骨冷弯机的使用,使肋骨冷弯精度和效率得到提高。过去弯制肋骨需要钉制铁样,而采用数控技术则取消了铁样弯制,节省了人力和材料。

2.2.3　加工设备分类

加工设备往往根据加工方法分类。加工方法分为冷加工和热加工,通常冷加工使用的设备有边缘加工设备、成形加工设备。

另外,可以按设备加工钢材的类型分类,即分为型材加工设备和板材加工设备。

1.边缘加工设备

(1)切割设备

它包括火焰切割和等离子切割设备,前者是应用化学原理,后者是应用物理原理。

船厂常用的是多头数控切割机,它由床身、割嘴、计算机、执行部分等组成。执行机构运动受数控装置(专用计算机)的控制。数控装置不能直接按图来控制执行机构的动作,而是根据图纸上的零件尺寸及特征编制成一道道指令,即编制成程序,供计算机操作,最终指挥执行机构完成所要求的加工动作。等离子切割是由产生的等离子弧切割板材,实现边缘加工。

(2)剪冲设备

剪冲设备是使钢材的一部分与另一部分分离,即边缘加工设备。它们以强大的剪切力来实现加工过程。在剪床上,工作部分是剪刀,冲床工作部分是冲模,冲模实际上是以折线或曲线形式封闭起来的剪刀口。

①机械类间隙剪冲机。它由工作部分的上剪刀板(上冲模)、床身部分的下剪刀板(下冲模)、电机、飞轮等组成。工作时上剪刀板随滑块做上下运动,在向下的行程,利用转动惯量,飞轮储存的能量将板材一部分与另一部分分离。

②圆盘剪和振动剪。这两类剪床适合落板的剪切,为连续工作型,由于咬合少,适用于曲线的剪切,这类剪床在船厂应用不多。

2.成形加工设备

成形加工设备是对板材或型材进行加工,以获得所需形状的船体外板和构件。成形设备的功能有的是一机多功能,如辊弯机既可辊弯又可轧平;液压机既可压平(矫平),又可压弯;撑直机既可撑弯,又可撑直。

（1）辊弯机（轧机）

其主要功能是加工圆柱机和圆锥面。用旋转的辊轴带动板材环绕运动，同时对板材施加作用力矩。其中最简单的是三辊弯板机。

辊弯机根据功能可分为三辊弯板机、不对称三辊弯板机、四辊可调式弯板机。根据轴承架可翻倒或移动，还可分为开式和闭式两类。多辊矫平机实质上也是矫形机，不过它是加工平面的。它们工作原理是，大于3的奇数上辊轴组成的机床，钢板在上下辊轴间反复地被弯曲，直至最后矫正为平面。多辊矫平机可有5个、7个直至13个辊，辊的数量越多，矫平的质量越好。

（2）液压机

液压机包括油压机和水压机，船厂目前多数使用的为油压机。其工作原理是通过油泵使液油产生强大的压力，推动油缸活塞做上下往复运动。工作中，活塞上配以模具对板进行压筋压折角、圆角、圆弧等。如槽形舱壁在加工时用压模压折角，或用定型模具压制槽形。

（3）折边机

折边机亦称板边机。它是利用液压力或机械力，对准板材上画定的线，压紧线的一侧，而另一侧则绕该线转动一定角度，达到折角的目的。

（4）撑直机（撑车或撑床）

有三个支点，其中两个固定在床身上，另一个是可动的。可作水平方向的伸缩，型材置于固定和可动撑头之间，撑头对型材施加弯曲矫直，或用于弯势不大的肋骨、横梁等的加工。

（5）肋骨冷弯机

其原理与撑床相类似，有三个支点。在冷弯某一段时，安装在两侧的可动夹头连同所夹持的型钢做旋转和进退，以对型钢施加外力。当外力超过型钢的屈服点后就会产生塑性变形，从而使该段型钢变成所需形状。一段弯好后再进行下一段的弯曲。这种肋骨冷弯机在船厂应用较普遍。

目前，国内外船厂所使用的三支点肋骨冷弯机已实现了数字程序化控制，能够自动地弯制出不同形状的肋骨。

任务2.3 火工基本知识与技能

在船体建造过程中，火工是一个不可或缺的工种。那么到底什么是火工呢？把钢材加热到一定温度后再进行加工或矫正成形的工作就称为火工。

火工加工目前常用的加工工艺有两种：一种是把钢材进行部分或整体加热烧红，利用钢材加热后强度下降塑性增大的特性，通过作用外力使钢材弯曲成形，达到加工的目的。这种方法大都用于型材弯制加工，板材目前很少采用。另一种方法是对钢材进行局部加热，利用钢材热胀冷缩的原理，使钢材产生局部变形，从而达到弯曲成形的目的。如果在对钢材局部加热的同时进行浇水冷却，能加快钢板的弯曲成形，这就是现在船厂在船体外板加工时广泛应用的水火弯板加工工艺。

火工矫正也是利用钢材热胀冷缩的原理，通过局部加热和冷却使钢材产生变形，从而达到矫正的目的。火工矫正是目前广泛应用的操作方便、灵活、高效的矫正方法。

2.3.1　火工在船体建造中与其他各工种的关系

1. 火工在船体建造中的作用

火工是一项比较复杂的工作,它担负了冷加工难以加工的船体各种零部件的加工和矫正工作。在船体建造过程中,由于船体外壳是一个多曲面形状,大多数外板都有弯曲度,其中不少外板特别是首尾部分不但有横向曲度,还有纵向弯曲或扭曲,即通常所说的双曲度外板(图2-6)。这种双曲度板冷加工很难加工到位,只能采用火工加工方法,通过对钢板进行加热和冷却使钢板达到成形的目的。另外,在船体建造过程中,各种零部件经过切割、加工、装配、焊接、吊运等工序,特别是经过切割和焊接后会产生各种变形,当变形量达到一定数值时,为保证质量,就必须随时进行矫正,才能保证下道工序正常施工。

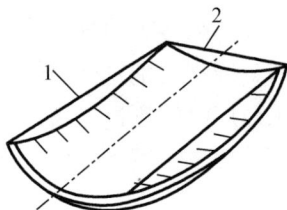

图2-6　外板的纵、横向弯曲
1—纵向曲度;2—横向曲度

船舶在航行、靠泊过程中,如果操作不当发生碰擦,船壳板受到外力容易产生局部变形,出现凹坑。当这些变形不大,不需要进行换板修理时,往往采用火工对钢板进行局部加热,然后施加外力,经矫正使外板恢复原状。

所以不论是在船体建造还是修理过程中,火工都是一个必不可缺的工种。

2. 火工与切割的关系

在船体建造过程中,很多零件是通过火焰切割进行下料的,如果切割热量不对称或切割程序不当就会使零件产生弯曲变形。如果这种零件形状比较复杂又较厚(图2-7),无法使用机械设备进行矫正,就需要采用火工加热经浇水冷却的方法进行矫正。

图2-7　钢板气割后变形

3. 火工与冷加工的关系

火工与冷加工在船体加工中是两个十分密切的工种。在船体零部件加工时,单向曲度的钢板、型钢等零件常用冷加工的方法加工成形,对双向曲度的零件加工,通常是先由冷加工在油压机或辊弯机上加工出一定的形状,然后再由火工进行水火弯板加工成形。

在船体加工工艺中,为提高工作效率应当把具有较大曲度的方向作为冷加工辊压加工的方向,较小的曲度则由火工进行弯曲加工完成。例如,船体外板一般是取横向曲度作为冷加工的方向,纵向曲度作为火工加工的方向。

4. 火工与装配工、焊接工的关系

在船体建造过程中,船体结构几乎都是由焊接连接起来的,由于焊接时产生的热量分布不均,只能使零部件局部受热,零部件冷却时就会产生变形。当变形量超出产品的加工精度标准时,会直接影响下道工序的施工,必须经过火工矫正消除变形。在船体装配过程中由于零部件加工的误差、局部的焊接变形,装配工仅用自己的常用工具在常温下进行组装会非常困难,必须由火工配合,才能使装配工作顺利进行下去。例如,船台搭载时,往往由于两双层底分段舭部圆势外板线型不一致而导致装配对接困难,必须由火工进行矫正圆势,才能保证舭部线型光顺。为提高船台大接缝处的线型光顺,在分段制造装焊结束后,采用火工矫正的方法,在大接缝处做反变形的工艺措施,这样能使船台搭载获得良好的效果,提高工作效率。

2.3.2　火工加工与矫正的基本原理

火工加工主要分为火工热加工和水火弯板两种方法。目前在船舶行业中,火工热加工主要用于各类型钢的弯制和极少部分线型特别复杂的船体外板(如轴包板、球鼻艏包板)的加工。水火弯板是我国各船厂应用最广泛的弯板方法,目前约有90%以上的复杂曲度的船体外板都可以采用水火弯板的加工方法进行弯曲加工。火工矫正也是利用水火弯板的作用原理对钢材进行矫正的。

1. 火工热加工的原理

火工热加工主要是利用钢材加热后塑性增大、强度降低的特点,加以外力后,强制工件发生弯曲变形,从而达到加工的目的。

2. 水火弯板的原理

水火弯板是指用氧炔焰对板材(或型材)进行局部线状加热,并用水进行跟踪冷却,使板材产生局部塑性变形,从而将工件弯成所要求的曲面形状的一种热加工方法。

水火弯板时,加热火焰的移动速度较快,故在加热处工件的厚度方向存在较大的温差,加热面的温度高于背面的温度,这种热场的局部性,使加热面金属在膨胀时受到周围冷金属的限制,因而在加热区产生压缩塑性变形;热源移除后,在板厚方向产生收缩变形的同时,钢板加热面产生拉应力,这相当于作用在平板上的外加弯矩,结果使板件产生弯曲变形(图2-8)。水火弯板就是利用板材在局部加热冷却过程中会产生角变形和横向收缩变形这一特点来达到弯曲成形的目的。用水跟踪冷却的作用在于加大这种变形,增加其成形效果。

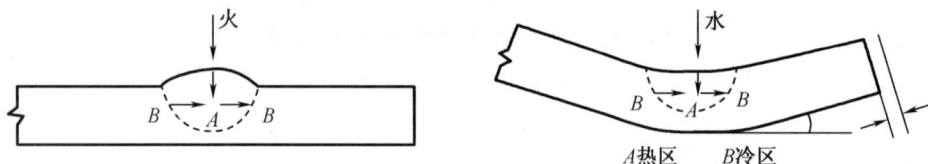

图2-8　水火弯板原理

3. 火工的冷却方式

(1)空气冷却法

空气冷却法就是工件在进行加热后不辅以其他方式进行冷却,让其在空气中自然冷却(图2-9)。这种方法操作简单,但冷却速度较慢,加工和矫正的变形效果比较小,生产效率低。空气冷却法除用于部分高强度低合金钢、铝合金的矫正、加工及冬季施工时应用外,一般较少采用。

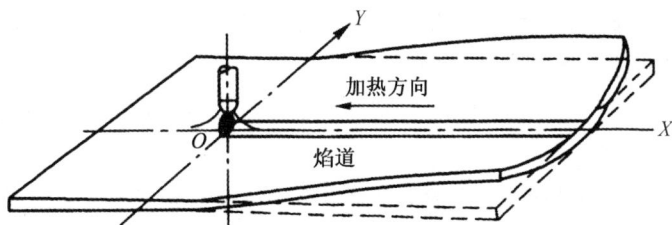

图 2 - 9　空气冷却法

（2）正面跟踪水冷法

正面跟踪水冷法就是在进行火工加工后，在工件加热面随即用冷水进行跟踪冷却（图2 - 10）。这种冷却方法的成形效果要比空气冷却法好，设备简单，操作方便。用于加工矫正船用低碳钢、一般低合金钢和其他无淬硬倾向的钢结构。在严格控制下，该方法也可以用于矫正某些铝合金结构的变形。所以正面跟踪水冷却法是目前船厂水火弯板、火工矫正最常用的一种冷却方法。

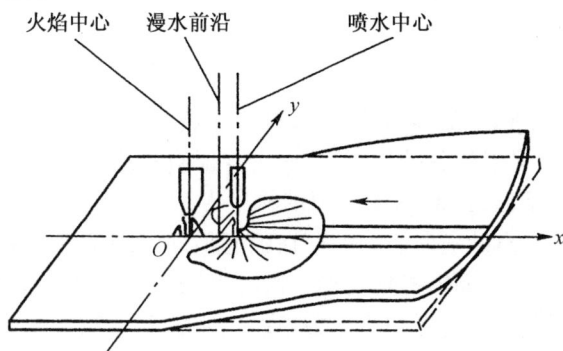

图 2 - 10　正面跟踪水冷法

（3）背面跟踪水冷法

背面跟踪水冷法就是在进行火工加热后，在工件加热面的背面用水进行跟踪冷却（图2 - 11）。这种方法产生的角变形较大，成形效果较好，但操作不方便，特别是在进行水火弯板时需要专用的工装设备，所以在实际生产中很少采用，仅应用于个别厚度很大的大曲率板的加工。

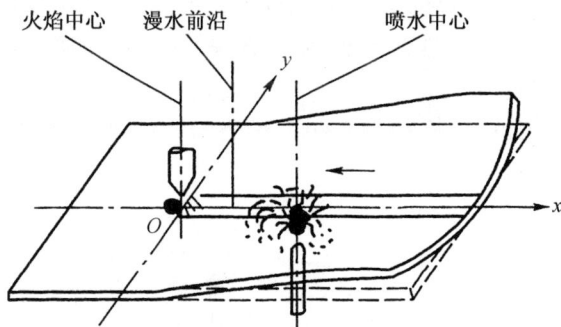

图 2 - 11　背面跟踪水冷法

采用水冷却法时必须注意下面几点要求：

①施工前必须了解清楚被加工构件的材料是否允许采用水冷却方法。对一般船用低碳钢及高强度低合金钢都可以采用水冷却法。

②施工前必须了解周围环境情况。水冷却时是否会损坏其他构件或电器设备,施工区域排水条件是否完备等。

③进行水冷却时由于水沫飞溅,容易堵塞火焰嘴,因此应认真调整水的流量、浇水龙头与火焰嘴的距离。

④必须严格按照工艺规程进行水冷却,特别是对于高强度合金钢,要注意加热温度。

4.火工矫正的原理

船体结构的矫正,从本质上讲,是金属船体零件局部热加工的逆过程。火工矫正的过程就是在已经变形的结构中形成新的变形的过程。要达到上述目的,就必须在变形的构件上进行局部的加热,结果使受热部分的金属在热循环过程(受热膨胀冷却后收缩)中形成不可逆转的永久性的塑性变形(即永久变形),在加热冷却过程结束后加热区外部产生极大的拉应力,在这种拉应力的作用下,使已变形的结构恢复平直,把变形矫正过来。

2.3.3 火工矫正工艺

1.火工矫正参数

船体结构火工矫正是利用金属局部加热,由于加热区域受到周围冷金属的限制而无法自由膨胀,在冷却收缩后又引起新的变形,从而去除原有的变形。一般情况下,火工矫正的加热总是在焊缝对称的反面,即对称于变形的构件断面中和轴。由焊接引起的构件变形,一种情况是由于与焊缝垂直的横向应力的存在引起横向收缩塑性变形,这种横向应力沿板厚方向的分布是不均匀的,从而形成角变形。这时可以采用在中和轴的另一侧施加热塑变形加以矫正。平板焊接后的角变形和火工矫正加热如图2-12所示。T形构件焊接的角变形和火工矫正加热如图2-13所示。另一种是由于纵向焊接变形引起的弯曲变形,常见于组合T形梁,这种变形主要是由纵向收缩变形与组合T形梁的中和轴不一致引起的,一般可在中和轴相反一侧施加热塑变形进行矫正,T形梁焊接后的弯曲变形火工矫正如图2-14所示。再一种变形是纵向应力所引起的,板与结构连接的角焊缝由于纵向应力导致的纵向收缩变形,使板材受到压缩而失稳形成柱面变形、球面变形或波浪变形,这种变形可以看作板的面积由于周围格子的缩小而显得过大,火工矫正就是利用热塑变形以缩小板的面积而达到矫正的目的,如图2-15所示。

要使火工矫正取得理想的效果,必须根据变形情况,分析产生变形的原因,周密考虑加热点位置和程序,并密切注意加热点温度、加热方法、加热线的宽度、火圈的大小和密度等诸因素,以及矫正工具的使用。

用火工矫正炬加热钢板时,其火焰的特性、焰嘴的高低、孔径的大小、加热速度等,对矫正变形的效果有密切关系。

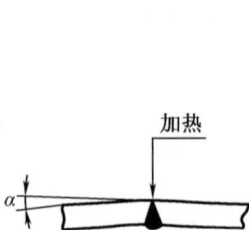

图 2-12 平板对接焊缝的角变形和火工矫正   图 2-13 T形结构的角变形和火工矫正

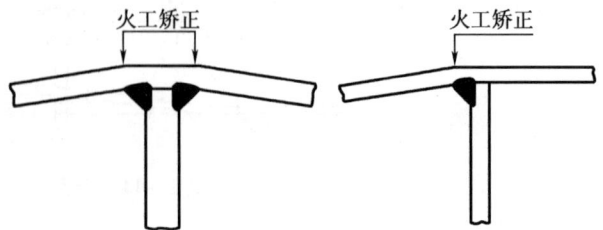

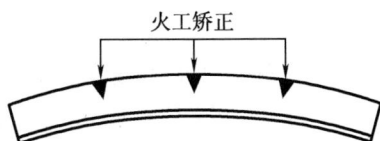

图2-14 T形梁焊后弯曲变形和火工矫正

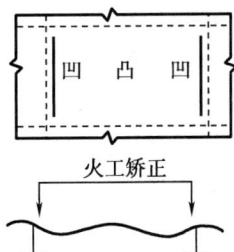

图2-15 板架波浪变形和火工矫正

（1）火工矫正参数的选择原则

①火工矫正参数主要包括火焰性质、火焰功率（加热嘴大小）、加热温度（通过调节加热速度而获得）、加热区的规格、火焰至工件表面距离和水火距等各种因素。它和火焰局部热加工的考虑因素是相同的。然而，由于火工矫正的具体条件与火工加工不尽相同，特别是火工矫正的对象——船体结构通常都具有在一定形式下固定的边界条件（如组合型材、板架、分段焊接缝等），因而火工矫正的具体参数与火工加工（如水火弯板）的参数也不尽相同，主要表现在火工矫正要求的加热能量要比水火弯板大。

②火工矫正参数的选择，除了考虑以上因素外，还跟船体结构特点和变形情况有密切关系，而且在很大程度上取决于操作者的经验，比选择火工加工的参数要复杂得多。因而在实际施工中，应在一定范围内根据具体情况灵活掌握。

③在操作时，矫正参数若选择过小，将使矫正效果显著降低；若选择过大，则将使结构内部应力增大，钢材性能显著降低，甚至使结构或材料遭到破坏。因此，参数的选择是火工矫正的重要环节，必须认真对待。

④在进行水火矫正时，水火距大小的选择要根据构件的板厚来确定，板厚增大，水火距要加大；板厚减小，水火距相应地要减小。

（2）火工矫正的冷却方法

火工矫正的冷却分为空气冷却与水冷却两种。

①空气冷却（空冷）。构件的加热区，经加热后在空气中自然冷却。这种冷却速度较慢，仅适用于某些特殊要求的钢材或冬季施工时应用。

②水冷却（水冷）。构件的加热区，经加热后紧接浇注冷水进行冷却。这种冷却能够加速冷却速度，提高矫正效率。水冷却又可分为正面浇水与背面浇水（一般适用于薄板的矫正）两种。

2. 对船体火工矫正的工艺要求

（1）对矫正前工作状态的要求

①焊接成的T形、工字形构件和基座等的矫正工作，应在上船安装前进行。

②分段（刚性不足者除外）或总段的变形，应在离胎前进行矫正。矫正前，其内部结构的装配和焊接工作必须结束。

③仅做定位焊或尚未施行封底焊的结构，不得进行火工矫正。

④矫正刚性不足的单个结构时，必须注意做临时性加强。

⑤矫正前，要考虑工件原来的加工状态。冷加工板内部存在压应力，故矫正冷加工板

时的收缩量一般小于热加工板。

⑥零部件矫正工作应在未安装前进行。

⑦当工作环境温度低于 – 10 ℃时,应停止矫正操作。

⑧在室外矫正时(特别是夏季)要考虑到日照对变形的影响。

(2)对矫正的一般要求

①根据结构材料性能、变形情况及技术要求,选择合理的矫正方案和矫正参数。不宜在结构上形成刚性很大的封闭式加热圈(如"井"字形、"回"字形及"目"字形加热图)。

②为了避免由于局部加热而引起的立体分段或全船的总变形,矫正操作应尽可能对称于船体中线面和剖面中和轴同时进行;在高度方向,则应自下而上进行。

③在矫正几幅毗邻并列的变形时,应间隔一幅(俗称"跳格")进行。这样,间隔幅度内的变形挠度会因两毗邻板幅的收缩而减小,有利于加速矫正。

④在矫正两个相邻的刚性不同的结构时,应先矫正刚性较大的结构,即先矫正厚度或构件截面较大的结构。

⑤在矫正两个相邻的相同结构变形时,应先矫正变形小的一个。

⑥在矫正一个板格的变形时,先矫正低点,逐步向高点进行。

⑦当强弱构架相邻时,先矫正强构架,后矫正弱构架。若厚薄板相连接时,先矫正厚板,后矫正薄板。

⑧在矫正板架结构时,应先矫正骨材的变形,后矫正板壁的变形。

⑨板架中具有不同方向的变形时,应先矫正凹入骨架方向的变形,后矫正凸出的变形。

⑩在矫正板的波浪变形时,不能以板的最凹一点或最凸一点作为基准面进行矫正,而应以中间面作为基准面进行矫正。

⑪在矫正具有开孔或自由边缘的板架结构时,应先矫正板架的变形,后矫正开孔或自由边缘的变形。

⑫上层建筑倒装分段离胎前,应先将上口(翻身后为下口)矫平直。

⑬矫正上层建筑内部围壁的变形前,应先矫正围壁上、下层甲板的变形。

⑭在矫正船体外板变形时,水线以下应尽量减小加热面积。

⑮当矫正厚板的加热速度较慢时,应不断摆动加热嘴,变动火焰位置,同时氧气压力不宜太高。

⑯当矫正厚度小于 5 mm 的薄板时,如需敲击,则应使用木槌,且用力不可过猛。

⑰在焊缝上不可直接加热和进行敲击。在焊缝热影响区(距焊缝 30 ~ 50 mm 范围内)也应尽量避免敲击。若必须敲击时,应在焊缝位置垫以带槽平锤。

⑱矫正时,用锤敲击的速度应随温度的降低而减小,敲击位置也逐渐由加热区的外缘移向中心。对钢材而言,在加热区呈暗红色(550 ~ 600 ℃)起至手触钢板表面无剧烫感(250 ~ 300 ℃)这段温度范围内,属于所谓"脆性区",应暂停敲击。

⑲当矫正变形需要重复加热或多次加热时,下次加热应在上次加热完全冷却后进行。低碳钢的重复加热次数不宜超过 5 次,低合金钢的重复加热次数不宜超过 3 次。

⑳水火矫正的使用范围,与水火弯板相同。特种材料的水火矫正,必须先经过试验鉴定。

㉑经矫正的结构,应力求表面光滑平顺;在进行敲击之处,不得留有凹凸不平或残留的局部变形及明显的锤印。

㉒在矫正过程中,必须随时测量检查,以免矫正过头,产生新的变形。

任务2.4 装配工基本知识与技能

2.4.1 装配常用工具

在船体建造时,除了装配操作时需要使用的工具与设备外,还必须配置便于画线、装配定位、焊接和检验的专用工艺装备,这样才能顺利地进行装配工作并保证装配质量。

1. 度量画线工具

度量画线工具包括度量工具和画线工具两种。

度量工具有:

(1)卷尺 用来测量构件尺度,一般规格为 2 m、3 m、5 m、10 m、30 m、50 m 等,卷尺为装配工必备随身工具之一。

(2)钢直尺 用来测量构件尺度,一般规格为 150 mm、1 000 mm 等,钢直尺对精度要求较高的工位,如拼板、大接缝划余量、勘划水尺等尤显重要。

卷尺和钢直尺要经计量合格后方可使用。

(3)角尺 用来测量两个平面是否相互垂直,是小组立工位的必备工具之一。

为了保持角尺的角度,平时要注意保护,不要随意敲击,以免角度走样。使用前可以按图 2-16 所示的镜像法检验角尺的准确度。

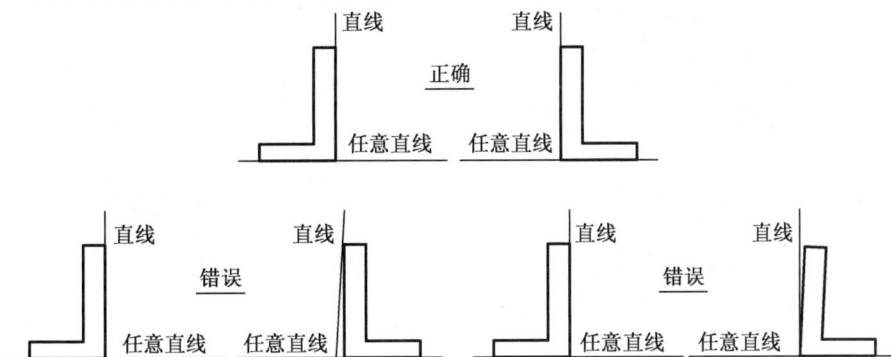

图 2-16 镜像法检测角尺的准确度

画线工具有:

(1)各种画笔(石笔、画针、鸭嘴笔、铅笔等) 用于直线或曲线画线。

(2)粉线团 用于弹直线、拼接零部件检测直线边缘、对角线法检测平面度,为装配工必备随身工具之一。

(3)圆规 用于作圆、画等分、作角度、画圆弧曲线、开角尺线等,是画线的常用工具之一。

2. 装配工具

(1)手锤(榔头) 敲击有关工具及船体零部件使其达到正确的安装位置,装配常用的有 2 磅、4 磅等手锤。

(2)铁锲 一般与各种“马”配合使用,利用锤击或其他机械方法获得外力,利用铁锲的斜面转换外力,从而达到对工件的夹紧。

(3)撬棒　用铁棒或六棱钢做成,一端做成尖头,另一端做成铲形,用于撬动工作物件。

(4)C形轧头　利用丝杆起夹紧作用,用于夹紧工件,有25 mm、37 mm、50 mm等不同规格。

(5)花篮螺丝　用于物件的拉紧与固定。

(6)千斤顶　装配常用的顶压工具,一般装配工作多用5 t、10 t、30 t等千斤顶,有螺旋式和液压式两种。螺旋式的优点是体积小、能全方向使用。船坞分段或总段装配定位用的都是大规格,按需要可选用50~200 t,且均为液压式千斤顶。

(7)风动角磨机　以压缩空气为动力,用于清理钢板边缘的毛刺、除锈、清洁焊缝及磨平马脚等作业。

(8)"马"　形式较多,常用的有刀口马(L形)、骑马(槽形)、梳状马(拉链马)、G形马等,如图2-17所示。

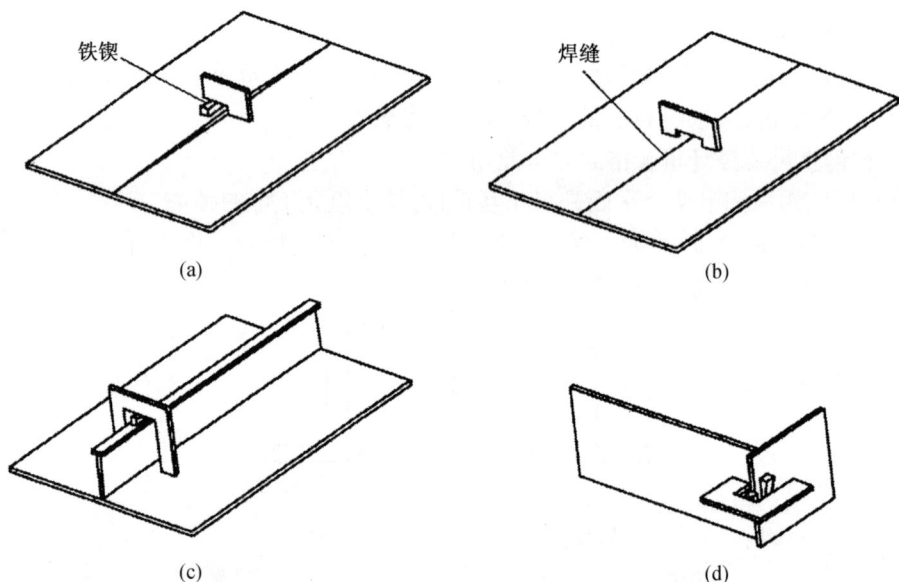

图2-17　"马"
(a)刀口马;(b)骑马;(c)梳状马;(d)G形马

3.测量工具

(1)线锤　用来检测构件安装的垂直度或画垂直线。为保证测量精度,应根据测量距离的大小选择不同质量的线锤,其为装配工必备随身工具之一。

(2)水平尺　用于测量零件安装的水平度和垂直度。

(3)水平软管　用于检测较大构件的水平度,是分段定位的最常用工具之一。

水平软管注水后,水在玻璃管中呈凹陷状(图2-18),测量时用状态1或状态2都可以,但两边一定要统一。一般玻璃管的规格相同时,凹陷面的状态是一致的。在日常工作中经常使用状态1,在观察时相对方便和精确。

(4)水准仪　主要用来测量构件水平面和高度。

(5)激光经纬仪　测量角度、距离、高度和测定直线等,主要用于测量距离长、精度要求高的工作场所,如船台中心线肋位线开设、舵轴系中心线开设等。

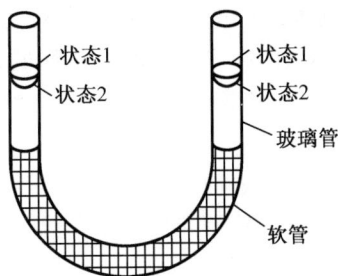

图 2 – 18　水在玻璃管中的状态

（6）全站仪　具有激光经纬仪的大部分功能，其优点是测量或检测时不需多次移动仪器，同时全站仪本身带有计算功能，它能用液晶显示屏将所测量的点用三维坐标的方式显示出来。在设计阶段根据分段制造精度要求及满足全站仪使用功能的情况下，可以将测量点预先设置在分段上，能大大减轻操作人员的劳动强度。

2.4.2　装配平台

平台是一个大而平坦的工作台，是进行船体部件装配、分段或总段装配等船体预装配的基本工艺装备之一，一般由型钢和钢板组成，并固定在专门的水泥基础上。它主要用作装配焊接船体部件、平面分段和带有平面基面的立体分段等的一种工作台，也可作为设置胎架的基础。为了保证船体部件和分段的制造质量，要求平台的基础牢固，具有足够的结构刚性，平台的四角水平偏差不得超过 ±5 mm，平面不平度每米内不得超过 ±3 mm。

用于船体装配的平台通常有钢板平台、型钢平台、水泥平台等6种。

1. 钢板平台（即实心平台）

它是在水泥墩上铺设 22 ~ 24 号槽钢（或工字钢），并在槽钢上铺设厚度在 10 mm 以上的钢板而成的（图 2 – 19），平台高度约为 300 mm。对于用来建造小型船舶的钢板平台，其结构允许适当减轻一些。

这种平台一般用于绘制全宽肋骨型线图，供装配肋骨框架用，也可用作基座等船体部件和平面分段进行装配时的工作台。

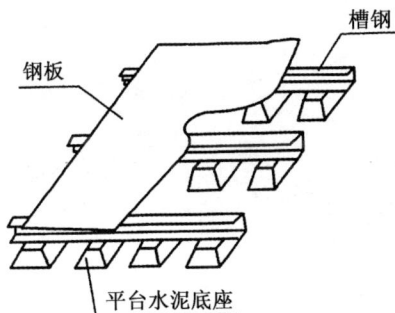

图 2 – 19　钢板平台

2. 型钢平台（即空心平台）

它的制造要求与钢板平台相同，如图 2 – 20 所示。它可作为胎架的基础，也可用作平面分段装配时的工作台。若在其上安装许多固定式滚轮，则成为一种结构简单的固定滚轮式传送平台。它是平面分段装配流水线中的大型传送装置,也可兼作平面分段装配的工作台。平台高度一般与钢板平台相同,但在平面分段流水线的某些部位和艏艉立体分段倒装时,需要在平台下面工作,则这部分平台高度应不小于 800 mm。

3. 水泥平台

它是用钢筋混凝土浇成的,并在其表面埋入许多 T 型钢,使 T 型钢面板表面与水泥台面平齐而构成整个平台表面(图 2 - 21)。T 型钢用作电焊通路和安装拉桩时的固定胎架。水泥平台的最大优点是基础牢固不易变形,所以一般用作胎架的基础;但这种平台也有缺点,如水泥台面高温后容易爆裂,预埋的 T 型钢容易锈蚀等。

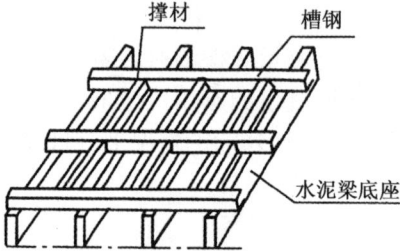

图 2 - 20　型钢平台

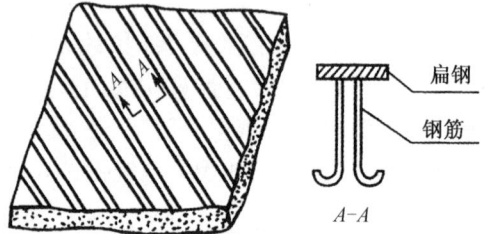

图 2 - 21　水泥平台

4. 钢板蜂窝平台

这是一种表面有许多蜂窝状圆孔的平台(图 2 - 22)。钢板蜂窝平台就是在钢板上开有蜂窝状圆孔,并在圆孔处加焊开有同样大小圆孔的腹板,它具有便于固定船体构件的优点,主要用来装配焊接部件和组合件,并可用于矫正变形。

5. 辊柱式输送平台

这种平台是由直径为 100 ~ 150 mm 的钢管制作成辊筒,按 1.0 ~ 1.5 m 的间距,平行地安装进钢板平台的开口中(图 2 - 23)。有的平台还在辊筒支承梁下面设置升降用的油缸,使辊筒可上下调节。该平台主要用于钢板拼接和平面分段输送。

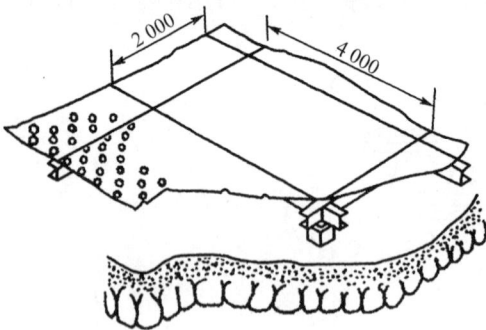

图 2 - 22　钢板蜂窝平台

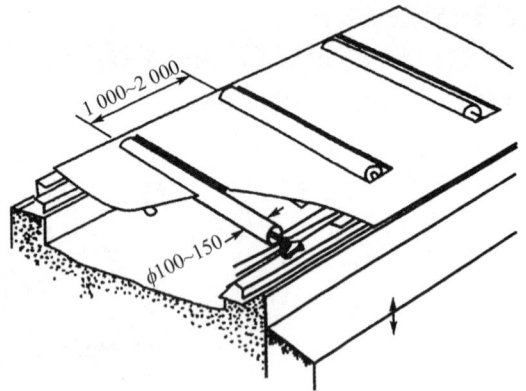

图 2 - 23　辊柱式输送平台

6. 圆盘式输送平台

这种平台是将直径 200 ~ 250 mm 的圆盘,按 1.5 ~ 2.0 m 的间距,纵横交错地安装在钢板平台的开孔上(图 2 - 24)。其主要用于钢板拼接和平面分段的运送。

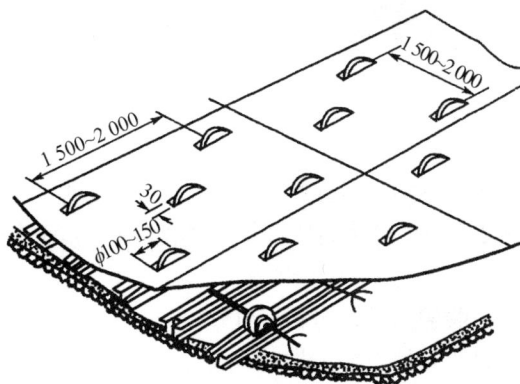

图 2 - 24 圆盘式输送平台

2.4.3 胎架的设计与制造

胎架一般是装配焊接曲面分段和带曲面的立体分段及总段的工作台,是进行船体部件装配、分段或总段装配等船体预装配的基本工艺装备。它的曲形工作面应与分段和总段外形曲面相符合,其作用是保证分段或总段的型线和尺度,并使分段和总段装配焊接时具有良好的工作条件。为了防止胎架在使用过程中产生变形而影响施工质量,胎架的制作除应保证其工作曲面的型线正确外,还应保证有足够的结构刚性。此外,必须对胎架作定期的检查和矫正。

1. 胎架的组成

胎架是船体预装配工作重要的工艺装备,下面以平切基准面支点角钢式胎架(图 2 - 25)为例介绍胎架的组成。

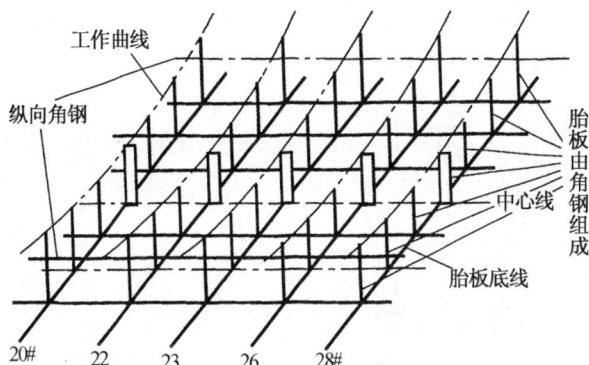

图 2 - 25 胎架的组成

(1)模(胎)板 由横向布置的多根(图中为 7 根)角钢组成,为了防止胎架在使用过程中产生变形而影响施工质量,必须使其具有足够的刚性。

(2)胎架基准面 用来确定胎架工作曲面的基准面,由胎板底线组成,基准面形式应使分段和总段装配焊接时具有良好的工作条件。

(3)胎架工作曲面 由胎板上缘工作曲线组成,曲形工作面应与分段和总段外形曲面相符合,其作用是保证分段或总段的型线和尺度。

(4)纵(横)向连接构件 有纵(横)向牵条、边缘角钢等,其作用是使胎板和胎架成为一个整体。

2. 胎架形式

（1）按结构形式分

①固定胎架　胎架固定于平台上。

②活动胎架　可以改变胎架工作面的空间位置,使分段的焊缝处于平焊位置,如摇摆胎架可使分段做180°以内的转动,回转胎架可使分段做360°的回转。

（2）按使用范围分

①专用胎架　专供某一船舶的某一分段使用。

②通用胎架　可供不同船舶的不同分段使用。

（3）按胎架工作面分

①内胎架　工作表面为船体外板的内表面,如立体分段或总段倒装时的纵、横舱壁,肋骨框架等。

②外胎架　工作表面为船体分段或总段外板的外表面,绝大多数胎架属于外胎架。

（4）按胎架用途分

有底部胎架、舷侧胎架、甲板胎架、艏艉柱胎架、舵胎架、导流管胎架等。

制造胎架需要花费许多材料和工时。这在单船建造和小批量生产中,相对地提高了生产成本,延长了造船周期。因此,扩大胎架的通用性是船体建造中的重要技术课题。

图2-26是我国某些船厂使用的一种简易的通用胎架——框架式活动胎板胎架。它由角度框架和活动胎板组成。一般有30°、40°、50°及60°等四种不同的固定角度框架,角度框架的斜向角钢上开有螺孔,用于固定活动胎板。

支柱式通用胎架由许多根可调节高度的支柱组成。胎架型线不需用样板画线,直接按胎架型值定出。支柱(图2-27)由内外两根不同直径的钢管套接而成,在内外钢管上各按不同间距钻有数排销孔,以便按胎架型值调节支柱高度后,用销轴插入销孔加以固定。许多个支柱顶点构成的曲面就是胎架的工作曲面。

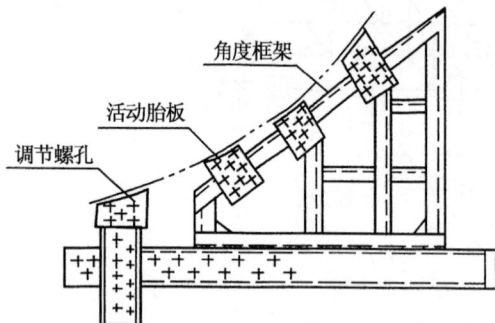

图2-26　框架式活动胎板胎架　　　　　　　图2-27　支柱式胎架

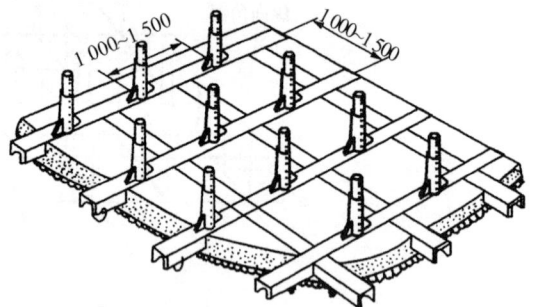

3. 胎架基准面的切取

从事船体建造的人员,应能合理地选取胎架,并熟悉其制造过程,特别是要会选取胎架基准面,为胎架制造提供胎板样板和胎架画线草图,使船体分段或总段在建造中的装配过程具有方便性和安全性;使焊接位置能最大限度地采用自动、半自动焊接;使船体型线光顺,且在船台装配时分段大接缝处的型线也能光顺连接,而胎架本身又要结构简单、牢固。

胎架基准面的切取,主要是根据船体各分段、总段或整个船体型线来决定的。切取方法有以下6种：

（1）平切基准面

在肋骨型线图上，胎架基准面平行于基线平面 H 面，并同时垂直于中横剖面 W 面的称为平切基准面，如图2-28（a）所示。这种平切基准面胎架多用于底部分段、甲板分段、中部总段及整体建造船舶时。

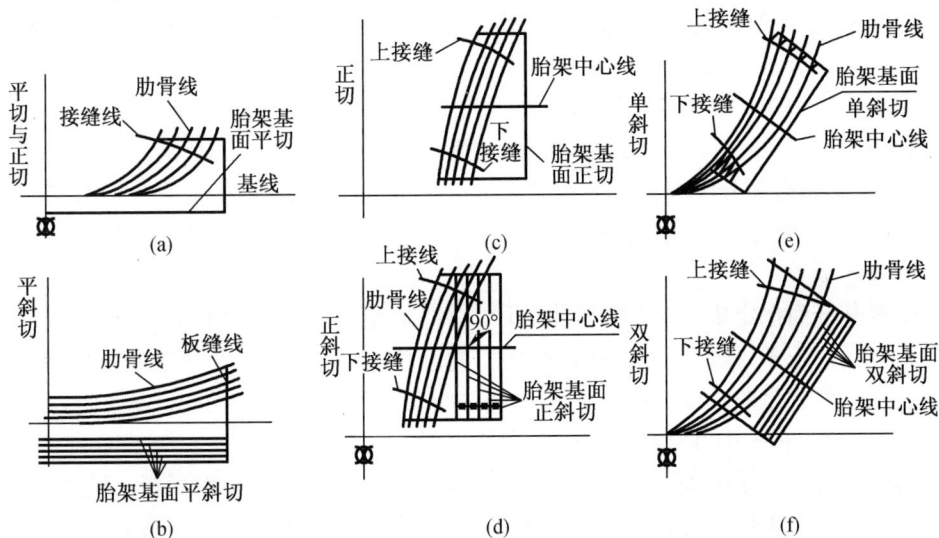

图2-28 胎架基准面切取法
（a）平切基准面；（b）平斜切基准面；（c）正切基准面；（d）正斜切基准面
（e）单斜切基准面；（f）双斜切基准面

（2）平斜切基准面

这种胎架基准面垂直于中纵剖面 V 面，而与基线平面 H 成小夹角倾斜，与各肋骨剖面的交线为一组间距相等的平行直线，如图2-28（b）所示。这种平斜切基准面的胎架主要用于船体首尾部分分段的制造。

（3）正切基准面

在肋骨型线图上，胎架基准面平行于中纵剖面 V 面，同时又垂直于中横剖面 W 面的，称为正切基准面，如图2-28（c）所示。这种正切基准面胎架主要用于一些纵、横向型线较为平直或曲率变化缓和的舷侧分段的制造。

（4）正斜切基准面

这种胎架基准面垂直于基线平面 H 面，而与中纵剖面 V 面成小夹角倾斜，与各肋骨剖面的交线也为一组间距相等的平行直线，如图2-28（d）所示。这种正斜切基准面胎架主要用于船体首尾部分舷侧分段的制造。

（5）单斜切基准面

这种胎架基准面相对基线平面 H 面倾斜一定的角度，但同时垂直于中横剖面 W 面，如图2-28（e）所示。这种胎架基准面的切取适用于船体横向肋骨型线弯势变化较大而纵向型线弯势变化不大的舷侧分段。

（6）双斜切基准面

这种胎架基准面既与基线平面 H 面有一横倾角，又与中横剖面 W 面构成一个纵倾角，如图2-28（f）所示。这种胎架基准面的切取适用于船体肋骨线在横向比较倾斜而纵向型线弯势变化又较大的艉舷舷侧分段。

　　以上6种胎架基准面的切取方法中,平切与正切基准面胎架的制造和其分段、总段或船体的装配、画线、检验都较简便,因此被广泛采用。单斜切基准面胎架的制造和使用也比较简便,能使整个舷侧分段处于接近水平的状态,既降低高度又便于施工,也被广泛采用。平斜切与正斜切基准面胎架则因其基准面与各肋骨剖面有一小于90°的夹角,各横向胎板与其基准面并不垂直,所以它的制造和使用均不如平切和正切基准面方便,但能使所制造的整个分段处于接近水平的状态,避免工人攀高和便于焊接施工。双斜切基准面与各肋骨剖面也有一小于90°的交角,即各道横向胎板与胎架基准面并不垂直,因此使胎架制造和分段装配、画线及检验测量等工作比较麻烦。但和平斜切、正斜切基准面胎架一样,其使胎架高度降低,并使所制造的分段纵横方向都处于接近水平的状态,有利于安全生产和扩大自动、半自动焊接。目前,船厂使用胎架基准面多为平切与正切基准面、双斜切基准面。

　　4.胎架样板

　　当胎架基准面选定以后,根据船体分段、总段或整个船体建造的需要,确定胎架的种类。胎架种类比较多,按其胎板方向可分为横向胎架、纵向胎架和支柱胎架3种,保证船体型线的主要构件就是胎板或支柱。它们和船体分段、总段或整个船体外表面(或甲板的上表面)接触的形式有3种:横向线接触、纵向线接触、点接触。

　　横向胎架的胎板是一种平面样板,其画线与钉制方法类似于平面样板。图2-29为底部分段胎架横向胎板样板,由于底部分段的肋骨型线左右对称,其样板的工作边缘只需按照船底分段半宽的对应肋骨型线录制。图2-30为舷侧分段胎架横向胎板样板,由于沿整个舷侧分段的肋骨型线曲率均有变化,故其样板的工作边缘需依照整个舷侧分段宽度的肋骨型线录制。至于甲板分段胎架的横向胎板样板可借用梁拱样板来代替。

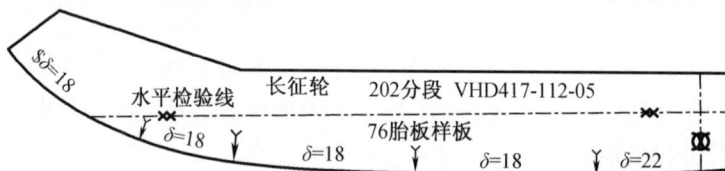

图2-29　底部分段横向胎板样板

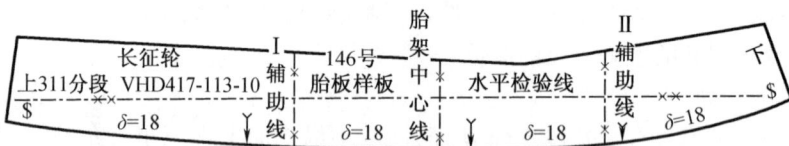

图2-30　舷侧分段横向胎板样板

　　纵向胎架的胎板样板多用于小型船舶采用整体建造时,钉制时先确定胎板理论面与船体中心线的距离,用作纵剖型线的方法求出其真形,然后按照上述横向胎架的胎板样板钉制方法,依据纵向胎架胎板的展开真形钉制成纵向胎板样板。

　　在胎架的制造过程中,胎板样板和胎架画线草图常常对照着同时使用。

　　5.胎架画线草图

　　(1)横向胎架的胎板与船体外表面为横向线接触形式,如图2-31所示。放样间除了为胎架制造提供胎板样板外,还要画出这种胎架的画线草图。不过这里均以理论面和理论线的尺寸为准,在具体制造胎架时,因胎板是与外板的外表面接触的,尤其是各列外板板厚不一致时,需扣除外板厚度,在应用胎板样板号料和使用草图组装时,均需注意这一点。胎架画线草图的绘制用图2-31为例加以说明。

胎板肋位	H_1	H_2	H_3	H_4	H_5	B_1	B_2
136	299	122	139	291	556	3 514	2 611
138	297	143	158	289	532	3 482	2 666
140	282	163	168	283	503	3 449	2 718
142	294	183	184	275	472	3 415	2 770
144	310	208	203	270	436	3 377	2 822
146	330	232	223	269	400	3 338	2 872
148	355	260	243	265	360	3 296	2 911
150	390	294	266	262	321	3 252	2 964
152	438	303	292	261	278	3 203	3 010
154	493	384	325	266	234	3 154	3 055
156	564	445	361	272	164	3 101	3 099
158	647	517	404	279	136	3 043	3 142
160	735	600	461	292	76	2 984	3 183

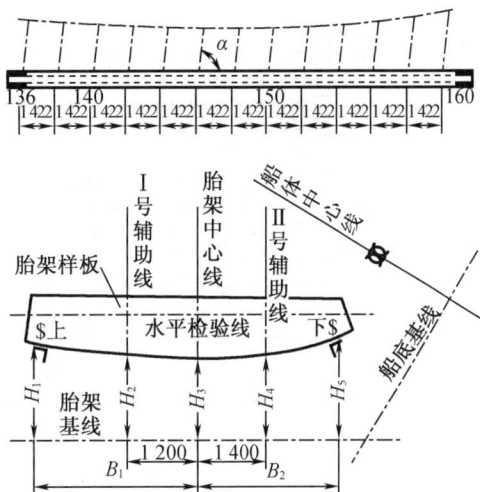

图2-31　舷侧分段双斜切基准面横向胎架画线草图

图2-32(a)为舷侧分段的肋骨型线,先作胎架基准面$ABCD$,即在最外侧肋骨线外适当距离AB直线大致平行整个分段的横向趋向,在最里侧肋骨线外适当距离作$CD/\!/AB$,然后作$AD\perp AB$,$BC\perp AB$,且BC和AD分别距上、下纵缝线的最小距离为50 mm,按肋骨型线数等分AD、BC,对应点连接起来即得胎架基准面与肋骨剖面的交线。再在整个分段宽度约1/2处作中心线垂直于AB线,并在适当部位作辅助线与中心线平行。量取中心线、各辅助线与每根肋骨型线及其对应基准线交点间的距离H;还有上、下纵缝点到中心线的距离B等,填入图2-32(b)。量取纵倾角α,求出基准线伸长间距,即可画出胎架草图,如图2-31所示。

(2)纵向胎架的胎板与船体外表面则为纵向接触形式,这种胎架多用于小型船舶采用整体建造法制造时,故胎架基准面的切取一般为平切形式。为了节约,在肋骨型线图上作出基准面和胎板理论面的投影(它们均垂直于W面),然后在V面格子线上像求作纵剖型线那样画出纵向胎板的型线,再用类似于上述横向胎架画线草图的绘制方法画出图形,列出表格,标明尺寸即得胎架画线草图。

(3)支柱式胎架与船体外表面为点接触形式,这种胎架基准面的切取,一般为平切、正切或单斜切形式。它的胎架画线草图绘制起来较为简单,只要在肋骨型线图上的相应分段处选好基准面,作为基准线,并且做出垂直于基准线的胎架中心线及其相隔适当间距的若干辅助线。然后量取这些分别与各条肋骨线交点至基准线的高度值H,并填入所绘草图上相应的表格中,即得支柱式胎架画线草图。

6.胎架设计与制造

由于胎架的受力情况极为复杂,它不仅要承受船体分段或总段的重力,而且在施工中还受到各种变动因素(压载重物和分段焊接变形而产生的力等)的影响。所以目前都采用经验方法(参考以前制造的同类胎架)进行设计。

胎架设计与制造主要考虑下面几个方面:

(1)胎架基准面的选择

胎架基准面的选择,主要根据型线及其在肋骨型线图上的位置、施工条件、胎架用料等因素,经过综合分析后确定。

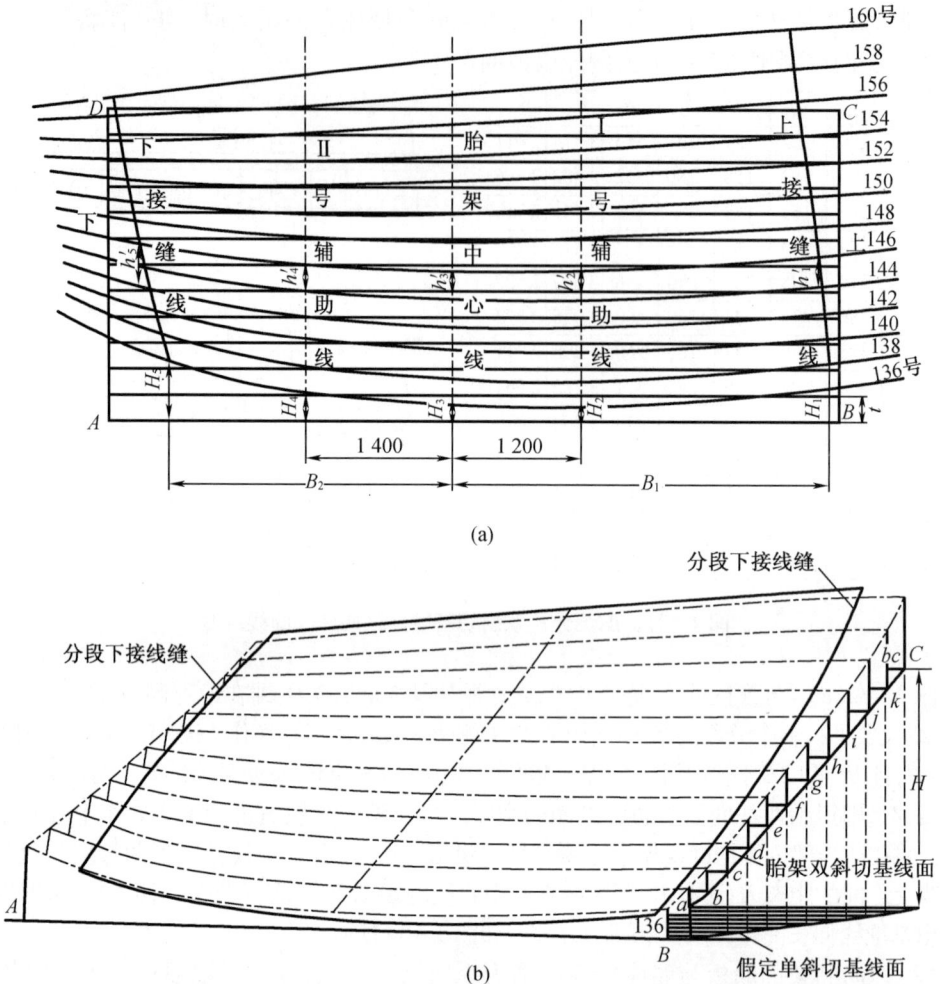

(a)

(b)

图 2-32　舷侧分段双斜切基准面的切取和取数示意图

　　平切、正切和单斜切基准面都是其基准面垂直于肋骨剖面的,所以在肋骨型线图上呈一根直线。这类胎架的基准面无纵向斜升,故胎架模板(又称胎板)与胎架基准面垂直(图2-33(a)),胎架模板的间距为肋骨间距或其倍数,这样,胎架制作和分段装配与检验都比较方便。但是,当分段纵向型线变化较大时(如靠近艏艉部分的舷侧分段),将造成胎架高度急剧增加(图2-33(b)),其结果是不仅耗费更多的钢材,而且由于胎架纵向坡度大,分段装配工作也不够方便,还影响扩大自动焊的使用范围。因此,在选择胎架基准面时,要求胎架工作曲面的纵、横向倾斜度不超过10°～20°。

　　平斜切、正斜切和双斜切基准面的共同点是基准面与肋骨剖面不垂直。沿纵向有一个倾斜角度,所以胎架模板与基准面不垂直(图2-33(c)),胎架的基准面有纵向斜升。这类胎架只用于纵向型线变化大的舷侧分段和底部分段,以克服这些分段在采用平切、正切和单斜切胎架时的缺点。由于这类胎架基准面与肋骨剖面不垂直,致使横向构件的装配操作复杂化,它的画线和装配都必须考虑胎架基准面与肋骨剖面夹角的影响,而且胎架制作也比较麻烦。

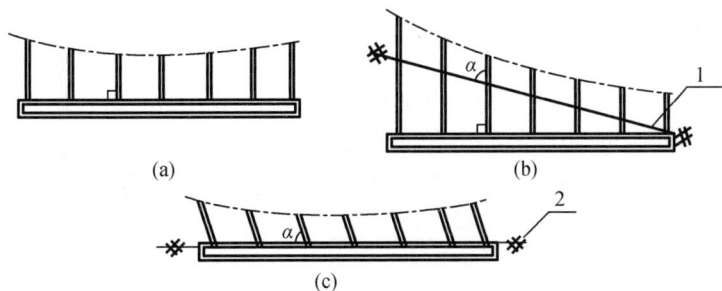

图 2 - 33 胎架基准面比较

1—胎架基线;2—胎架基线;α—胎架基准面与胎板的夹角

胎架制作与分段安装是一体的,因此必须对斜升基准面胎架进行改造,使胎架制作简化,分段构件安装方便。

某舷侧分段如图 2 - 34(a)所示,分段的胎架为双斜切基准面支点角钢式,它的设计大致步骤如下:

①在肋骨型线图上画出分段胎架基面线。

②求胎架基面斜升角,改造胎板型值(需作 5 个纵剖面)。

以中心线剖面为例,斜升角 30°,胎板相对基面的倾角 60°,胎架是支点角钢式,每一根角钢底部削斜 60°,显然这很不方便(图 2 - 34(b)),故要改造胎板型值,使胎板垂直于胎架基面(图 2 - 34(c)、图 2 - 34(d))。

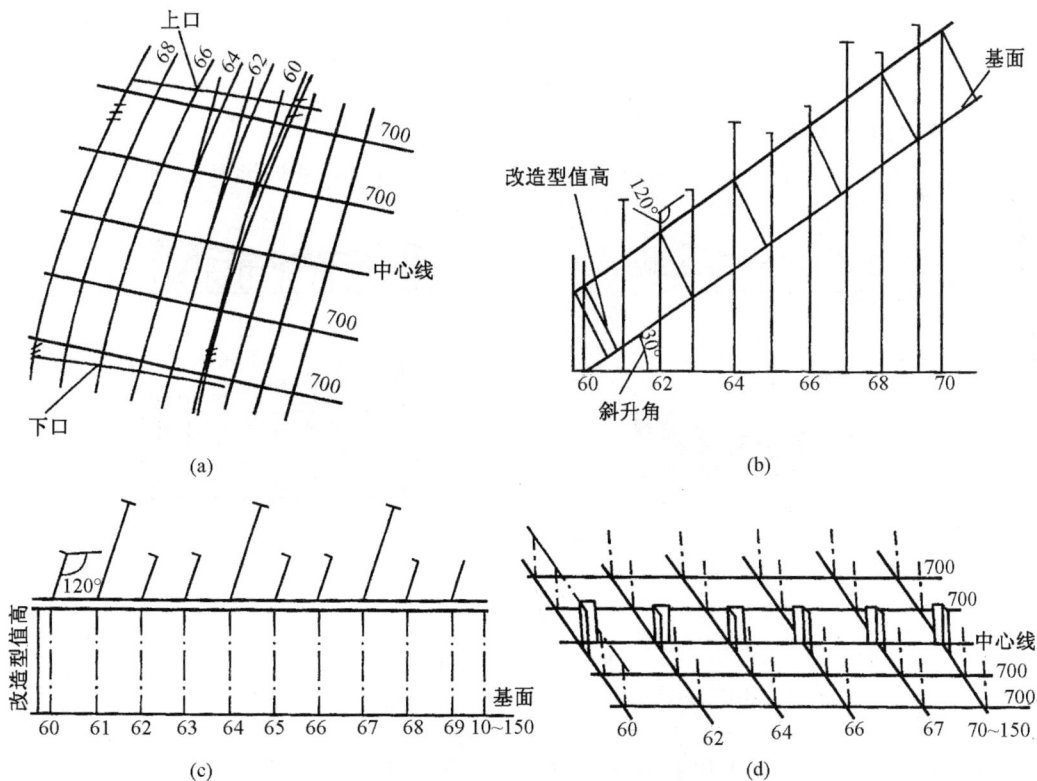

图 2 - 34 双斜切基准面胎架型值改造

③绘制型值表(扣除板厚)。

④绘制生产(施工)设计图。

目前,通用胎架首先采用无纵向斜升的基准面,后采用有纵向斜升的基准面(通常选双斜切基准面),应将肋骨型线图上的胎架基准面与各肋骨剖面交线之间的实际肋骨间距在样台格子线上求出。那么,胎板的理论面与胎架基准面的夹角就是格子线上肋骨站线与胎架基面线之间的夹角。

一般胎架模板取横向肋骨型线来制作,如各种分段胎架的胎板,也有取纵向型线来制作的,如中小型船舶采用整体建造法进行船台装配时的胎架模板。不过,纵向胎板的工作边缘线需先作出其纵剖线,再扣除外板厚度而得出。

(2)胎架结构形式的选择

胎架结构形式的选择,主要是选择胎架基础和胎板形式。选择时必须考虑其受力情况、分段的结构特点、生产批量和对胎架的使用要求。

①胎架基础的选择

胎架基础对分段制造的质量影响很大。它应有足够的承载能力,不能下沉和变形。船厂常用的胎架基础有水泥墩基础、条形基础和水泥平台三种类型(图2－35)。

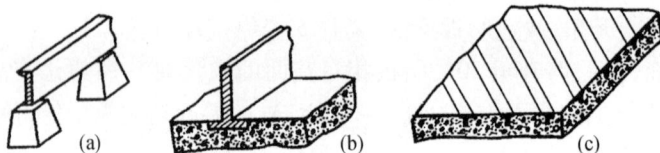

图2－35 胎架基础

(a)水泥墩基础;(b)条形基础;(c)水泥平台

②胎架胎板的选择

专用胎架的胎板形式有单板式、桁架式、框架式和支点角钢式四种类型(图2－36)。

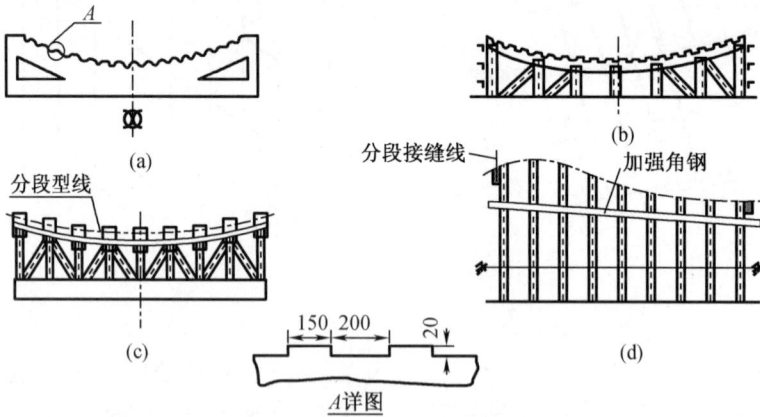

图2－36 专用胎架的胎板形式

(a)单板式;(b)桁架式;(c)框架式;(d)支点角钢式

通用胎架为了适应其工作曲面便于调整的要求,有框架式活动胎板胎架、支点角钢式胎架和支柱式胎架三种。当前主要采用支点角钢式胎架。

框架式活动胎板胎架(图2－26),是将上述框架式专用胎架上的固定小模板改为用螺栓与角度框架连接的形式,这样就可通过拆换小胎板来增大其通用性。支点角钢式胎架则是通过割短和接长各支点的角钢来增大其通用性的。支柱式胎架(图2-27)虽然制作时消耗工时较多,但安装布置十分方便,适用于各种船舶的各种分段,可反复使用,从而节约大量的钢材和工时。这种胎架在每装一个不同的分段时,都需将胎架支柱按照型值调整一次,支柱式和支点角钢式胎架与分段外板为点接触形式。

(3)胎架设计与制造的原则与要求

①胎架结构具有足够的强度和刚性。

②胎架模板或支柱顶点型值,其所形成的工作曲面应与分段的外形相一致。同时,应考虑纵、横向反变形数值和外板的厚度差。

③根据生产批量、场地面积、劳动力分配、分段制造周期等因素,选择适当的胎架形式和数量,并根据船体型线决定合理的胎架基面切取方法,以满足生产计划的要求,改善施工条件,扩大自动、半自动焊和其他高效焊接方法的应用范围。

④制作胎架应考虑节约钢材,节省工时,降低成本,尽量利用废旧料和边余料。同时,还要考虑胎架搬移、堆叠的方便性,以及在一定范围内的通用性和改装的可能性。

⑤胎架的模板间距应是肋骨间距的倍数。当分段结构为横骨架式时,板厚≥6 mm,取2~3倍肋骨间距;板厚<6 mm,取1~2倍肋骨间距。当分段结构为纵骨架式时,可取2~3倍肋骨间距,但一般≤1.5~2 m。分段的构架位置必须设有模板,胎架的长、宽方向尺寸应大于分段尺寸。

对于轻型、简单型线分段,隔2~3个肋距设置胎板,胎板间距小于2 m。对于重型、复杂型线分段,则每个肋距设置胎板。

桁架式板厚$\delta = (1 \sim 1.5)\delta_{分段}$,桁架式板宽为200~300 mm。

⑥胎架应具有一定的高度和强度,胎架基准面距型线最低点不小于800 mm,方便施工人员进出。

⑦胎架上应画出肋位号、分段中心(假定中心)线、接缝线、水平线、检验线等必要的标记。

在胎架基准面、结构形式和各种结构的主要尺寸确定后,应绘制胎架施工草图。在施工草图中,除了应标明必要的尺寸大小和材料规格外,还必须说明施工的技术要求。例如,专用胎架应注明在胎板上必须画出的各种位置线和检验线(外板接缝线、分段纵向构件位置线、中心线和水线等)及胎架装配焊接完工技术要求。

下面以某一舷侧分段为例介绍支点角钢式胎架的制造方法。

在肋骨型线图上,根据分段所在位置作出单斜切基准面,基准面距型线的最低点不应小于800 mm,然后在分段中部作垂直于基准面的直线,此即胎架中心线。以胎架中心线为准,向两侧每隔一定距离作出平行于中心线的辅助线,分别在辅助线上从基准面开始量取到各肋骨线的高度值(若胎板为隔挡设置时,那么量取高度值时也应隔挡量取)。胎架画线制造时按下列具体步骤进行(图2-37):

①在水泥平台或其他平台上画出肋骨位置线、胎架中心线、辅助线和接缝线等。

②在每一挡肋骨的肋骨线和各辅助线、中心线的交点上垂直竖立支点角钢。

③利用水平软管或激光水平仪找出一水平面,并在支点角钢上做出标记,作为量取胎架高度的基准面。

根据预先制作的高度样棒在相应的支杆上画线,然后割去其余量,并焊上支撑加强材等即成。

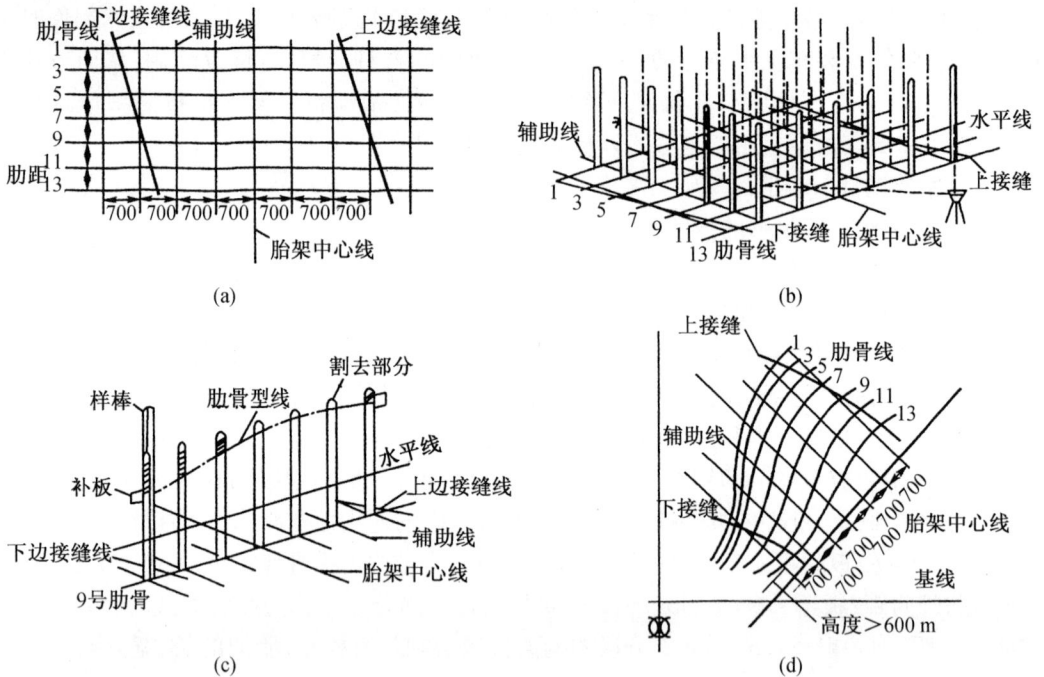

图 2－37　支柱式胎架制造示意图

任务 2.5　电焊工基本知识与技能

焊接技术是现代工业基础工程技术之一,电焊是在焊接技术中应用最为广泛的焊接方法。焊接电弧焊在 20 世纪 20 年代进入造船技术领域,替代铆接造船,船体建造技术获得蓬勃发展。随着科技进步,电焊得到了多元化的发展,由单一的焊条电弧焊演变为埋弧自动焊、CO_2 气体保护焊、氩弧焊和焊条电弧焊四种方法共同发展的局面。当今的电焊已是现代造船的关键工艺技术之一,在船体建造中电焊工的工时占船体建造总工时的 30% 以上,电焊工种成为造船企业的主体工种之一。

2.5.1　焊条电弧焊

1. 焊条电弧焊基本原理

焊条电弧焊是用手工操纵焊条进行焊接的电弧焊方法。工作时利用焊条与焊件之间建立起来的稳定燃烧的电弧,使焊条和焊件熔化,从而获得牢固的焊接接头,其原理如图 2－38 所示。

焊接时,焊条药皮不断地分解、熔化,产生气体和液态熔渣,保护焊条端部、电弧、熔池及其附近区域,防止大气对熔化金属的有害污染。焊芯在电弧热作用下不断熔化进入熔池,成为焊缝的填充金属。

2. 焊条电弧焊的特点

焊条电弧焊与其他的熔焊方法相比,具有下列特点:

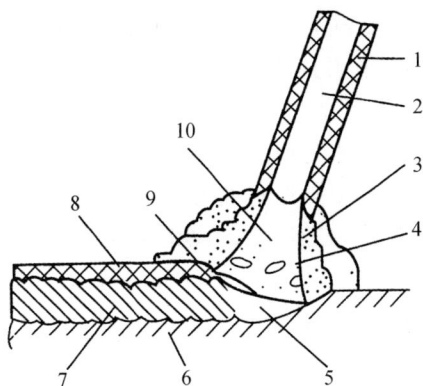

图 2 - 38　焊条电弧焊工作原理

1—药皮;2—焊芯;3—保护气体;4—电弧;5—熔池;6—母材;7—焊缝;8—焊渣;9—熔渣;10—熔滴

（1）操作灵活

焊条电弧焊成为应用最广泛的焊接方法,主要是因为它的灵活性。由于焊条电弧焊设备简单、移动方便、电缆长、焊把轻,因而广泛应用于平焊、立焊、横焊、仰焊等各种空间位置和对接、搭接、角接、T形接头等各种接头形式的焊接。车间或野外施工现场均可采用,可以说,凡是焊条能到达的任何位置的接头,均可采用焊条电弧焊方法连接。对于复杂结构、不规则形状的构件单件、非定型结构的制造,由于可以不用辅助工装、变位器、胎夹具等就可以焊接,故焊条电弧焊的优越性显得尤为突出。

（2）对焊接接头装配要求低

由于焊接过程由焊工手工控制,可以适时调整电弧位置和运条姿势,修正焊接参数,以保证跟踪接缝和均匀熔透。因此,对焊接接头的装配精度要求相对降低。

（3）可焊金属材料广

焊条电弧焊广泛应用于低碳钢、低合金结构钢的焊接。选配相应的焊条,焊条电弧焊也常用于不锈钢、耐热钢、低温钢等合金结构钢的焊接,还可用于铸铁、铜合金、镍合金等材料的焊接,以及耐磨损、耐腐蚀等特殊使用要求的构件进行表面层堆焊。

（4）焊接生产率低

焊条电弧焊与其他电弧焊相比,由于其使用的焊接电流小,每焊完一根焊条后必须更换焊条,以及因清渣而停止焊接等,故这种焊接方法的熔敷速度慢,焊接生产率低,劳动强度大。

（5）焊缝质量依赖性强

虽然焊接接头的力学性能可以通过选择与母材力学性能相当的焊条来保证,但焊缝质量在很大程度上依赖于焊工的操作技能及现场发挥,甚至焊工的精神状态也会影响焊缝质量。

2.5.2　埋弧自动焊

1.埋弧自动焊原理

焊条电弧焊的电弧是暴露的,埋弧焊的电弧是被埋在颗粒状焊剂层下燃烧的。埋弧自动焊原理如图 2 - 39 所示,焊丝末端和焊件之间在电场作用下产生电弧,电弧的热量不仅使熔化的焊丝和焊件金属构成熔池,同时也使焊丝末端周围的焊剂熔化,形成熔渣,部分熔渣分解形成一个气体空穴,笼罩在电弧周围。气体空穴又被一层熔渣所包围,这层熔渣隔离了空气和电弧、熔池的接触,获得了良好的熔渣保护。随着电弧向前行走,熔池在熔渣保护下缓慢冷却形成焊缝,熔渣冷却后成为焊渣。

要实现埋弧自动焊,必须有两项操作实现机械化:焊丝给送机械化和电弧移动机械化。必须有焊丝给送装置,由电动机传动送丝轮,不断向电弧给送焊丝。由于焊丝是运动的,导电给焊丝必须是滑动接触的导电器。为了使焊丝和电弧沿着焊接方向前进,必须有一台小车,载有焊丝、焊剂和焊接机头等沿焊接方向前进。

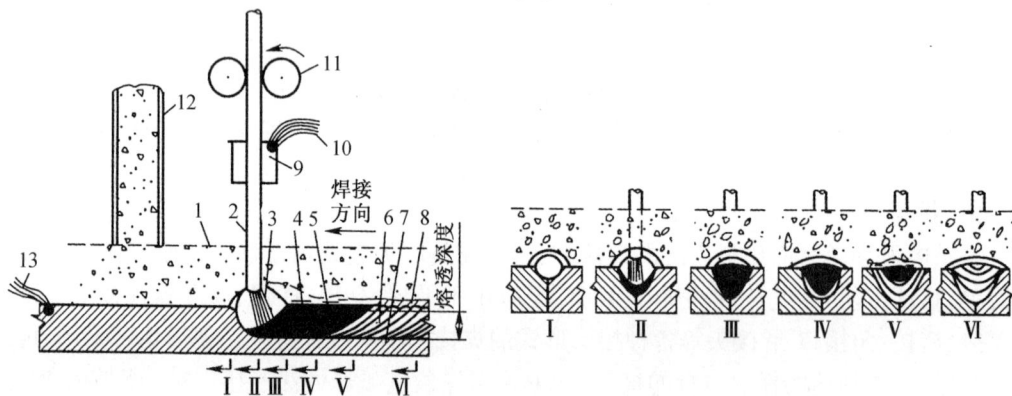

图 2-39　埋弧自动焊原理

1—焊剂;2—焊丝;3—电弧;4—熔池金属;5—焊渣;6—焊缝;7—焊件;8—焊渣;
9—导电器;10—接焊丝电缆;11—送丝轮;12—焊剂输送管;13—接焊件电缆

2. 埋弧自动焊的优缺点

埋弧自动焊优点具体如下:

(1)生产率高

埋弧自动焊是高效焊接法,它的生产率是焊条电弧焊的 5~10 倍。其主要原因有:

①能用大电流焊接,埋弧自动焊焊丝伸出导电器的长度是较短的(通常是 25~50 mm),焊接电流通过焊丝产生的电阻热小,因此埋弧自动焊可以使用很大的电流。ϕ5 mm 焊条电弧焊的焊接电流为 190~250 A,而 ϕ5 mm 的埋弧焊焊接电流可达 600~1 000 A。大的焊接电流使焊丝熔敷速度提高,生产率提高。

②埋弧自动焊 14 mm 以下钢板不开坡口,这节省了开坡口等辅助工时,提高了生产率。

(2)焊缝质量好

埋弧自动焊的电弧有厚层的焊剂和熔渣的保护,这就避免空气中氧、氮对电弧的有害侵入。熔渣的缓慢冷却使熔池金属冶金反应充分,焊缝结晶良好。埋弧自动焊焊丝给送和电弧移动是机械化的,并且焊机具有自动调整的功能,可以保持焊接工艺参数(焊接电流、电弧电压及焊接速度等)和焊接质量稳定。厚层熔渣使得焊缝外形光滑美观。

(3)节省焊丝和电能

埋弧自动焊的熔深大,厚板可以不开坡口或开浅坡口,焊缝中的熔敷金属量显著减少,节省焊丝,也节省电能。同时不开坡口节省了坡口加工费。

（4）改善了劳动条件

埋弧自动焊过程中，焊工不受弧光刺激，保护了焊工的眼睛和皮肤。埋弧自动焊是机械化操作的，焊工只需要正确操纵焊机控制板上的按钮、开关和调节器，观察电压表和电流表，用手轮调整焊丝位置和伸出长度。这就减轻了焊工的劳动强度。

（5）焊接变形小

埋弧自动焊热量集中，填满坡口的焊接层数少，焊接速度快，焊接变形小。对于长焊缝不需要用逐段退焊法。埋弧自动焊完成的焊件变形小，也减少了防止和矫正焊接变形的工时和费用。

埋弧自动焊具有以下缺点：

（1）埋弧自动焊目前只能用于平焊缝和横角焊缝

埋弧自动焊焊接平焊缝和横角焊缝时，颗粒状焊剂借重力和摩擦力堆积在钢板上，液态焊缝的成形是靠自身重力和表面张力。立焊或仰焊时，焊剂不能堆积和覆盖电弧，液态焊缝金属受自身重力作用，不能构成良好的焊缝外形。目前有人提出用磁性焊剂吸在钢板上解决焊剂覆盖电弧问题，用冷却滑块使焊缝强制成形，这还有待进一步的研究。

（2）灵活性差，不如焊条电弧焊

埋弧自动焊的设备复杂，焊机的移位比较麻烦，焊前准备工作时间也较长，埋弧自动焊焊接短小焊缝及薄板的生产率不高，不及焊条电弧焊灵活方便。

（3）对装配精度要求高

埋弧自动焊使用电流大、熔深大、对坡口间隙的敏感性大，若焊件局部间隙偏大，往往会发生烧穿现象。埋弧自动焊对装配精度要求高，尤其是坡口的间隙尺寸。

（4）焊接铝、镁及其合金困难

埋弧自动焊目前在钢结构生产中占有相当大的比例，而在有色金属方面尚属起步。现可以焊接铜、镍及其合金，但对氧化性强的铝、镁及其合金，焊接有较大的困难，尚需进行探索。

3. 埋弧自动焊方法的应用

埋弧自动焊是高效的焊接方法。近十几年来，埋弧自动焊在船舶、锅炉与压力容器、桥梁、起重机械、冶金机械、化工设备、核电设备等制造中得到广泛应用，取得了长足的发展，现已成为主要的焊接工艺方法。在中厚板长焊缝的钢结构生产中，埋弧自动焊是首选的焊接工艺方法。

埋弧自动焊目前已能焊接低碳钢、中碳钢、低合金结构钢、耐热钢、低温钢、不锈钢及不锈复合钢等各种钢结构，埋弧自动焊在焊接钢结构中已成为成熟的焊接工艺。埋弧自动焊也能焊接铜合金和镍基合金等。对于高碳工具钢、铸钢、铝和镁及其合金，目前尚不能采用埋弧自动焊。

在船舶制造业中，普通的单丝双面埋弧自动焊仍继续得到广泛应用。近几年来，还逐步推广使用有衬垫的单面埋弧焊（双面焊缝成形）、多丝埋弧自动焊及有衬垫的多丝单面埋弧自动焊，把埋弧自动焊的生产率提高到新的阶段。随着科技的进步，船舶制造业的发展，以及钢结构厚度化的趋向，埋弧自动焊必将得到更广泛的应用。

2.5.3 CO_2 气体保护电弧焊

1. CO_2 气体保护电弧焊原理

焊接电源的两电极分别接焊丝和焊件,焊丝和焊件之间产生电弧,熔化金属,以 CO_2 气体作为保护介质,保护电弧和熔池,从而获得良好的焊接接头,这种焊接方法称为 CO_2 气体保护电弧焊(图 2-40),简称 CO_2 焊。

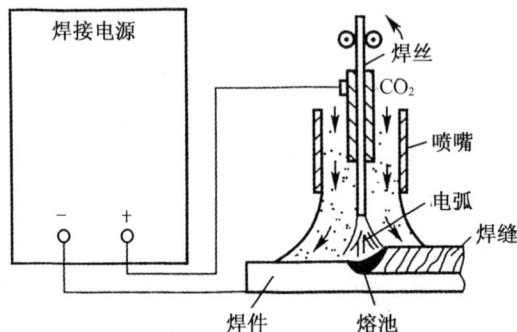

图 2-40 CO_2 气体保护电弧焊原理

CO_2 气体保护电弧焊过程中,焊丝被电弧熔化后熔敷进入焊接坡口中,同时焊件也被电弧熔化部分,焊丝的熔敷金属和焊件的熔化金属,熔合形成熔池,冷却后成为焊缝,焊缝表面一层渣壳,就是焊渣。

2. CO_2 气体保护电弧焊的优缺点

CO_2 气体保护电弧焊的优点有:

(1)生产效率高

CO_2 气体保护电弧焊用的焊丝直径不大,而焊接电流不小,故 CO_2 气体保护电弧焊的电流密度大,电弧热量集中,焊丝的熔敷系数(焊丝在 1 h 内 1 A 电流,焊丝金属熔敷入焊缝内的质量数)极高,可达 $15\sim22$ g/(A·h),此值远大于焊条电弧焊,且比一般的埋弧自动焊还高。熔敷系数高也就是焊丝熔化快,生产效率高。CO_2 气体保护电弧焊是连续给送焊丝的,可以持续焊接,又很少清理焊渣,可节约许多辅助工作时间。CO_2 气体保护电弧焊生产效率比焊条电弧焊提高了 $1\sim3$ 倍。

(2)焊接成本低

CO_2 气体来源广、价格低,焊接过程能源消耗也少。通常 CO_2 气体保护电弧焊的成本为焊条电弧焊的 $40\%\sim50\%$,是廉价的焊接方法。

(3)抗锈能力强

CO_2 气体保护电弧焊在高温时具有强烈的氧化性,可减少熔池中氢的含量,故对铁锈的敏感性低,焊缝不易产生气孔。

(4)焊接变形小

CO_2 气体保护电弧焊的电弧热量集中,加热面积小,并且 CO_2 气体喷向焊件也带走一些热量,使热影响区减小,焊接变形减小。

(5)适用范围广

CO_2 气体保护电弧焊可以焊接低碳钢、低合金结构钢、不锈钢和铸铁。CO_2 气体保护电弧焊不仅可用于平焊,还可用于全位置焊。

CO_2 气体保护电弧焊技术尚在发展中,目前还存在以下缺点:

(1)在室外风大的环境难以施焊,必须设立有效的挡风装置;

(2)不能焊接易氧化的有色金属(铝、镁及其合金等);

(3)采用实心焊丝 CO_2 气体保护电弧焊,飞溅严重,焊缝外形余高偏大。

3. CO_2 气体保护电弧焊的应用

近年来 CO_2 气体保护电弧焊得到了广泛的推广应用,在钢结构生产中已占有较重要的地位,在船体结构建造中, CO_2 气体保护电弧焊已列入焊接高效率的首位,基本上可以取代焊条电弧焊。药芯焊丝的发展改变了实心焊丝 CO_2 焊焊缝外形不佳的缺点。 CO_2 焊钢焊丝的开发,使 CO_2 焊可应用于所有的钢结构(碳钢、低合金结构钢、耐热钢、低温钢、不锈钢等),并获得了良好的焊接质量。 CO_2 气体保护电弧焊领域内,大部分由 CO_2 半自动焊所占领的局面也将有所突破, CO_2 气体保护电弧自动焊可改变手工操作 CO_2 焊的落后面貌。多少年来船体大接头焊缝难以实现自动化的局面,也被 CO_2 气体保护电弧自动气电焊突破,并取得了良好的焊接质量。陶质衬垫 CO_2 单面焊也正在健康地发展,改变了用焊条电弧焊仰焊封底焊接大接缝的传统工艺。

随着科学技术的进步和发展, CO_2 气体保护焊将不断创新,成为应用更广泛的电弧焊接方法。

2.5.4 船舶电焊工的安全操作技术

船舶电焊工涉及电和高温明火作业,在工作过程中,使用电气设备和焊枪,就有可能发生触电事故。电弧的强光、高热及飞溅,会引起灼伤、火灾和爆炸,还有在船体建造中焊工要登高作业,有坠落的危险。为了防止事故的发生,必须牢固树立"安全第一"的观念,严格遵守各项安全操作规程,做到在安全条件下生产。

船舶制造是综合性作业的过程,许多工种的工人同时施工,有时在一个舱室里,有焊工、装配工、钳工、管系工、电工、起重工同时施工,而且施工环境也较复杂。对于正在舾装的舱室,焊工的火花是危害因素,易引起火灾等事故。焊工在焊接前,必须对周围情况了解清楚。通过多年来的经验教训可总结出,焊工要做到"十不焊",这是焊工首先要遵守的重要原则。

(1)焊工无安全操作证,又没有正式焊工在场指导,不能单独焊接。

(2)凡属禁火区,未经审批,又无安全措施,消防人员未到场,不能擅自焊接。

(3)不了解作业现场及周围情况,不能盲目焊接。

(4)不了解焊接物内部情况,不能焊接。

(5)盛装过易燃、易爆及有毒物质的容器,未经彻底清洗,不能焊接。

(6)用可燃材料做隔层的设备、部位,未采取可靠安全措施,不能焊接。

(7)有压力或密封的管道、容器,不能焊接。

(8)附近堆有易燃易爆物品,在未经彻底清理或采取有效安全措施前,不能焊接。

(9)作业部位与外单位相接触,在未搞清对外单位是否有影响,或明知危险而未采取有效的安全措施,不能焊接。

(10)作业场所附近有与明火相抵触的作业,不能焊接。

2.5.5 安全文明生产行为规范

为落实"安全第一、预防为主"的方针,加强安全生产管理,提高所有作业人员的安全意识及安全文化素质,消除各种违章违纪现象及事故隐患,杜绝各类事故发生,保障员工的人身安全与健康,促进企业的生产与发展,船厂都制定有安全文明生产行为规范。下面是某船厂制定的安全文明生产行为规范内容,供参考学习。

(1)船厂区域内所有作业人员必须自觉接受三级安全教育,必须时刻保持"安全第一"思想,严格遵守安全生产责任制和各项安全操作规程,严禁违章指挥、违章作业。

(2)进入生产区域作业,必须严格按规定正确穿戴劳动防护用品,做好自我保护。如女工长发和刘海不得露出防护帽,割、焊工、机加工不得戴纱手套作业;电工、焊工、机加工等作业人员进入岗位严禁佩戴各种金属饰品及非金属挂件;在公司区域内不准赤脚、赤膊,进入生产现场不准穿凉鞋、拖鞋、高跟鞋、裙子等。

(3)作业前,首先须清点自己所带的工具、设备数量并确保完好。作业时,应集中思想,严禁嬉戏打闹和串岗、离岗、睡觉。作业结束,要做到工完、料净、场地清,并仔细清点个人工具、设备用品是否按数收回,严防遗落在产品关键要害部位。

(4)必须注意识别生产区域内各种安全标志。非本岗位工作人员不准进入或穿越系有红白三角旗的危险区、红白黄三角旗的禁火区、黄底红标记旗的放射区或标有其他危险警告标志的区域。

(5)从事特种作业人员,必须经安全技术培训考核合格,持有政府劳动部门颁发的特种作业操作证才能独立操作。未经培训考核合格的人员须在有证人员带领下工作,并持有公司安全保卫部门颁发的实习操作证,严禁违章无证操作。

(6)任何人不准触碰与本工种、本岗位无关的开关按钮,不得擅自动用与本职无关的机电设备和专用器材。停电、停车进行拆修设备时,必须在合闸处、操作处挂贴禁动标志,必要时应派专人监管;检修完毕,应立即解除禁动标志。船厂动力站房、要害部门岗位人员必须持有安全保卫部门和人力资源部门颁发的上岗证件,严禁非岗位人员、无证人员擅自进入要害部门。

(7)船厂区域内主要道路、生产区域通道必须保持畅通。如严禁擅自占用;公司内车辆限速15 km/h;机动车和自行车都必须靠右行驶,行人尽量靠右边行走或走人行道;自行车不准载人、不准在车间内穿行,进出船厂大门必须下车推行;机动车、自行车必须统一整齐地停放在规定的地方。

(8)作业区内行走,必须看清上下左右环境,遵守标牌提示,注意声光信号,不准双手插入衣裤袋;登高必须双手扶梯攀登,所带物品必须紧扎牢固,防止脱落伤人;上下船只必须走浮桥或专门架设的跳板(跳板下应挂好安全网),码头与船旁严禁跳跃。

(9)明火作业严格遵守"明火十不烧"的规定。严禁用割炬、焊炬等生产作业工具照明、取暖。严禁用氧气做通风、降温或身体吹尘。不准在非指定地点吸烟,严禁乱扔烟蒂。

(10)起重作业必须遵守"起重十不吊"的规定,不得在吊运物体下站立、行走,指挥人员必须佩戴明显标志。钢丝索具严禁在糙物上拖曳、摩擦、敲砸。

(11)两人以上多人协同操作,必须由作业长或班组长指定有操作经验的专人负责、统一指挥。

(12)任何人不准擅自拆除各种设备的安全防护装置和应急设施。因生产需要临时拆卸移位时,现场必须有专人监护或设置警示标志,作业完毕后,拆卸人应立即将其恢复原样。

(13)在狭小舱室及容器内工作时必须加强通风,并实行双人监护制,防止窒息、中暑、触电等事故的发生。非作业时间严禁将带有易燃、助燃和 CO_2 气体气源的工具皮带搁置在舱室内。严禁用带压力的动能风管口对人。

（14）实施封舱作业时，必须明确封舱作业责任人。核对封舱人员进舱和出舱人数一致，保证封舱作业质量和作业人员的安全。

（15）所有生产人员上岗作业前和上班时间严禁喝酒。

（16）严禁在船坞内、码头边的水中游泳或擅自捕捞。严禁向水域及阴沟下水道中倾倒垃圾、废油、污染物。严禁在厂区内（包括作业区）、产品上随地大小便，随意倾倒污染物。

（17）冬季严禁用电灯泡、电炉取暖。因生产或工作需要使用明火炉、电加热器的，必须经过安全部门许可备案。严禁用汽油、柴油、香蕉水等油类及易燃易爆物品引火。

（18）如遇发生重大事故或险肇事故，在场人员要及时报警，保护现场，组织抢救，并立即向领导及安全部门报告。

（19）任何人员都有责任对违反安全规范、安全操作规程的行为及时加以制止，发现事故隐患、事故苗子必须立即向有关领导报告。

（20）任何人未经有关部门批准同意，不得擅自带领外来人员在作业现场参观；经批准并带领参观的人员，必须负责检查落实对参观者的安全穿戴要求，告知安全保护注意事项，并对其安全负责。

思考与练习

一、名词解释

1. 气割

2. 冷加工

3. 火工

4. 水火弯板

5. 胎架

6. 单斜切基准面

7. 埋弧自动焊

8. CO_2 气体保护电弧焊

二、选择题（单项选择题，即只有一个答案是对的）

1. 高温等离子切割是靠金属的_____实现的，不受材料熔点高低的限制，特别适用于气割难于切割的金属材料，如铝、铜、镍、钛、不锈钢、高合金钢及各种有色金属等。
（   ）

A. 燃烧　　　　　　　　　　　　B. 氧化

C. 气化　　　　　　　　　　　　D. 熔化

2. _____切割主要用来切割各种高熔点材料，耐热合金、超硬合金等特种金属材料，半导体材料和塑料等非金属材料。
（   ）

A. 气割　　　　　　　　　　　　B. 数控切割

C. 激光切割　　　　　　　　　　D. 等离子切割

3. 船体构件加工的方法，按加工时钢材的温度情况分为_____和热加工两大类。
（   ）

A. 边缘加工　　　　　　　　　　B. 冷加工

C. 成形加工 　　　　　　　　　D. 坡口加工

4. 量少的复杂曲度板先用冷弯机械加工出一个方向的曲度,然后再用_____加工出其他方向的曲度。　　　　　　　　　　　　　　　　　　　　　　　　　(　　)

A. 三辊弯板机加工 　　　　　　B. 水火弯板法

C. 在压力机上安装专用压模压制成形 　　D. 机械冷弯法

5. 综合比较自然冷却法(简称空冷)、正面跟踪水冷却法(正冷)和背面跟踪水冷却法(背冷)等冷却方法,目前水火弯板法中最常用的冷却方法是　　　　　　　(　　)

A. 正面跟踪水冷却法 　　　　　B. 自然冷却法

C. 背面跟踪水冷却法 　　　　　D. 强制风冷法

6. 钢板蜂窝平台就是在钢板上开有蜂窝状圆孔,主要用来_____装配焊接,还可用于矫正变形。　　　　　　　　　　　　　　　　　　　　　　　　　　　(　　)

A. 部件和组合件 　　　　　　　B. 船体分段

C. 船体总段 　　　　　　　　　D. 全船

7. 圆盘式输送平台,主要用于钢板拼接和_____的运送。　　　　(　　)

A. 船体部件 　　　　　　　　　B. 船体平面分段

C. 船体尾总段 　　　　　　　　D. 全船

8. 外胎架是指工作表面为船体分段或总段外板的_____,绝大多数胎架属于外胎架。　　　　　　　　　　　　　　　　　　　　　　　　　　　　　　(　　)

A. 型表面 　　　　　　　　　　B. 外表面

C. 内表面 　　　　　　　　　　D. 理论表面

9. 胎架的组成主要有模板、胎架基准面、_____和纵横向连接构件。　(　　)

A. 胎板 　　　　　　　　　　　B. 胎架工作曲面

C. 牵条 　　　　　　　　　　　D. 拉马角钢

10. 平切、正切和单斜切基准面都是其基准面_____肋骨剖面的,在肋骨剖面上呈一根直线。　　　　　　　　　　　　　　　　　　　　　　　　　　　　(　　)

A. 垂直 　　　　　　　　　　　B. 倾斜

C. 平行 　　　　　　　　　　　D. 不垂直

三、判断题(对的打"√",错的打"×")

1. 低碳钢和低合金钢都属于燃点低于熔点的金属,具有良好的气割性能。　(　　)

2. 等离子切割厚板的能力比气割强。　　　　　　　　　　　　　　　(　　)

3. 气割的实质是金属在氧气中的燃烧。气割通常可分为预热、燃烧、去渣三个阶段。　　　　　　　　　　　　　　　　　　　　　　　　　　　　　　　(　　)

4. 船体构件加工的设备按加工钢材的类型分类,可分为型材加工设备和热加工设备。　　　　　　　　　　　　　　　　　　　　　　　　　　　　　　(　　)

5. 为提高船台大接缝处的线型光顺,在分段制造装焊结束后,采用冷加工的方法,在大接缝处做反变形的工艺措施,使船台搭载获得良好的效果,提高工作效率。　(　　)

6. 影响水火弯板工艺成形的因素有加热线、加热参数和板材厚度。　　(　　)

7. 目前,水火弯板的冷却方式有自然冷却、正面跟踪水冷却和背面跟踪水冷却三种。　　　　　　　　　　　　　　　　　　　　　　　　　　　　　　　(　　)

8. 船体预装配的工艺装备有船台和胎架两类。　　　　　　　　　　(　　)

9. 胎架按用途可分为内胎架和外胎架等。　　　　　　　　　　　　　　（　　　）

10. 专用胎架的胎板形式主要有单板式、桁架式、框架式和支点角钢式。　（　　　）

四、简答题

1. 简述金属气割的原理。

2. 金属能被氧炔气割的条件是什么？

3. 水火弯板的主要工艺要求有哪些？

4. 胎架设计与制造的原则与要求是什么？

5. 胎架有哪几种基准面,怎样切取这些基准面？

6. 简述支点角钢式胎架的制造步骤。

7. 简述焊条电弧焊的基本原理。

项目 3　船体构件加工

●项目要求

知识要求

1. 了解一般船体结构用钢和高强度船体结构用钢质量等级的划分;
2. 了解船体构件的形状特征及分类;
3. 熟悉钢材矫正的设备、基本原理和工艺方法;
4. 熟悉钢材表面处理的设备、基本原理和工艺方法;
5. 了解钢材预处理流水线的组成及工艺流程;
6. 熟悉船体构件边缘加工的设备、基本原理和工艺方法;
7. 熟悉船体型材构件成形加工的设备、基本原理和工艺方法;
8. 熟悉船体板材构件成形加工的设备、基本原理和工艺方法。

能力要求

1. 初步掌握钢板矫平和型材矫直的基本操作技能;
2. 能进行基本的边缘加工作业,如典型构件的切割分离、开坡口、磨边;
3. 能进行基本的成形加工作业,如圆柱形构件的辊弯、双曲度板的冷弯加热弯。

船体经过放样后,船体生产就进入船体构件的加工阶段。在进行构件加工之前,必须对船用钢材进行预处理。

钢材经过预处理和号料画线后,按其要求制造成各种各样的船体结构构件,这个工艺过程称为船体构件加工。

船体构件加工的方法,按加工时钢材的温度情况可分为冷加工和热加工两大类。冷加工是指钢材在再结晶温度(Fe – C 状态图中的二次结晶温度,即同素异晶转变温度约为727 ℃)以下时,对其施加一定的外力而发生断裂或塑变的工艺过程。热加工则是将钢材加热到 Fe – C 状态图中的二次结晶温度以上,利用船体结构钢材在高温时易与氧气燃烧和强度降低塑性增高的特性,进行分离或塑变的工艺过程。

船体构件加工的方法,从其构件特点和加工要求来看,可分为边缘加工和成形加工两大类。这样分类有利于了解船体构件加工工艺的特点。现将部分常见船体构件按形状特征的分类列于表 3 – 1 中,船体构件中加工方法分类如图 3 – 1 所示。

随着船体建造工艺的发展,船体构件的加工技术也有很大发展,主要趋向是加工设备高效化,辅助工作机械化,工艺操作流水化,加工机床数控化。

本项目主要介绍船用钢材预处理、船体构件的边缘加工、船体型材构件的成形加工和船体板材构件的成形加工。

表 3－1 部分常见船体构件按形状特征的分类

零件分类序号	分类名称			形状特征	零件图形	构件名称和所在部位
Ⅰ	板材	平直构件	大型	表面平、边缘直		中部外板、平甲板、平台板、内底板、舱壁板、房间及上层建筑围壁板等
Ⅱ	板材	平直构件	中型	表面平、边缘直		中底桁、旁底桁、基座纵桁等
Ⅲ	板材	平直构件	小型	表面平、边缘直		板条、T形材的腹板与面板、小肘板等
Ⅳ	板材	平面非直边构件		表面平、边缘不直	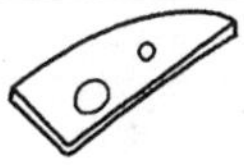	肋板
					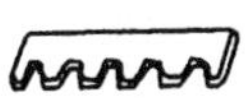	舷侧纵桁、甲板纵桁、强横梁、强肋骨等的腹板
						肘板等
Ⅴ	板材	单向曲度构件		横向曲度不变、边缘直（筒形板）	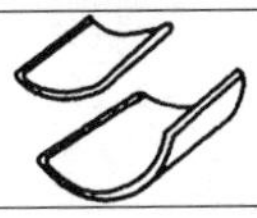	平行中体处的舭部列板等
				横向曲度变化、边缘直（锥形板）		艏柱板、位于平行中体以外的舭部列板、烟囱板等
Ⅵ	板材	双向曲度构件		帆形板		艏艉端中间部分的外板等
				鞍形板		艏柱上部外板等
				横向弯曲和扭曲		艏艉底板等
				横向波形弯曲		轴包套处外板等
Ⅶ	板材	复杂（空间）曲度构件		球面曲度		巡洋舰尾的尾包板、上层建筑及烟囱的流线型封头板等
				纵横双向波形曲面		轴包套处外板等

表 3 −1(续)

零件分类序号	分类名称		形状特征	零件图形	构件名称和所在部位
Ⅶ	板材	复杂（空间）曲度构件	扭曲和横向变化曲度		轴包板
			纵横双向弯曲及扭曲		艏、艉处舷部列板等
Ⅷ		具有折角的单向曲度构件	单折角或双折角、边缘直		平板龙骨（K 行板）、折边的肋板、旁内龙骨、甲板纵桁、舷侧纵桁、强横梁、强肋骨等
			多折角、边缘直		槽形舱壁、压筋围壁
Ⅸ		具有折角的复杂曲度构件	折角和扭曲		艏部舷顶列板
			双折角和两翼曲度		艉部平板龙骨（K 行板）
Ⅹ	型材	平直构件	平直		平行中体部位的肋骨、纵骨、舱壁与围壁扶强材、平台横梁、甲板纵骨等
Ⅺ		单向微弯构件	单向曲度		甲板横梁、艏及平行中体以外的肋骨、底部纵骨等
Ⅻ		复杂曲形构件	大曲度或双向扭弯		轴包套处的肋骨、艉部肋骨、艏艉处的底部纵骨与舷侧纵骨等

船体构件加工方法

特征和主要工序

- 边缘加工
  - 直线边缘
    - 机械剪切
    - 气割
    - 物理切割
  - 曲线边缘
    - 机械剪切
    - 气割
  - 内部边缘
    - 冲孔
    - 钻孔
    - 气割
- 成形加工
  - 板材
    - 矫平
    - 单曲度弯板
      - 小曲度板
      - 深形曲度板（压筋槽形板）
    - 复杂曲度弯板
      - 冷弯
      - 热弯
  - 型材
    - 折边
    - 矫直
    - 弯曲
      - 冷弯
      - 热弯

选用设备

- 剪板机、联合冲减机、龙门剪床
- 氧-乙炔气割
- 纯氧气割
- 氧-丙烷气割
- 等离子切割
- 激光切割
- 电子束切割
- 圆盘剪切机
- 压力机、冲床
- 钻床
- 五辊矫平机
- 七辊矫平机
- 九辊矫平机
- 十三辊弯板机
- 三辊弯板机
- 四辊弯板机
- 液压机
- 万能弯板机
- 数控弯板机
- 大火焰热弯（进炉）
- 火焰弯板
- 水火弯板
- 折边机
- 撑床（顶床）
- 肋骨冷弯机
- 数控肋骨冷弯机
- 中频肋骨弯曲曲淬火机
- 油压机、水压机
- 数控水火弯板机、手工水火弯板

（气割设备）数控气割机、光电跟踪气割机、光线跟踪气割机、靠模气割机、门式气割机、半自动气割机、手工气割

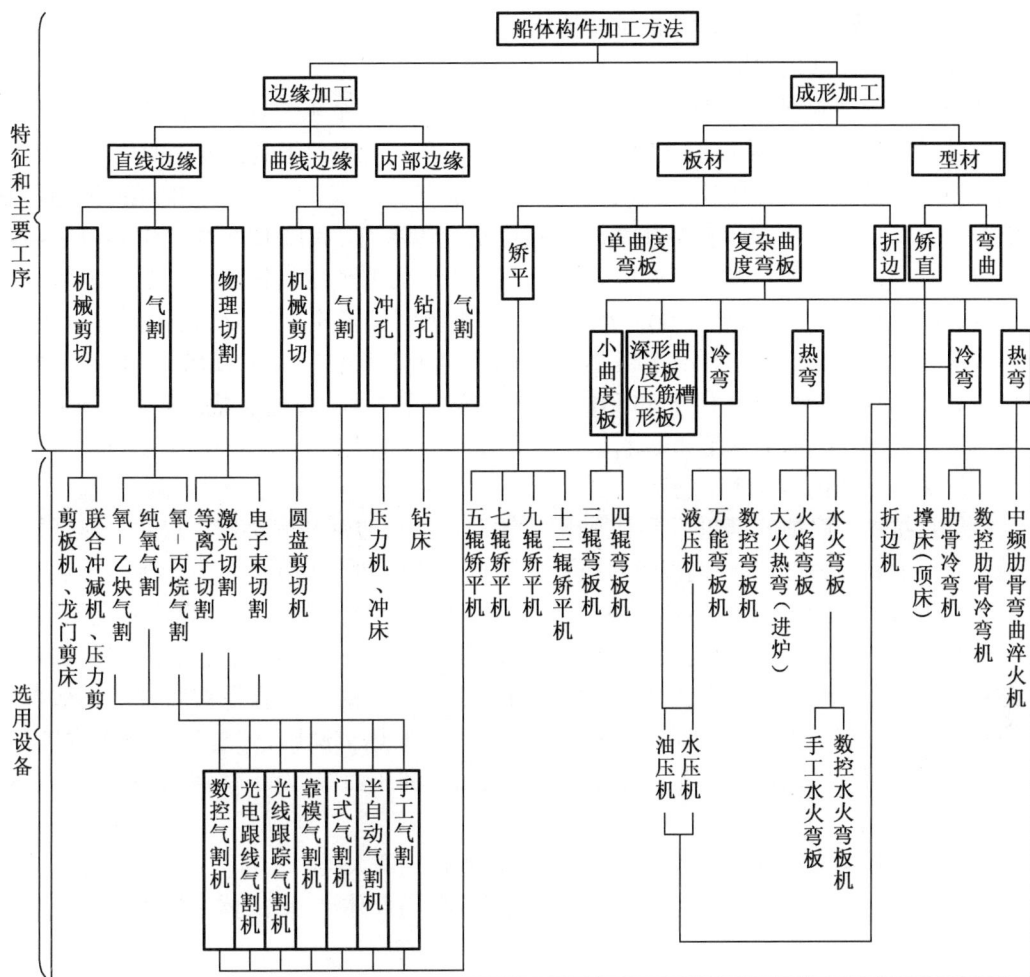

图3-1 船体构件加工方法的分类及设备

任务3.1 钢材预处理

3.1.1 船体结构用钢材

1. 一般强度船体结构用钢

内河与近海船舶(化学品船除外)的船体结构用钢材,采用一般强度船体结构用钢。根据《钢质内河船舶入级与建造规范》(2009)和《材料与焊接规范》(2012)的规定,将屈服点大于或等于235 MPa而低于315 MPa的船体结构钢称为一般强度船体结构用钢,并分为A、B、D、E四个质量等级(即 CCSA、CCSB、CCSD、CCSE)。这四个等级的钢材的屈服强度为235~315 N/mm²,抗拉强度为400~520 N/mm²,只是不同温度下的冲击功不一样而已。

A 级钢——要求 +20 ℃的冲击试验性能;

B 级钢——要求 0 ℃的冲击试验性能;

D 级钢——要求 -20 ℃的冲击试验性能;

E 级钢——要求 - 40 ℃的冲击试验性能。

2. 高强度船体结构用钢

高强度船体结构用钢是普通低合金高强度结构钢中一个重要钢种。随着船舶吨位的不断提高,提出了使用高强度船体钢的要求。世界上虽然在民船上高强度钢的使用从 19 世纪就已经开始,但真正获得应用的还是在 20 世纪 60 年代。我国国产船舶中江南造船厂制造的"东风"号万吨船上曾较多地使用过高强度钢。1998 年,我国 CCS 规范中划分了高强度船体结构用钢的品种。屈服点大于或等于 315 MPa 的船体结构钢称为高强度船体结构用钢,按其最小屈服点应力划分强度级别,每一强度级别又按其冲击韧性的不同分为 A、D、E、F 四级。规范规定适用于厚度不超过 100 mm 的 AH32、DH32、EH32、FH32、AH36、DH36、EH36、FH36、AH40、DH40、EH40、和 FH40 等级的钢板和宽扁钢,规范规定还适用于上述等级的厚度不大于 50 mm 的型钢和棒材。

3. 奥氏体不锈钢和双相不锈钢

能够抵抗大气腐蚀的钢叫不锈钢,通常不锈钢包括耐酸钢和耐热钢。耐酸钢能抵抗某些酸性介质的腐蚀,耐热钢在高温下具有良好的抗氧化性和高温强度。由于耐酸钢和耐热钢同时能抵抗大气的腐蚀,故习惯上也包括在不锈钢内。一般地说,不锈钢不一定耐酸,而耐酸钢则往往都具有抵抗大气腐蚀的能力。但耐酸钢也不是无条件地总是不锈的,如铬镍耐酸钢在硝酸和有机酸中有较好的耐蚀性,而在盐酸和硫酸中则容易被腐蚀。又如含铬 13% 的不锈钢在室温下能抵抗硝酸的腐蚀,而将硝酸加热至沸腾,则这种钢就不耐蚀了。因此,除了钢的化学成分以外,介质的种类、浓度、温度和压力等,对不锈钢的耐蚀性也有很大的影响。

不锈钢按化学成分不同分为铬不锈钢及铬镍不锈钢两大类。

不锈钢按显微组织不同分为奥氏体型、铁素体型、马氏体型、奥氏体 - 铁素体型及沉淀硬化型五类。

不锈钢中,奥氏体不锈钢(构件使用温度不低于 - 165 ℃)、奥氏体 - 铁素体型不锈钢(双相不锈钢,构件使用温度在 0 ~ 300 ℃之间)比其他不锈钢具有更优良的耐腐蚀性、耐热性和塑性,可焊性良好,是化学品船和液化气体船的液货舱和油、气、水处理用受压容器或其他构件应用的材料。

4. 船体结构用其他钢材

(1)复合钢扳

复合钢扳系指由基体材料和在其单面或双面上整体结合的薄层(覆层金属)所组成的板材。其适用于化学制品运输船的容器和液货舱。

基体材料:凡适合采用轧制或爆炸复合方法结合的碳钢或碳锰钢均可作为基体材料。若板材拟用作船体结构的一部分(如液货舱)或拟用于受压容器,则基体材料应符合 CCS《材料与焊接规范》(2012 年)的规定。

覆层金属:凡适合于预定用途的材料,均可作为覆层金属,如奥氏体不锈钢、铬钢、铝合金或铜镍合金等。无论何种复合钢板,其覆层金属的厚度均应经 CCS 认可。

黏合:基体材料和覆层金属相互间应充分黏合。除另有协议外,黏合面积比例至少应达到95% 。如复合钢板在以后的焊接过程中发现焊接接头部位有未黏合的情况,应采取经 CCS 同意的方法进行黏合。覆层金属与基体材料的黏合质量应采用超声波检测来检查。覆层金属与基体材料的黏合强度可用剪切试验来确定。

（2）Z向钢

Z向钢是在某一等级结构钢（称为母级钢）的基础上，经过特殊处理（如钙处理、真空脱气、氩气搅拌等）和适当热处理的钢材。其适用于因结构中承受厚度方向拉伸载荷而对钢材厚度方向有性能要求的厚度不小于15 mm的钢材与扁钢（简称Z向钢）。

Z向钢的标记是在母级钢的标记后面加上Z向钢等级。Z向钢分：Z25和Z35两个等级，其中Z后面的数字为Z向钢规定最小厚度方向断面收缩率Z_z的指标值。如标记EH32-Z35表示为具有最小厚度方向断面收缩率为35%的EH32级船体结构用钢。

3.1.2 钢材的矫正

从钢材仓库里领取出来的钢板和型钢，需要经过矫正和表面清理与防护后，才能进行船体零件的号料工作，然后根据号料时所画的有关线条，依次进行切割（机械剪切或氧炔气割）和弯制，才能成为所需要的船体构件。通常号料前对钢材进行矫正、表面清理与防护称为钢材的预处理。

船体结构钢材在使用前，其表面常存有不平、弯曲、扭曲、波浪形等缺陷，这些缺陷使钢材在下料画线时，不可能获得所需要的下料精度，造成零件尺寸的偏差，从而影响后续工序的顺利进行。所以钢材在下料和成形加工之前，必须对钢材进行矫正。

1. 钢材变形的原因

（1）钢板轧制引起的变形

在轧制钢板时，当轧辊沿其长度方向受热不均匀，或者由于轧滚弯曲，轧辊调整设备失常等各种原因，都将造成轧辊之间的间隙不一致，从而导致钢材在宽度方向的压缩不均匀，于是钢材的每根纤维沿着长度方向的延伸就不相同。压缩大的部分其长度方向的延伸较大；压缩小的部分，其长度方向的延伸较小。相邻两纤维之间的不同延伸便产生了一种相互作用，延伸得较多的这部分纤维，受相邻延伸得较小的那部分纤维的阻碍，产生压缩应力。相反，在延伸的少的那部分纤维中，产生拉伸应力。在压缩应力的作用下，延伸得较多的这部分纤维就失去稳定，从而产生皱曲。

（2）运输、存放引起的变形

钢材在运输、存放过程中的不当也会产生局部皱曲，这些钢材在使用时均需进行矫正。对于为运输、储存方便而专门生产的卷板，在使用之前，就更需矫平，否则根本无法使用。

2. 钢材的矫正原理

由上可知，钢材的任何一种变形都是由于其中一部分纤维比另一部分纤维缩得短些或是伸得长些所致。因此，矫正就得将较短的纤维拉长或将较长的纤维缩短而使之一样长，但实际上一般都采取拉长纤维的方法，因为压缩纤维难以实现。

一般来说，非薄板的冷态矫正相似于梁的弯曲部分的矫直。为了使弯曲部分能够矫直，不仅要弯直，而且要向相反方向多弯一点才能克服梁的弹性变形，保证外力撤除后非薄板真正达到矫平的目的。所以矫正时的弯曲曲率相当于弯曲变形的曲率，而过弯的曲率则相当于弹性变形的曲率。从弯曲梁多次交变方向弯曲的受力分析中可知，当钢板经过多次交变弯曲成小曲率时，可以使钢板在初始曲率的变形中所造成的力学性能不均匀性逐渐消除。对薄板的矫正主要是矫平其波浪形，它只能依靠把轧制时延伸得较小的纤维部分拉伸到与延伸率最大的纤维一样长来消除，在多轴辊式矫平机上矫正时，由于钢板沿其厚度方向的不均匀延伸，从而出现不均匀的塑性伸长。延伸得较小的纤维部分在轴辊中得到了较大的弯曲,因而得到了较大的塑性伸长,最后使钢板的全部纤维的伸长率趋于一致,从而达到矫正的目的。

型钢矫正则主要是通过对型钢施加横向外力,拉长其较短的纤维,使之与较长纤维的长度一致。也就是一方面使型钢的棱边矫直,另一方面使其翼板和腹板均矫平,从而达到型钢矫正的目的。

3. 钢板的矫正工艺

(1)钢板矫正机的工作原理

钢板矫正使用多轴辊矫正机。船厂常用的矫正机是由 5~11 个工作辊组成的。矫正机工作时,先将钢板吊运至矫正机的辅助平台上,然后确定上辊的压下量,一般压下量不宜过大,以防钢板发生脆裂。设板厚为 t,压下量为 Δh,那么上下工作辊面的距离为 $t - \Delta h$,如图 3-2 所示。根据压下量调整上排工作辊的倾斜度,此时开动机器使置于矫正机出口端的钢板进入 6 与 7 辊间(图 3-2(a)),然后再开动上辊转角机构,使出口端的上下工作辊之间的距离正好是钢板的厚度(图 3-2(b)),停车退出钢板,将钢板从矫正机的 1,2 工作辊之间进入,这样,当钢板通过矫正辊后就能得到平整的钢板。若仍是不平可适当调整压下量,直至钢板平直为止。有时为了矫正工作的便利,调整好上辊的压下量和倾斜度后,钢板直接由 6 与 7 辊间送入,从 1 与 2 辊间退出,此时钢板必然发生上翘不平,但如果再从 1 与 2 辊间进入,从 6 与 7 辊出来,钢板也可被矫平直。

扁钢或小块板材,也可在矫正机上矫正,只要将相同厚度的扁钢或小块板材放在一块用作衬垫的钢板上(图 3-3),然后使之通过矫正机,便能矫平(有时也需来回若干次)。

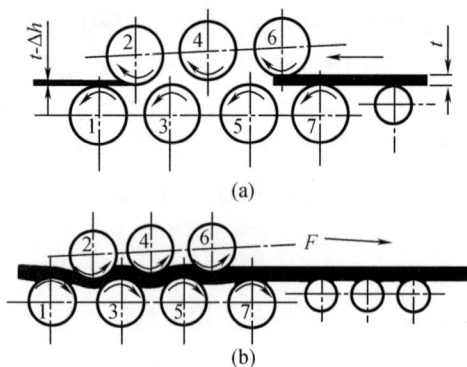

图 3-2 钢板矫正
(a)上辊调整;(b)矫正

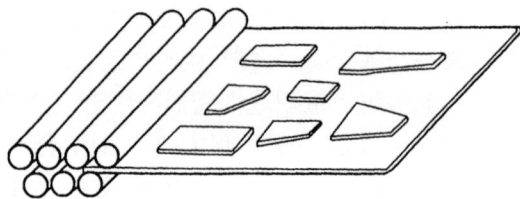

图 3-3 小块板材在矫平机上矫正

(2)钢板矫正机的类型

根据上下工作辊轴的布置方式,钢板矫正机也有多种形式。

①上下列辊轴平行的矫正机。此类矫正机的上下两排辊轴排成互相平行而又叉开的两列,下辊轴 1 的位置固定,由电动机通过减速器和联轴节带动着旋转,是主动辊。上列辊轴 2 则为被动辊轴,可一起做上下垂直方向的共同调节,以调整上下辊轴间的间隙。其前后端的两个辊轴称为导向辊,它不起弯曲作用,只是引导钢板进入矫正辊中,或者将钢板引出矫正辊,前导向辊除能与上辊轴一起做上下垂直方向的调节外,还被设计成能单独做上下垂向调节,有的甚至被设计成能单独驱动。对于后导向辊轴,为了使钢板能最后得以矫平直,可根据钢板的最后弯曲情况,也可被设计成能够单独做上下垂向调节,以达到正确控制

矫正情况,如图3-4(a)所示。

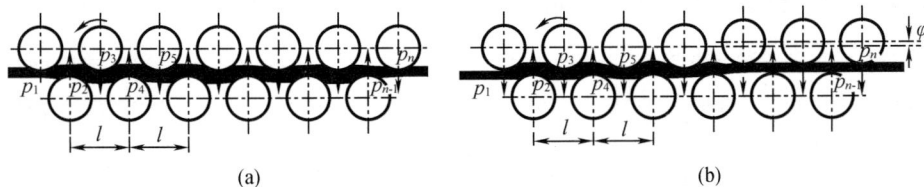

图3-4 矫平机类型

(a)上下列辊轴平行的矫正机;(b)上下列辊不平行矫正机

②上下列辊轴不平行的矫正机。此类矫正机的上下两列辊轴不是排成互相平行的,而是将上列辊轴排列成倾斜位置,使它与下列辊轴连心线之间形成一个不大的夹角φ,如图3-4(b)所示。辊列之间的间隙向出口端逐渐增大。当被矫正的钢板通过上下两排辊轴时,钢板在辊轴间再弯曲的曲率逐步减小,以致达到最后一个辊轴时,钢板已接近于弹性弯曲的曲率,从而无须单独调节最后一个辊轴。矫正机中的上列辊除能沿高度方向做调节外还能对倾斜角φ进行调节。此类矫平机主要用于薄板矫平。矫平后钢板允许的误差见表3-2。

表3-2 矫平后钢板允许的误差

钢板厚度/mm	3~5	6~8	9~11	>12
允许翘曲度/(mm·m^{-1})	3.0	2.5	2.0	1.5

4.型钢的矫正工艺

型钢主要是用型材矫直机(撑床)进行矫正的。机床的工作部分是两个支撑和一个推撑,支撑没有动力传动,但两个支撑之间的间距可以按照需要进行调节。推撑装在一个能做水平往复运动的滑块上,由电动机通过减速器或由气动装置来带动着做水平往复运动。

在矫正型钢时,将型钢靠在两个支撑上,支撑之间的型钢受到推撑作用力的作用而产生变形,以实现矫正型钢的目的。型钢矫直机(撑床)的工作原理如图3-5所示。

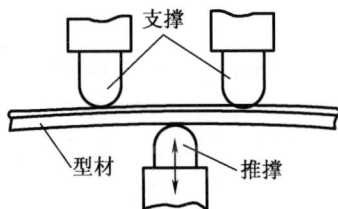

图3-5 型钢矫直机(撑床)的工作原理

在没有专门型材矫正设备的情况下,小尺寸的型钢可在平台或圆墩上用手工敲击来矫正;大尺寸的型钢可用水火矫正法矫正,也可以在压力机上进行矫正,但在压力机上矫正时需要配备符合型钢状态的压模。

近年来,国内外都在不断地研制矫正型钢的新设备,而且朝着一机多用的方向发展。

3.1.3 钢材的表面清理与防护

所谓表面清理,系指清除钢材表面的氧化皮和铁锈,俗称除锈。船用钢材在钢厂热轧时,会跟空气中的氧气直接起氧化反应,在表面形成一层完整的、致密的氧化皮。在以后的运输储存中,钢材表面会吸附空气中的水分,由于钢中含有一定比例的碳和其他元素,因而在钢材的表面会形成无数的微电池而发生电化锈蚀,使钢材表面产生锈斑。

目前我国船厂中采用的钢材表面清理方式有:用于钢材预处理的原材料抛丸法和酸洗法,用于二次除锈的分段喷丸法和带锈底漆,用于修船的水力除锈法以及现在仍然保留采用的手工敲铲法等。钢材的表面防护是指经除锈后的原材料表面涂刷防锈底漆的工艺过程。

1. 原材料抛丸法

原材料抛丸法是目前用于钢材预处理的最好方法,它主要是除去钢板表面的氧化皮和铁锈,适合于组建钢材预处理的流水生产线。它是利用离心式抛丸机的旋转叶轮将铁丸或其他磨料高速抛射到钢材的表面上,使氧化皮和铁锈剥落的一种除绣工艺方法。

早期制造的抛丸机是立式的,如图3-6(a)所示。立式抛丸机的结构简单,成本较低,占地面积小,除锈时丸粒不会铺积在钢材表面上。但是它需要翻板装置,进料要用小车拖动,表面除锈质量不均匀,钢板处于自由状态,改变形较大,不便于组成连续生产的流水线。因此,20世纪60年代初出现了卧式抛丸机,如图3-6(b)所示。卧式抛丸机虽然占地面积较大,但它不需要翻板装置,表面除锈质量较均匀,可用传送滚道直接进料,便于组织钢材运输、矫正、抛丸除锈、喷涂防护底漆等工序的自动生产流水线,生产效率高,从而获得广泛应用。

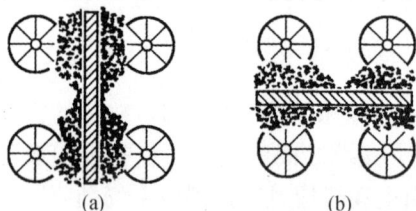

图3-6 抛丸机的基本形式
(a)立式;(b)卧式

离心式抛丸叶轮是抛丸机的关键部件,我国现有的定型叶轮直径有330 mm、420 mm、500 mm三种规格,每个叶轮视直径大小装有6或8瓣叶片,其具体结构如图3-7所示。图中的分配阀是与叶轮同轴旋转的,其阀孔与叶片相对应,为了能够将铁丸集中抛射并能调整丸粒的抛射角度,在分配阀外有一同心的定向套环,其上开有一定向孔,定向套环固定在叶轮壳体上并能根据需要将定向孔调节到所需的角度方位上。丸粒由进丸管进入分配阀,当阀孔对准定向孔时,丸粒即从定向孔所指向的角度沿叶片所定空间抛出,从而达到调节丸粒流量与抛射角度的作用。影响叶片使用寿命的因素很多,它与叶片本身的材料、热处理工艺、表面质量有关,同时叶片的固定情况、振动与否对它也有一定的影响。目前国产叶片的使用寿命一般为200 h左右,抛丸叶轮的总数根据生产量的要求和板材宽度而定,一般设4~8个。每侧的数量由钢板的宽度以及抛头的抛程而定。根据我国现有的抛丸叶轮性能参数,一般抛头中心至钢板的距离为700~1 200 mm,相应的抛程为1 000~1 500 mm。抛头的布置应相互叉开,不能在同一垂直面上,以避免丸粒的互相干扰。

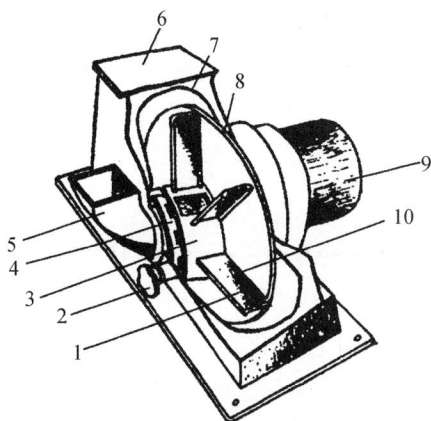

图 3-7 抛丸叶轮结构示意图

1—叶片;2—进丸管开关;3—定向套;4—分配阀;5—进丸管;6—叶轮壳盖;7—防磨顶板;
8—硬质合金背板(其上嵌有叶片,用销钉固定);9—传动轴壳;10—固定叶片的销钉

采用卧式抛丸机除锈时,铁丸容易铺积在钢板的上表面,阻碍丸粒的抛射,降低抛丸除锈的效果。因此需要设置高压鼓风机或机械刮板随时清扫铺积在钢板上的铁丸,保证除锈工作顺利地进行。

经过抛丸清理后的钢材应及时进行防护处理,一般根据湿度的不同,抛丸清理与防护处理之间的允许间隙时间为 10~20 min。因此,在此间隔时间内必须对清理好的钢材进行防护处理,其步骤如下:

(1)用经过驱除水分和油脂的压缩空气,把除锈后的钢材表面吹净。

(2)涂刷防护底漆,如富锌底漆、环氧铁红底漆等,也可以磷化处理,处理后钢材放入干燥槽内,再用约 70 ℃的空气进行干燥处理。磷化处理后的钢材在 15~20 天内不会生锈。

2.原材料酸洗法

化学除锈法通常是指多工序的酸洗法,一般船体结构钢材的酸洗除锈磷化防护的工艺流程如下:

脱脂→酸洗除锈→冷水冲洗→中和处理→冷水冲洗→磷化处理→热水冲洗→自然干燥→补充处理→自然干燥。

船体结构钢材绝大部分不沾或很少沾上油脂,故可省去脱脂工作。如果表面上有油脂脏物时,可用松节油擦去,坚硬的污垢可用刮刀或钢丝刷除掉。

脱脂后的钢材即可放入装有盐酸、硫酸、磷酸或它们的混合液的酸洗槽内进行酸洗除锈,还有的用柠檬酸作为除锈液。采用盐酸或硫酸除锈时速度较快,价格便宜,其中盐酸除锈的效果好,表面致密,硫酸对清除氧化皮的效果明显。但采用盐酸、硫酸时若浓度控制不当,即使加了缓蚀剂也会使钢材发生过蚀现象,而且酸液清洗不彻底时,涂刷油漆后腐蚀还会在漆膜内继续发展。盐酸因其浓度较低,因此耗量较多。采用磷酸除锈则没有上述缺点,只需进行一道酸洗工序就能在钢材表面上产生一层不溶于水的磷酸盐层,它即可以防止锈蚀的形式又为涂漆提供了良好的基底,但其成本较高。所以,相比之下,酸洗法除锈多

采用硫酸作为除锈液,它的酸洗化学反应式如下

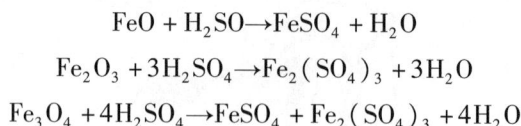

$$FeO + H_2SO \rightarrow FeSO_4 + H_2O$$

$$Fe_2O_3 + 3H_2SO_4 \rightarrow Fe_2(SO_4)_3 + 3H_2O$$

$$Fe_3O_4 + 4H_2SO_4 \rightarrow FeSO_4 + Fe_2(SO_4)_3 + 4H_2O$$

与此同时,铁也同样溶于酸中:

$$Fe + H_2SO_4 \rightarrow FeSO_4 + H_2\uparrow$$

因为 Fe_2O_3、Fe_3O_4 质硬,难溶于酸中,H_2 的作用一方面将 Fe_2O_3 及 Fe_3O_4 还原成 FeO,另一方面 H_2 的逸出可起到疏松氧化皮的作用。为了避免钢材的过蚀和析出过多的 H_2 而引起氢脆,并且为了改善劳动条件和节约酸液,还必须加入缓冲剂即 1.15 g/L 左右的"若丁",便能获得较好的缓蚀效果。

酸洗槽中的酸液浓度是经常变化,为了保证酸洗质量,酸洗温度和浸渍持续时间也必须相应地变化,在各种酸液浓度下较合适的酸洗温度和持续时间可参考图 3－8。

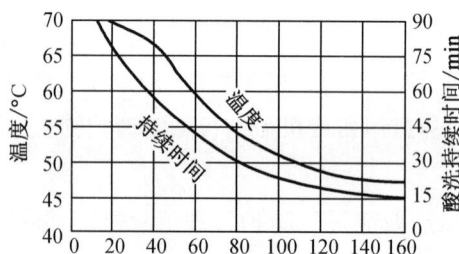

图 3－8 酸液溶度与处理温度、时间关系曲线

酸洗清理后的钢材放入清水槽内浸洗 3~5 min,再用高压水冲洗,并用钢丝刷清除表面残渣。然后用 3%~5% 的 Na_2CO_3 溶液中和残酸,处理若干分钟。钢材出槽后再用清水冲洗,为了防止钢材沾水而生锈,最好将钢材再放入约 95 ℃的热水槽中,过若干分钟后取出,用压缩空气吹干,以保证酸洗效果。

磷化处理是将经过酸洗的钢材,放入磷化槽内进行的。磷化槽中的溶液是一种以磷酸锰铁(俗称马日夫盐)为主要成分并含有硝酸锌、氟化钠等活化剂的水溶液,马日夫盐的分子式为:$Me(H_2PO_4)_2$,式中 Me 代表二价的 Mn 或二价的 Fe,它在热水中进行着如下的分解反应

$$5Me(H_2PO_4)_2 \rightarrow 2MeHPO_4 + Me_3(PO_4)_2 + 6H_3PO_4$$

当钢材放入磷化槽后,表面的 Fe 与游离的 H_3PO_4 发生化学反应

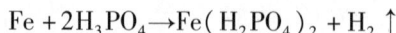

$$Fe + 2H_3PO_4 \rightarrow Fe(H_2PO_4)_2 + H_2\uparrow$$

这样,破坏了分解反应的平衡,反应向右移动,结果形成一层主要由 $MnHPO_4 \cdot 3H_2O$ 和 $FeHPO_4 \cdot 3H_2O$ 所组成的又硬又脆且难溶于水的混合磷酸盐膜层。因钢材表面的 Fe 参加了反应,故该磷酸盐膜层能与金属结合而覆盖其上。半小时左右,磷化处理完毕,取出钢材用热水冲洗干净,然后再自然干燥。接着用 10% 的清油和 90% 的汽油的混合液对钢材表面的磷酸盐膜层进行补充处理,填补其微孔,以提高防护作用,最后自然干燥。至此,钢材的酸洗除锈和磷化防护全部结束。

近年来我国成功研究出"酸洗磷化一步法"除锈新工艺,它能在除去铁锈和氧化皮的同时,在钢材表面形成一层致密的铁系磷化膜。该工艺大大简化了酸洗工序,在同一酸洗槽内可完成除锈和磷化过程,节省了人力物力,也改善了劳动条件,减轻了环境污染,为化学除锈的自动化创造了有利条件。

酸洗除锈法除用于薄板外,主要用于处理管子、舾装件和形状复杂的零部件,可作为抛丸除锈法的补充手段。

3. 分段喷丸法

喷丸除锈多用于分段表面锈斑的清理,属于二次除锈。它是利用风管中高速流动的压缩空气将铁丸喷射到钢板表面上,使锈层和氧化皮剥离下来,从而达到除锈的目的。

由于铁丸的成本较高,使用后应予回收,以便循环使用。因此,喷丸除锈必须在专设的喷丸房内进行,如图3-9所示。喷丸房主尺度的选择,应以本厂所要建造的船舶中最大的分段尺寸为依据。在喷丸房内不仅要有喷丸的一套设备和工具,而且还要设置轨道和随船架,房外应设置起重机,以便配合进行分段的运送;并应有足够的遮雨场地供除锈后的分段涂刷底漆用。喷丸除锈后的分段必须在一天内涂刷底漆。

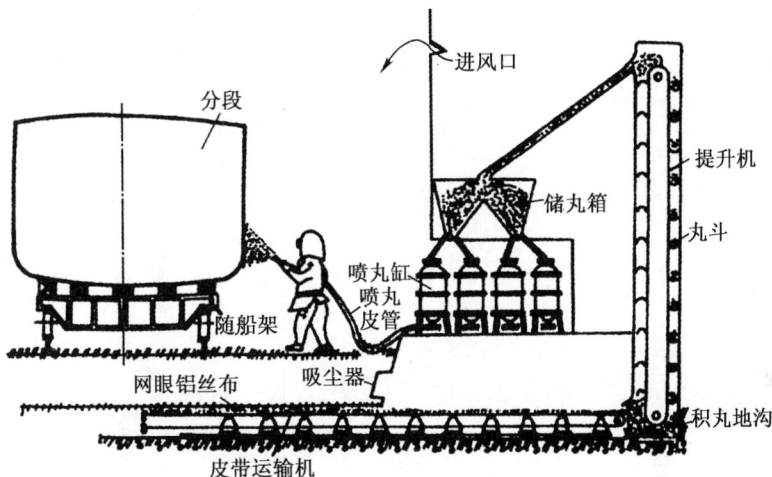

图3-9 船体分段除锈示意图

喷丸除锈法的生产率比手工敲铲法高,与抛丸除锈法相比,具有设备简单、维修方便的优点。但是其劳动条件仍然较差,生产效率也不高,辅助工作量较大,属于半机械化生产,难于实现自动化,尤其是需除锈分段的大小受到喷丸房主尺度的限制。表3-3对4种常用的钢板表面清理方法进行了比较,它们各自的优缺点形成了各自的特点。

表 3 - 3 4种常用的钢板表面清理方法比较

除锈方法	除锈质量	生产效率	设备及成本	劳动条件	二次除锈量	工艺特点
原材料抛丸（流水线）	(1)能除去氧化皮和锈层，表面光滑，但漆附着力与喷丸相近，但粗糙度略大，为40～50 μm；(2)薄板易变形	生产效率很高，一般为60～200 m²/h，最高可达800 m²/h	设备较复杂，生产成本很低，为喷丸的1/4～1/3	操作自动化，劳动强度大减轻，抛丸室封闭，生产条件很低，生产条件良好	较多，一般约40%，底漆质量优良时（如用富锌底漆）可降至30%	(1)生产过程短，可自动控制；(2)工艺过程从原材料处理开始，组成矫正、除锈、涂底漆、烘干流水线衔接，形成整个船体制造生产线；(3)有利于钢材的保养和集中管理
原材料酸洗	(1)钢板发白，表面光滑，油漆附着力较抛丸差；(2)操作控制不当时会造成钢板过蚀或氢脆等缺点；(3)除锈质量不能很好地满足新型底漆的要求	40～100 m²/h	设备较大，占地较多，成本与喷丸相近	产生大量酸雾，对人体健康和厂房设备均有损害，工作场地生产条件较差，废水会污染环境	较多，平均为40%～50%	(1)工序繁多，且工艺过程不连续，不便于组成生产流水线；(2)处理钢材的尺寸受槽池尺寸限制，不适合于今后发展的需要；(3)需对废酸进行处理
分段喷丸	(1)能全部除去氧化皮和锈层，清理后的钢板表面呈暗灰色，粗糙度均匀，能增强油漆的附着力；(2)薄板易变形	一般为6～15 m²/h，最高可达24 m²/h	设备较简单，成本与手工除锈相近	半机械化操作，劳动强度仍然较大，生产条件较差，一般为30～80 mg/m³，锈尘浓度超过卫生标准（10 mg/m³）。实现机械化封闭操作后，劳动条件将大为改善	较少，为15%～20%	(1)工艺过程不连续，分段尺寸受丸房限制，不能适应大型船舶的需要，更不能适应建立自动生产流水线的需要；(2)舱内喷丸不易清理
手工除锈	质量差，很难除掉氧化皮	0.5～0.75 m²/h	工具简单，成本较低	劳动强度大，安全保护差		

4. 带锈底漆

带锈底漆又称反应底漆,它涂刷在生锈钢材表面上后能与铁锈发生反应,生成一层具有保护能力的薄膜,并成为底漆。它不仅可做二次除锈用,还可做整船涂装用。

带锈底漆一般用于二次除锈,对小型船舶也可做一次除锈防护用。使用带锈底漆可以免掉钢材表面的除锈工作,减少许多除锈的专用设备,节省大量工时,大大简化钢材的除锈与防护工艺,尤其是对于二次除锈,其效果更为显著。虽然它要在锈蚀存在的情况下才起作用,而且对氧化皮的清理还有困难,但是它在船体钢材的清理与防护工艺中是一项较有发展前途的新技术。

5. 覆盖层保护法

在金属表面上使用覆盖层保护是防止金属腐蚀的最普通而又重要的方法。它的作用在于使金属与外界隔绝,以阻碍金属表面形成微电池,从外界创造条件来避免腐蚀的发生,故称为消极防护。

覆盖层一般应满足下列基本要求:结构紧密、完整无孔、不透电解质、附着力强、高强度、耐磨、分布均匀。

船体钢材所使用的覆盖层除磷化处理后的磷酸盐膜层外,主要是使用油漆。

船用油漆根据其用途不同,有防锈漆、防污漆、水线漆、甲板漆、船壳漆和船舱漆之分。其中,由于钢材从一次除锈清理后至最后涂装油漆的间隙时间较长,为了保护钢材在建造船体的期间不致生锈,所涂刷的防锈底漆(又称保养底漆或车间底漆)要求具有如下性能:

(1)在进行气割与焊接时,不挥发毒气和恶臭,并不影响焊割质量及速度;

(2)漆膜的干燥硬化速度快,涂刷后 3~5 min 即可吊运;

(3)漆膜的附着力强,耐加工性能好,不易损伤脱落,二次除锈的工作量少;

(4)漆膜的耐晒性好,保证涂刷底漆的工件在室外 3~6 个月内不生锈;

(5)底漆的喷涂性好,能适用于高压无气喷涂与静电喷涂法进行涂装,并具有良好的涂料配套适应性。

目前常用的防锈底漆有富锌底漆和环氧铁红底漆,前者呈锌白色,后者呈紫红色。

3.1.4 钢材预处理流水线

钢材预处理流水线是指钢材输送、矫正、除锈、喷涂底漆、烘干等工序形成的自动作业流水线(图 3-10)。通常分为钢板预处理流水线和型材预处理流水线两种,也有在同一流水线上既处理钢板又处理型材的情况。

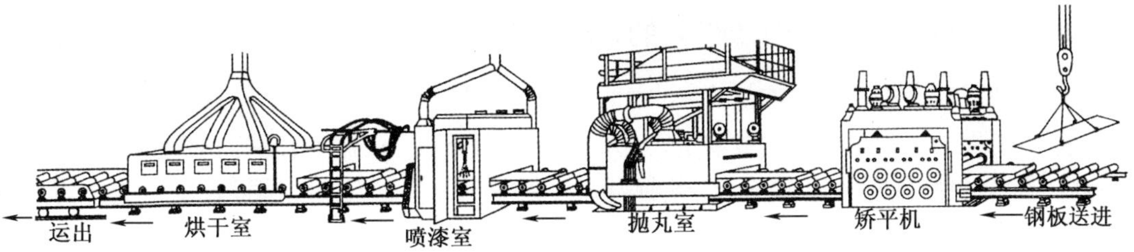

运出 ← 烘干室 喷漆室 抛丸室 矫平机 → 钢板送进

图 3-10 钢板预处理流水线

钢材预处理流水线具有生产效率高,劳动条件好,全自动控制,除锈质量理想,表面粗糙度均匀,底漆附着牢固,处理后存放时间长等优点。现在已被越来越多的船厂所采用,但各船厂工序并不都是完全一样的,个别工序有所差异。

1. 钢板预处理流水线的工艺流程

(1)用电磁吊或自动装卸运输车将钢材吊放到输送辊道上。

(2)辊道以 3~4 m/min 的速度将钢材送入多辊矫平机,对钢板进行矫平处理。

(3)矫平后的钢板由输送辊送入加热炉,使钢材温度达到 40~60 ℃,目的是去除钢板表面的水分,并使氧化皮、锈斑疏松,便于除去,同时可增加漆膜的附着性。

(4)钢板进入抛丸除锈机,抛丸装置自动地向钢板两面抛射丸粒(丸粒可回收再使用),并用热风除去钢板表面的灰尘。

(5)钢材除锈并清洁后,进入半封闭式喷涂室喷涂保养底漆。喷涂是通过装置在滚道上、下两面的自动高压无气喷涂机,由电子自动控制装置操纵喷嘴向钢板表面喷涂底漆。喷嘴沿导轨迅速做横向往复运动,其速度可在 0~80 m/min 范围内做无级调速。

(6)钢板离开喷涂室后,进入干燥室进行烘干。漆膜烘干方法有红外线、远红外线和电加热等。为利于喷漆溶液的挥发,加快干燥过程,应有通风装置。

(7)钢板烘干后从干燥室出来,进入高速辊道,以 20~30 m/min 的速度送出预处理流水线,经质量检验合格后送入加工车间进行号料、加工。

2. 钢材预处理自动流水线的特点

(1)生产效率高,大型流水线每小时处理钢板面积达 800 m²;

(2)劳动条件好,除锈过程密闭,全自动控制;

(3)除锈质量理想,表面粗糙度均匀;

(4)底漆附着牢固,预处理后的钢材,露天存放 10~12 个月不生锈;

(5)不适于清理厚度在 4 mm 以下的薄钢板,因其容易引起薄板变形。

应当指出,钢材预处理过程中,除锈室及喷涂室中充满了铁质粉尘和喷雾,应对集尘、换气、防爆等方面予以特别注意,必须采取相应的环境保护措施和防火、防爆措施。

任务 3.2　船体构件的边缘加工

船体构件的边缘加工是指进行边缘的切割和焊接坡口加工的统称。船体构件的边缘可分为直线边缘和曲线边缘。较厚的船体构件焊接前需在边缘开坡口,其坡口形式按焊接规范要求可分为 I 形、V 形、K 形、X 形和 U 形等。

船体构件边缘加工的工艺方法有机械剪切、刨边(或铣边)和气割。

3.2.1　船体构件的边缘切割的机械加工

1. 机械剪切原理

剪切工件的过程是将材料放在剪刃之间,由外力(人工、机械、液压等)带动两刃做相对运动,从而对材料施加一定的剪力,当剪力超过材料的强度极限时,材料就发生变形,最终沿刃口断裂分离。

机械剪切的刀刃有平口和斜口两种形式。平口刀刃用于剪切热态金属坯料及比较窄而厚的条材,斜口刀刃用于剪切宽厚比比较大的板材。

我们先分析一下被剪金属断口形状,再进而说明剪切的过程。图 3-11 所示是用平口刀刃剪切板材时的断口变形情况,它有四个不同的变形带:圆角带、截断带、剪裂带及揉压带。

第一阶段,即弹性变形阶段。当剪切开始时,上下剪刀刚压在钢材上,其作用力仅使材料发生弹性变形而造成圆角带,钢材内的应力没有超过屈服强度。

第二阶段,即塑性变形阶段。这时,上剪刀继续下压,所产生的应力超过材料的屈服强度,且继续上升,直到材料抗剪强度的最大值。塑性剪变形从前刀刃边开始,塑性剪变形方向沿着滑移面而发生。在这个阶段内,剪刀挤入金属的深度随着材料的硬度和塑性等性质的不同可达20%～50%,对塑性良好的金属来说其值就较大,这就是断口上窄而亮的截断带。

第三阶段,即断裂阶段。再继续下去,随着塑性剪变形的增大,由于剪刃间有一定的间隙,因而使金属纤维弯曲和拉伸,沿着剪切滑移面的方向逐渐形成裂隙,并迅速扩大,直到剪裂而断开,使断口上形成较宽的而且毛糙无光的剪裂带。

第四阶段,即揉压带。是下剪刀刃边在剪切时对金属挤压而形成的硬化区。

由上可知,机械剪切的过程是连剪带拉而使金属断裂分离的过程。

2. 机械剪切的特点

适应性强(适应中、低碳钢、铝、铜、不锈钢);加工经济、损耗小;加工速度快、成本低;加工时有扭转、弯曲变形;剪切曲线时效率低;噪音大、劳动强度大。

3. 直边构件的边缘剪切

平口刀刃剪床的剪切力分析:假设平口剪床的切削角 β 为90°,此时平口剪床剪切时材料的受力情况如图3-12所示。

图3-11 断口变形情况

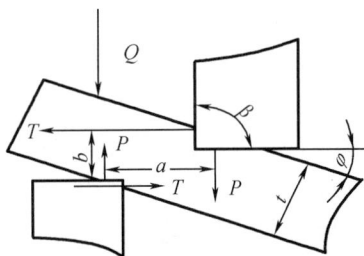

图3-12 剪切时受力分析

当上剪刀刃边进入被剪材料一定的深度时,剪力 P 和下剪刀刃边的反作用力 P 不在同一直线上,相距为 a,于是产生了图示的转动力矩 $P \cdot a$,使材料旋转一个角度 φ,随着这一转动趋势的出现,又使上下剪刀产生一个垂直于剪切面的侧压力 T,并形成 $T \cdot b$ 的反力矩以阻止材料转动,当 $P \cdot a = T \cdot b$,即两力矩平衡时,材料就停止转动。

因为侧压力 T 太大时会使上刀刃产生向左的弯曲变形,致使间隙增大,同时使机床磨损加剧,甚至使上刀刃折断,而材料的旋转则会影响剪切的质量及操作的安全,因此,必须设法减少侧压力但又要防止材料旋转。为此,剪切时可在材料的一侧施加压力 Q 来解决。在实际操作中,压力 Q 一般就由剪床上的压紧装置得到。另外,当间距 a 变小时,则剪切效应显著,但过小则会使材料断裂部分坏,表面粗糙;但当间距 a 过大时,不仅易使材料翻转,而且又将造成切口卷弯拉毛。所以,上下剪刀的间隙 b(近似等于间距 a)可根据被剪金属的强度和材料的厚度来进行调节,一般可取材料厚度的2%～7%。

4. 曲边构件的边缘剪切

圆盘剪床剪切力的分析:圆盘剪床的剪力为一对圆形的刀刃,刀刃间可有一定的重叠部分,当圆滚刀做同速反向旋转时,材料被剪断。图 3-13 为圆盘剪床剪切时的受力情况。

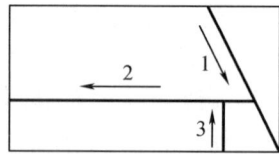

剪切时,由于滚刀与板料间的摩擦力 F 而引起的水平力 R,使板料被迫进入两滚刀之间而被剪开,与此同时,滚刀作用于板料的径向水平力 P_1,有使板料从中推出的趋势。要使板料顺利地进入滚刀之间,摩擦力 F 的合力 R 必须大于推出力 P_1

即

$$R \geqslant 2P_1$$

而摩擦力

$$F \geqslant fP$$

式中 f 为摩擦系数。

又

$$R = 2F\cos \alpha$$
$$P_1 = P\sin \alpha$$

所以

$$2fP\cos \alpha \geqslant 2P\sin \alpha$$

化简得

$$f \geqslant \tan \alpha$$

由上式可知:α 角的大小受到 f 值的限制,这就是圆盘剪的剪切条件。

此外 α 角的大小与材料的厚度和滚刀的直径有关,为使剪切能顺利地进行,进料角 α 一般取为 7°~14°,这时相应的滚刀直径为材料厚度 t 的 30~70 倍,即有

$$D = (30 \sim 70)t$$

5. 剪切的主要工艺要求

(1)剪切前应根据工件的尺度和边缘特征选择合适的剪切机床,并核对机床的工作能力是否满足所剪材料的要求,同时还应根据工件的厚度调整上下刀片的间隙,并使其沿整个刀片长度内保持一致。

(2)当一张钢板上排列多个零件时,应根据其排列情况预先确定剪切顺序,以使操作顺利进行,有利于保证质量。图 3-14 中数字即为剪切顺序。非此顺序,就不能保证剪切顺利地进行。

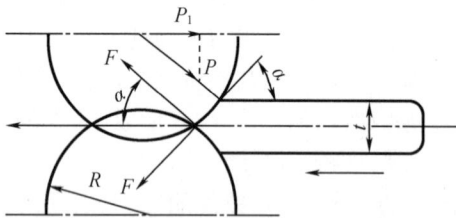

图 3-13 圆盘剪床剪切时受力分析   图 3-14 剪切顺序图

(3)剪切时,应使工件的剪切线与下刀口边缘严格对准,以保证剪切边缘不发生偏差。对边缘不另行加工的零件,其剪断位置与画线位置的偏移应不超过 1.0 mm,端面不垂直度应不超过 5°。

常用剪切机型号说明如下:

①Q11——剪切机;

②Q12——摆式剪切机;

③Q23——双盘剪切机;

④Q31——冲孔与型材剪切机。

若在上述"Q"字母后加"Y",则表示为液压传动剪切机,在"-"后面的数字,表示剪切机的最大加工板厚与板宽。例如:

$$QY11 - 12 \times 32$$

其中　Q——剪切机;

　　　 Y——液压传动;

　　　 1——第一列,板料直线剪切机;

　　　 1——第一组;

　　　 12——最大加工板厚,$t = 12$ mm;

　　　 32——最大加工板宽,$b = 3\ 200$ mm。

为正确选型,应根据使用中的工艺要求,逐步完善其机械化自动化程度,提高加工质量和生产效率,我们必须熟悉剪切机的工作原理、组成机构和掌握其性能。

3.2.2　船体构件焊接坡口的机械加工

刨边机和铣边机都是加工钢板构件直线边缘的专用设备。一般经过剪切、手工气割、半自动气割的平直船体板材构件,都可以在刨边机上刨出坡口,如I形、V形、U形、X形等坡口,只要更换不同的刨刀,旋转刀架至不同的角度,便可开出不同的坡口,亦可在铣边机上铣出I形坡口,供要求钢板边缘平直而整洁的自动焊使用。

无论刨边机还是铣边机,整个机床大致分为底座、弓形梁和传动机构3部分。底座牢固地安装在地基上,它的上部是一个很长的工作台。为了便于放置被加工钢板,在工作台的一边每隔3~4 m设托架一个。弓形梁上装有许多向下压的千斤顶,分布于整个弓形梁的长度内,它们是用来在刨切或刨削钢板构件直边时,将钢板压紧的。传动机构则由电动机及其传动机构推动刀架完成切削运动、走刀运动、吃刀动作等。刨边机与铣边机的主要区别就在刀架及传动机构上。

1. 刨边机

由刨刀的主切削运动形成刀具的直线运动轨迹,再由其走刀运动将上述直线轨迹加以移动,即形成加工平面。一般因为船体钢板尺寸较大,所以加工时工件是固定的,由刨刀完成上述运动。

2. 铣边机

有两种铣削的主要方式:立铣和卧铣。立铣是用端铣刀完成的,卧铣则用圆盘铣刀。

无论哪种铣削方式,主切削运动均由铣刀的回转运动完成。为铣出一个平面,还得有铣刀轴线的移动——走刀运动才能完成。

通常由于端铣生产效率较高,所以铣边机多采用端铣刀加工。显然,这种机床应具有使铣刀回转的传动机构,同时还应有铣刀头沿加工直边方向的走刀运动。一般铣刀盘直径较大,所以沿加工面内的走刀运动可以省略,铣刀盘上装有6~8把铣刀。

3.2.3　船体构件的边缘切割和焊接坡口的气割加工

常用气割方法有手工气割法、半自动气割机气割、门式自动气割机气割、数控切割机气割等。

1. 手工气割法

手工气割常用工具是射吸式气割炬,如图 3 – 15 所示。它使用的氧气压力为 0.4 ~ 0.6 MPa,乙炔气的压力一般低于 0.156 MPa。气割炬在工作时,慢风氧气通道进入喷射管,由径孔细小的射吸孔射出,使射孔周围的空间造成一个负压区,将聚集于该区的低压乙炔吸出,然后氧气与乙炔以一定的比例在混合室进行混合,并且以一定的流速从割嘴喷出。为了使较高压的氧气与低压的乙炔能够均匀地按一定比例(体积比例约为 1:1)混合,并以相当高的流速喷出,割炬的喷射管和混合室都是特殊构造的。这种混合气体是供预热火焰用的,快风氧气则是供燃烧金属用的。国产射吸式气割炬分大、中、小 3 种型号,造船中常用小号。为了适应不同切割的需要,我们采用调换割嘴及调节慢风氧气阀顶针来改变喷射管孔径的方法予以解决,故对每种型号的割炬配备 3 种不同规格的割嘴,以切割不同厚度的钢板。

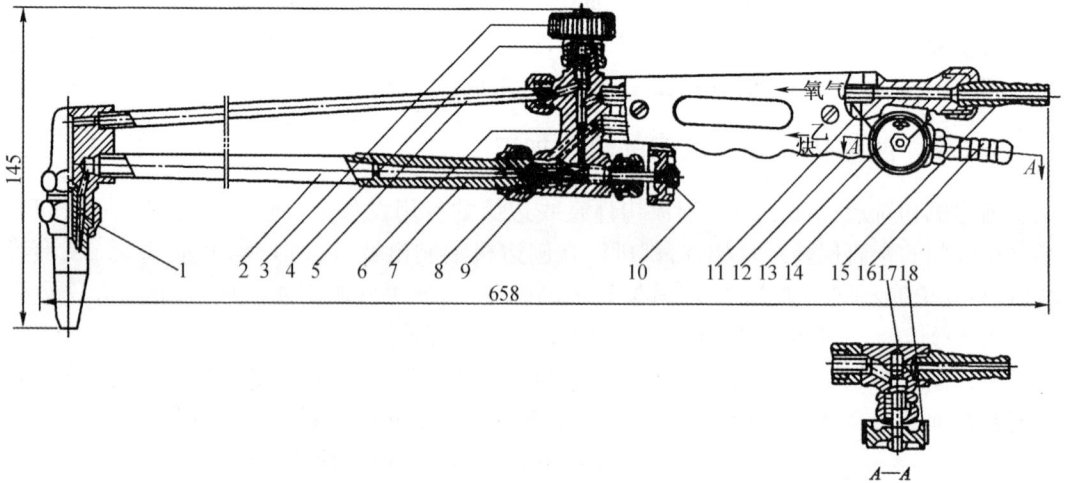

图 3 – 15 国产射吸式气割炬的外形与构造

1—割嘴;2—混合气管;3—高压氧阀针手柄;4—高压氧阀针;5—高压氧气管;6—主体;7—射吸管;
8—喷嘴;9—氧气阀针;10—氧气阀针手轮;11—手柄(内);12—手柄(外);13—乙炔气管;
14—后部接体;15—氧气接头;13—乙炔接头;13—乙炔阀针;18—乙炔阀针手轮

割嘴的结构形式按内、外嘴间形成的预热焰孔道形状分成组合式与整体式两种(图 3 – 16)。组合式由内外割嘴组合而成,内外割嘴间形成的预热焰孔道形状呈环形,故又称环形割嘴。这种割嘴可以拆卸,便于割嘴的清理工作,预热面积大,可割厚板,但易回火。整体式因空眼呈梅状布置,故又称梅花式,该式内外割嘴连为一体,中心孔眼不易偏心,不易回火,操作安全,但预热焰热量分散,孔眼清理较难,一般常用组合式割嘴。内嘴中心孔道是快风高压氧喷出口,在预热火焰中心形成一条线状纯氧射线(风线),使割缝燃烧(剧烈氧化)成熔渣,并把它从割缝中吹掉。作为高速氧流通道的内割嘴中心孔道形式有 3 种:圆柱形割嘴因氧流出来要膨胀而使风线扩散,造成割缝偏斜;匀变截面孔道是仿照拉伐尔喷管设计的,氧气在里面能充分膨胀,故风线挺直细长,但加工困难;台阶式喷嘴孔道能使气体充分膨胀,割口平直,加工也比较简单,所以较为常用。

提高气割速度的主要途径是提高切割氧气的纯度,提高切割氧流的流速和动能,强化对切口的预热。从这几个方面出发,市场已研制出了一些新型的割嘴,如扩散割嘴、氧气屏割嘴等。

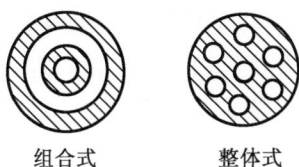

组合式　　　整体式

图3-16　割嘴结构形式

助燃气体氧气不论从氧气瓶还是从管道输出,通过氧气软管进入割炬之前,必须经过压力调节器(即氧气表)把氧气压力降低到工作压力才能使用(图3-17)。由制氧车间采取大气低温分离法制取的工业纯氧,纯度应达到98.0%~99.5%,纯度越高,切割质量越好,速度越快,成本越低。灌入氧气瓶后的压力一般为150个大气压。氧气表的作用有两个:减压作用,即将氧气瓶内纯氧的150个大气压降低到4~6个大气压的工作压力后再输出使用;稳压作用,即保证气割过程中工作氧压稳定不变,不受瓶压下降的影响。我们通常使用的是反压式构造原理的压力调节器,如图3-18所示。当旋动调节螺杆时,主弹簧通过弹性薄膜推动传动杆,打开减压活门,高压气体就进入低压室,低压室内充满气体后,对弹性薄膜产生反向压力,当压力达到一定限值时,减压活门关闭。若在出口处接上割炬,当气体从低压室流出时,低压室中气体压力降低,活门又会打开,以保持一定的压力。当工作完毕后,应完全松开螺杆,将低压室内的余气放净。调节螺杆的旋紧程度不同,低压气体的压力也就不同,这样就达到了调节压力的作用。氧气瓶和氧气表在使用中严禁沾着油污,以防自燃和爆炸事故。

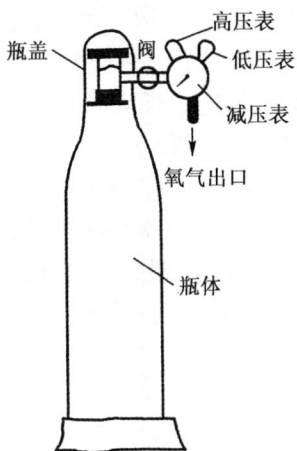

图3-17　氧气瓶与氧气表

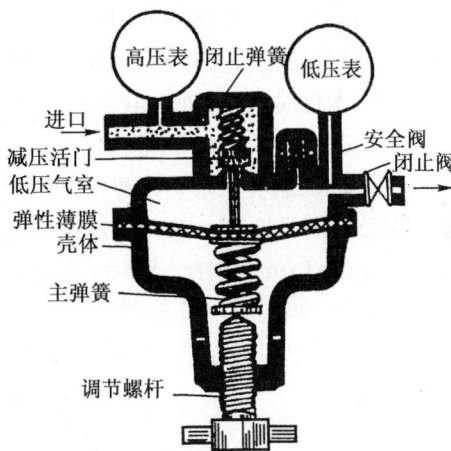

图3-18　氧气表构造原理

可燃气体 C_2H_2 是由购进的电石(CaC_2)放入乙炔发生站的乙炔发生器后,与水接触而产生的。灌入乙炔瓶备用或从管道输出使用,乙炔气通过乙炔软管进入割炬之前,也必须由压力调节器(即乙炔表)把乙炔压力降低到工作压力才能使用。乙炔瓶与氧气瓶相似,这种溶解乙炔气瓶是指装有专用瓶阀,佩戴专用瓶帽,带有安全装置(易熔合金塞),内充填料,注有丙酮用以储运溶解乙炔的压力容器。

乙炔瓶系移动式、可重复充气的钢质焊接气瓶。它由钢瓶体、填料、溶剂(丙酮)、溶解乙炔及附件等组成。乙炔瓶内充填固型多孔状硅酸钙填料,在填料的孔隙内均匀地充装有一定量的丙酮溶剂,其作用有二:一是阻止乙炔分解,提高乙炔瓶的安全性能。因为乙炔分子被丙酮分子所隔离,即乙炔溶解在丙酮中时,在一定压力下乙炔不会爆炸,丙酮能降低乙炔的爆炸性。二是增大乙炔瓶的有效容积。即在相同容积的乙炔瓶中,填入丙酮比没有填充丙酮的乙炔瓶充气量要多得多。因而大大提高乙炔瓶储运乙炔的实用价值。从外观上看,乙炔瓶较"矮胖",外表漆成白色,氧气瓶较"瘦长",外表漆成蓝色。乙炔表与氧气表相似。乙炔瓶的瓶装压力为 2.45 MPa,工作压力不得超过 0.15 MPa,且工作气流的速度(即气体流量)不得超过 0.05 m³/h·L(即 40 L 乙炔瓶流速为 2 m³/h),因此乙炔表的作用也是减压和稳压两方面。此外,除对乙炔气工作气流限压限速外,还规定乙炔瓶阀出口处的乙炔表之外,必须装置回火防止器,以防止使用中可能发生的回火给乙炔瓶带来危险。

所谓回火就是混合气体在割嘴内、割炬腔内向乙炔管蔓延燃烧。回火的根本原因是由于氧炔混合气体从割嘴内流出的速度小于混合气体的燃烧速度。乙炔燃烧速度一般为 14.5 m/s,混合气体从割炬向外喷射的速度应不低于 50 ~ 60 m/s,否则可能导致回火。由于氧气软管中压力较高,回火一般发生在乙炔软管中。如果回火侵入乙炔瓶使填料内部乙炔分解导致气瓶爆炸,其威力就像一颗炸弹。因此,一旦发生回火时,应迅速关闭快风氧气阀及乙炔阀或慢风阀使火焰熄灭。此外,应在乙炔表外和乙炔软管之间,设置回火防止器,以避免万一回火时可能引起的乙炔瓶爆炸事故。

回火防止器有湿式和干式两类。因为乙炔瓶逸出的乙炔气体纯度高、杂质较少,所以乙炔瓶广泛使用干式回火防止器。回火防止器应符合《溶解乙炔气瓶用回火防止器》的要求。

2. 半自动气割机

半自动气割机由切割部分(包括割嘴、气体管路及其调节装置等)、动力部分(电动机、减速装置等)和辅助设备(直线轨道、割圆圆规等)3 部分组成,如图 3 - 19 所示。用半自动气割机切割钢板时,气割机由电动机驱动,沿着直线轨道做匀速直线运动而实现对构件直线边缘的切割。割炬可处于垂直位置,也可以倾斜一定的角度以便切割出 V 形或 X 形坡口。小车的行走速度就是切割速度,能进行无级调速,其调速范围为 50 ~ 750 mm/min,切割钢板的厚度为 5 ~ 60 mm,切割圆周的直径为 200 ~ 2 000 mm。半自动气割切缝表面的粗糙度 Ra 可达 12.5 μm。因此,其割缝光洁,切割精度高。与自动气割机相比,它还具有设备简单、便于移动、容易操作、适应性强、投资小、易于扩大施工面等优点。目前,它是我国大部分中、小型船厂中切割直线边缘构件的主要设备。

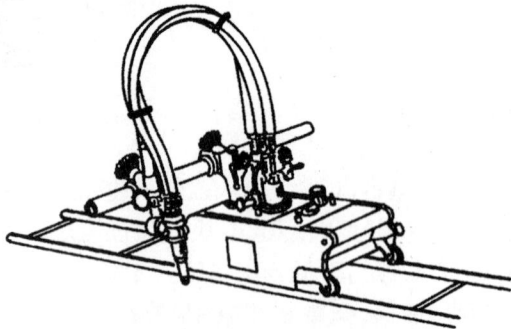

图 3 - 19 半自动气割机

3.门式自动气割机

门式自动气割机是在两根固定导轨上设置一座坚固的"门"形支架,在支架上设置一套或数套切割装置。切割时,由电动机驱动门式支架以一定的速度沿导轨做直线运动(运动速度等于切割装置的切割速度),切割装置随门式支架的运动而切出一条或数条精度很高的直线割缝。我国某船厂自制的门式自动气割机在支架上装设了12条切割装置,可同时切割出12条平行直线边缘。

装在门式支架上的切割装置之间的间距,可按被切割工件的尺寸进行调整。一般每套切割装置上都要有三个割嘴,除切割平直边缘外,尚可一次割出V形、X形、K形、Y形焊接坡口。现以V形坡口和X、K形坡口的气割加工为例说明其加工过程。

(1)V形坡口。板边的气割加工,可以采用两个割炬,一个置于垂直位置以切割板缝,另一个和所加工表面成需要的角度,做切割坡口用,如图3-20所示。由图可见,能够用两种不同的方案来完成这种坡口的边缘加工。

方案Ⅰ:在切割方向上两个割炬相距a,垂直的割炬1在前,进行直角切割,保证需要的坡口钝边。与加工表面成倾斜角的割炬2在后,并在距垂直割炬切割线b处移动,割出所需坡口。间距a依被切割板材的厚度不同而改变,以不使熔渣黏着板边的反面为原则。间距b则取决于被切割板的厚度、坡口角和钝边的大小。

方案Ⅱ:如图3-20(b)所示。

方案Ⅱ和方案Ⅰ比较,两方案切除金属的体积相同,但方案Ⅱ的切割速度稍高,因为间距b减小了,倾斜割炬切割时的预热情况比方案Ⅰ好,熔渣相应地减少,而且容易从板边清除。其缺点是切割的板厚大于40 mm,其精度下降。因为此时割炬2的倾斜度稍有误差即会导致背面坡口角产生较大的误差。

(2)X形和K形坡口。这类坡口是用三个割炬的割炬组来完成的。其割炬布置如图3-21所示,垂直割炬1在前,在其后面相距a处是切去下面斜棱的割炬2,而距垂直割炬距离为A处的割炬3切去上面斜棱。间距a应尽可能小,以使割炬1和2的切割氧流不交叉为原则。割炬1和2的氧流经过同一个切割点的时间,应小到使金属还没来得及变冷,垂直切口壁还没来得及覆盖上凝结的氧化物薄层。否则,割炬2的氧流碰到垂直切口壁上变硬了的氧化物时,会损失一部分动能,沿着垂直切口壁转折向下而不能割出坡口。

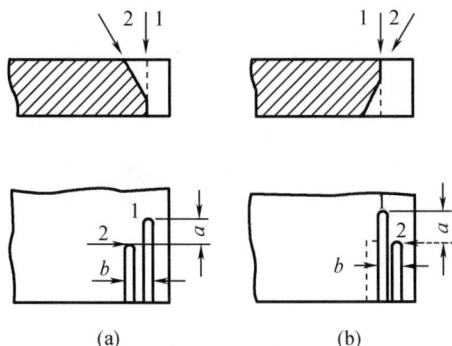

图3-20 用双割炬开V形坡口

(a)方案Ⅰ;(b)方案Ⅱ

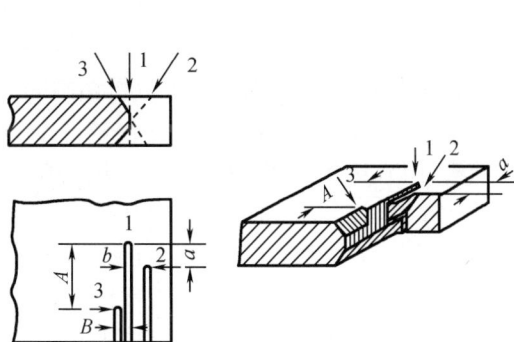

图3-21 用三个割炬开X形和K形坡口

如果被切割的板材厚度不大,间距a值应为10~12 mm。由于割炬3的切割点已被割炬 1 和割炬 2 所预热,切割条件好,所以它与割炬 1 的间距 A 应比 a 大得多。如果被切割的板厚在 20 mm 和 30 mm 之间时,A 值可取为 22 ~ 25 mm。当然以上的 α 和 A 的数值并不是绝对的,还应根据采用的割嘴大小、氧流压力和切割速度做适当调整。割炬 2 和 3 的切割线到割炬 1 切割线的距离 b 和 B,取决于所切割板材的厚度、坡口角和所需钝边的大小。

随着被切割板材厚度的增加,切割速度必须降低,间距 a 和 A 也相应地减小。如果割炬 2 的切割开始点落不到割炬 1 的加热区内,则割炬 1 和 2 应装在一条直线上(在垂直于切割方向的平面内),即 a 值等于零,以保证两个割炬同时加热某一部分金属。此时,割炬 2 不仅在垂直于切口的平面内倾斜,而且还朝割炬运动方向前倾 12° ~ 15°。

因此,应用高精度门式自动气割机切割直边构件,不仅加工精度高、切割速度快,而且还能将边缘切割和开坡口合并成一次完成,以代替原来刨边机的全部工作内容,省去原来冷剪切、半自动气割中拼板零件的二次加工,缩短船体构件的加工周期,节省大量的劳动工时。据某船厂分析,每艘 25 000 吨级货船仅刨边工作一项,采用高精度门式气割机加工后,可比刨边机节省劳动工时 5/6。

国外有的船厂为了进一步提高生产率,还试制了多门式气割机,如七门式气割机便是一例。该机导轨长 77 m,工作总长度为 60 m。有 3 座主门(工作宽度 2 ~ 2 600 mm)每座主门都可同时加工两块板的纵边。有 4 座辅门,辅门上的割炬能沿着辅门横向移动,依照顺序用来加工 3 对板的前后横边。这样,该机就能同时加工 6 块 2 600 mm(宽)× 20 000 mm(长)的钢板,可大大提高生产率。

此外,国外引进的高精度门式自动气割机,其割嘴与被割钢板的间距调好后,开始预热到打孔切割时,割嘴会自动升起,切割氧割穿钢板后再下降到正常距离随门架的移动而连续切割,当钢板因热变形而起伏变化时,割嘴也会自动升降以保持割嘴到钢板的间距为最佳距离。

由于高精度门式自动气割机不需要数控设备和光学技术,其结构简单、使用方便、价格便宜,而且切割速度快、精度高,又便于同前后工序组成生产流水线。因此,其是船体加工车间切割中、厚板直线边缘构件比较理想的设备。

4. 数控切割机

数控切割机由控制部分和执行部分所组成。它是把被切割的曲线(及直线)用图形几何语言编制成构件程序,经通用电子计算机运算和编码而得到数控切割机的切割程序(简单图形也可以手工编制程序),然后穿孔制成穿孔纸带或拷入软磁盘,作为控制信息输入到控制装置中去,以控制切割装置进行切割的一种自动切割设备。

数控切割机的执行部分是一台带一个割炬组或多割炬组的切割机。其机架多为悬臂式结构、门式结构或桥式机构。其切割热源根据不同情况可采用氧乙炔、氧丙烷、等离子、激光。数控切割机的割炬除在控制机的控制下能做平面移动外,还具有自动升降和旋转等功能,因而其能切割不同厚度和任意形状的船体构件。若装上多割嘴割炬,其即可切割焊接坡口。有的数控切割机还能在钢板上画安装线。

数控切割机的控制部分既可采用专用数控装置,也可采用微型电子计算机。目前国内数控切割机的控制多采用逐点比较法和数字积分器法这两种插补方法。下面介绍逐点比较法脉冲分配原理。

插补控制时,割嘴每前进一步(一个脉冲当量,一般取(1/50 ~ 1/10 mm)/脉冲)控制机都要完成以下 4 项工作:偏差判别、割炬进给、偏差计算、终点判断。

这里所谓偏差判别就是判别割炬位置相对于规定图形的偏差,以决定进给方向。进给是指按偏差判别所决定的进给方向来推动(纵向或横向)步进电机前进或后退一个脉冲。偏差计算是在割炬进给一个脉冲以后,在新的位置上计算出与规定图形的位置偏差,作为下一次偏差判别的依据。终点判断是判断切割点是否已到达切割程序规定的终点,如未到达终点,则再回到第一步进行偏差判别。不断重复上述过程,就可以切割出所要求的曲线(及直线)直到终点停机。

常用气割方法的主要工艺要求:

(1)割前应根据工件厚度选择合适的割嘴。

(2)切割薄板的割嘴宜后倾30°~45°,切割厚板时割嘴宜前倾10°~20°。

(3)为了减小零件在气割时的热变形,操作中应遵循:大型零件的切割应先从短边开始;在同一张钢板上切割不同尺寸的零件时,应先割小件,后割大件;切割不同形状的零件时,应先割较复杂的零件,后割较简单的零件。

除了以上几种常用气割方法外,现代船厂也广泛采用等离子切割、激光切割等高效切割方法。

任务3.3 船体型材构件的成形加工

3.3.1 型钢弯曲加工的特点

型材弯曲加工属于塑性弯曲。塑性弯曲时的应力应变状态是复杂的,同时由于材料强化,数学分析比较困难,在过去的理论研究和公式推导中,大都做过这样或那样假设,忽略了一些因素,所得的结论和公式是近似的。因此,在解决生产实际问题时,需视工况加以具体分析,合理运用其结论与公式。

下面介绍一下型材弯曲加工的特点和复杂现象,这些都是在研究设计型材弯曲机时所必须注意的问题。

(1)由于实际材料是不均匀的,故即使其他影响因素不考虑,这一不均匀因素也将导致弯曲回弹的复杂性,使预计回弹量困难。

(2)肋骨常用球扁钢和不等边角钢等制成,由于这类型材的截面不对称,弯曲加工时,往往产生"旁弯"的有害变形,使矫正工作量增大。

(3)由于船用型材的腹板高度相对较大,而板厚较小,在反弯时腹板边缘处受压应力作用,常会因刚性不足而发生失稳,而产生皱折。

(4)对于面板较薄的角钢等,在弯曲加工时由于面板中的切向应力作用,不论角钢在正弯和反弯情况下,均会形成"倒边"的合力,使面板与腹板间的夹角变小。

3.3.2 成型方法的分类

1.冷弯成型

(1)撑床冷弯成型。其原理同型钢矫直相似。

(2)三轮滚弯机滚弯成型。图3-22所示为三滚轮型钢辊弯机,其是一种连续进给式型钢冷弯成型的专用设备。其弯曲原理与三辊弯板机相同,其工作部分为三个滚轮,其中两个滚轮为主动轮,其上开有槽子,滚轮的轴承是固定的,不能移动,上滚轮为从动轮,可伸缩调节,以达到不同的弯曲半径。该三滚轮均可拆卸更换,以使滚轮上的槽形能符合相应加工型钢的尺寸和形状要求。

(3)多模头一次成形数控肋骨拉弯机冷弯成形。图 3 - 23 所示为多模头一次成形数控肋骨拉弯机冷弯肋骨的示意图。该机由夹头、直流电动机、位置调节螺杆、模具夹头以及夹头和拉伸油缸等组成。

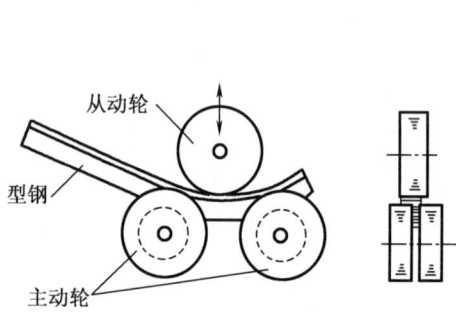

图 3 - 22 三轮滚弯机

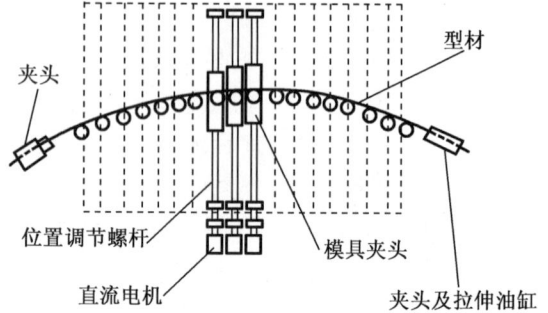

图 3 - 23 多模头一次成形数控肋骨拉弯机

从自动化角度看此种加工方法比较简单,但由于不能预计型钢弯曲的回弹量,因而对于高腹板的船体肋骨来说,要准确地弯成所需要的曲线形状,也必须经过反复加工才能实现。此外,为了适应船体肋骨的最大长度(大型船只,长度可达 15 m),需要的设备庞大、投资较多。因此,一次成形加工方法的设想虽然很早,但直到 20 世纪 70 年代初,才开始在国外付诸实现。

(4)三支点肋骨冷弯机冷弯成形。肋骨冷弯机大都采用集中力弯曲原理,前述三滚轮连续进给式型钢辊弯机和撑床也属此类机型。

当梁上受到一个集中载荷作用时,梁就处于集中力弯曲状态,图 3 - 24 为集中力弯曲时梁的受力情况。因为有三个支点,所以,也称其为三支点弯曲。在集中力弯曲时,梁的每一个断面上均作用着弯矩和剪力,最大弯矩发生在集中力作用处。

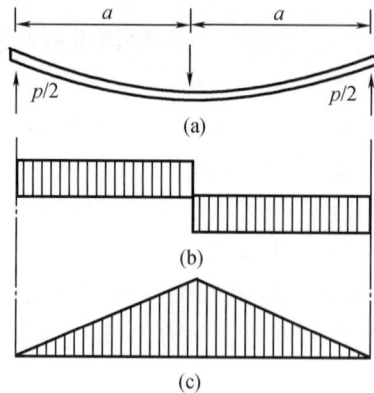

图 3 - 24 集中力弯曲时梁的受力情况

(a)受力示意图;(b)剪力图;(c)弯矩图

根据弯曲力位置的不同,型钢弯曲分为外弯(图 3 - 25(a))和内弯(图 3 - 25(b))。型钢弯曲时,由于型钢的中和轴与受力面不在同一平面上,所以在型钢上除弯曲力矩外,还有扭矩作用,使型钢截面产生畸变:型钢边所夹角度外弯时增大,内弯时缩小;同时由于弯曲时,型钢筋边与缘边的刚度不同,筋边不易变形,所以,当型钢外弯时,型材产生上拱,而内弯使产生下挠。

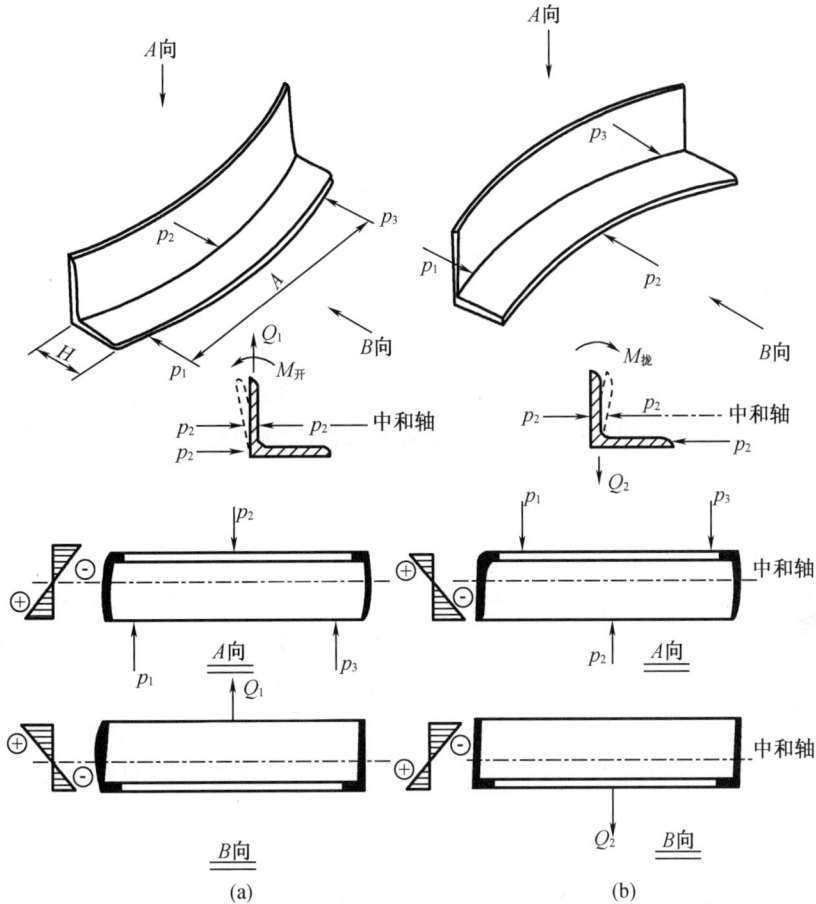

图 3-25 型钢变形情况
(a)外弯;(b)内弯

此外,处于外弯状态的型钢翼板,由于受压应力的作用,在翼板两缘还会产生波形不平度,而腹板因受拉应力的影响,将出现翘曲。当型钢自由弯曲时将使型钢出现弯扭现象。型钢内弯时,翼板出现卷缩情况,而腹板则出现皱折(皱折尚未形成时,腹板的厚度或高度将会增大)。因此,在考虑型钢冷弯成形时,就必须重视上述现象。

(5)纯弯曲原理肋骨冷弯机冷弯成形。用纯弯曲原理弯制肋骨,是近年来的研究成果。力学中的纯弯曲系指在平面弯曲时,梁截面上只承受弯矩作用而没有剪力作用。为得到梁的纯弯曲,按材料力学的方法,只要在简支梁上对称地承受两个相等的集中力,梁在这一段内处于纯弯曲状态,因为纯弯曲时有四个受力点,所以纯弯曲也称四支点弯曲。

如果对同一种型钢分别进行集中力弯曲和纯弯曲试验,试验时,使梁横截面上的最大弯矩值保持相同,施加载荷的压头也相同,当型钢弯到相同的曲率形状后卸除载荷,比较两者的变形,可以发现:

①型钢集中力作用处的压痕大小不一样。集中力弯曲时的压痕要比纯弯曲时的压痕大得多。当型钢在外力作用下产生弯曲的同时还产生压缩变形,压力越大,变形就越大,从

而得出集中力弯曲较之纯弯曲压痕要大。

②纯弯曲原理冷弯型钢可获得光顺的肋骨曲线。因为,纯弯曲时梁的每一个截面上均受到相同的弯矩作用,所以各截面的变形也相同,因此梁的弯曲形状必然是某一曲率半径的圆弧曲线;相反,集中力弯曲时,最大弯矩发生在集中力作用处,梁只在该处发生局部变形。因此,当逐步地冷弯整根型钢时,根据纯弯曲原理冷弯的肋骨,其两边缘均为光顺的曲线,而集中力弯曲所得,则压痕显著,呈折线形,不光顺。

③使用纯弯曲能够加大型钢的每次进给长度,从而可以减少弯曲次数,提高加工速度。

采用集中力弯曲时,只能引起型钢在集中载荷作用处附近产生塑性变形。由于塑性变形区很小,加工时为了得到光顺的肋骨曲线,每次进给的型钢长度不能太大,否则将产生明显的折线段。因此,加工一根肋骨往往就需要送进二三十次以上。

现在普遍采用纯弯曲方法,型钢纯弯曲时,塑性变形区的大小仅与中间两个集中载荷间的距离有关,距离大,塑性变形区就大。因此,利用纯弯曲来冷弯肋骨时,可以加大型钢的每次弯曲长度。这个长度大体上等于两个集中载荷间的距离。试验表明,用纯弯曲理论的机器加工肋骨比用集中力理论加工肋骨可提高工效一倍以上。

2. 热弯成型

型钢热弯时,先将按肋骨型线预先准备好的铁样固定在铸铁平台上的适当位置,然后从加热炉中取出已加热好的型钢(一般加热到900~1 100 ℃),将其一端放在铁样的相应位置旁,在平台孔内插入一个铁椿,夹住角钢防止移动。再用羊角弯曲型钢,逐段地使它与铁样相吻合,并用铁马压牢。在热弯过程中还必须随时用平锤、弯锤等矫正型钢的翼板和腹板上产生的皱折和角变形(开尺或拢尺)。

此种方法由于所需设备简单,并且可以适用于任意曲线形状的肋骨,因此在一些小型船厂中仍采用。

3. 中频弯肋骨机热弯成型

这是我国在20世纪70年代初期为满足低合金钢型材制成的,肋骨需经调质处理(淬火加高温回火)而研制的一种新工艺,使弯曲、淬火合为一道工序。

此种方法,由于型材连续进给,因此对加工圆环形的肋骨具有一定效果。

热弯加工肋骨的主要缺点是劳动强度大、操作环境差、生产效率低、费用较高。从20世纪50年代中期开始,随着肋骨冷弯成型新工艺的出现,热弯成型已逐渐被淘汰。

任务3.4 船体板材构件的成形加工

船体的非平直钢板构件较多,弯曲加工工作量较大。主要的成形加工方法有机械冷弯法和水火弯板法。一般单向曲度板都采用机械冷弯法加工,而复杂曲度板则先用冷弯机械加工出一个方向的曲度(该方向曲度较大),然后再用水火弯板法加工出其他方向的曲度;若批量较大,则可在压力机上安装专用压模压制成形。本任务主要介绍机械冷弯法和水火弯板法。

3.4.1 船体板材的冷弯加工

1. 简单曲度板的冷弯成形

具有圆柱形或圆锥形的单向曲度板(如平行中体处的舭部列板等)称为简单曲度板,可用三辊弯板机加工成形。

（1）辊弯机的分类　按工作辊方位分有立式、卧式辊弯机;按上工作辊受力形式分有闭式(上辊有中部支承轴)、开式(上辊无中部支承辊)辊弯机;按工作辊数目及布置形式分有四辊、三辊(对称式和不对称式)辊弯机;按工作辊调节方式分有上调式(垂直上调式、横竖上调式)和下调式(不对称下调式、对称下调式、水平下调式)辊弯机。

（2）三辊弯板机工作原理　对称式三辊弯板机的上工作辊通常是被动辊,安装在可做上下移动的轴承内,从而能做垂直方向的调节,以使置于上下工作辊之间的板料得到不同的弯曲半径。下工作辊轴是主动的,安装在固定的轴承内,由电动机通过齿轮减速器带动,做同方向、同转速的旋转运动。大型辊弯机的上下垂直方向的调节是由机械或液压来完成的,在上工作辊的两端,并有升降距离指示器,以便于观察。小型辊弯机则通常为手动调节,以简化结构。此类辊弯机机型较老,但结构简单、自重轻,是目前船厂中最常见的板材冷弯加工设备。

（3）三辊弯板机的加工工艺　钢板在三辊弯板机中辊弯变形的原理,可解释如下:先假定钢板静止地放在工作辊上,钢板下表面与下工作辊表面的最高点相接触,上表面正好和上工作辊表面的最低点相接触。当压下上工作辊,使最低点的位置低于钢板上表面直线时,因为工作辊具有足够的刚性,不产生弯曲(实际上任何物体都不是绝对刚性的,因此必定有一些弯曲变形,但与钢板的弯曲变形相比是很小的以至可以忽略),从而只能是钢板在两个支点之间产生弯曲,只要使得产生弯曲变形的力足够大(通过控制上工作辊的下降距离可以得到),超过相应钢板的屈服强度,则钢板因屈服而产生塑性残余变形,此时卸除外力后,钢板就保持在变形状态而达到弯曲的目的。当启动电动机使两下工作辊转动时,由于摩擦力的作用而使钢板不断移动,于是钢板即在整个辊所到的范围内形成了光顺的弯曲度,达到最终弯曲要求。

运动轮上钢板的弯曲半径可以达到和上工作辊的半径一样,但是事实上由于前面介绍过的弹性回跳现象,因此所能弯曲的最小半径要比上工作辊直径大20%～25%。

（4）三辊弯板机典型结构　图3-26为弯制板材20 mm×3 000 mm以下的中小型对称三辊弯板机,其采用机械调节。支承两下辊筒的轴承装在左右机架中,下工作辊的轴端伸出机架外,通过齿轮、减速器与电动机连接,两下工作辊均由电动机驱动。控制操纵手柄,能使工作辊做正反方向的转动。

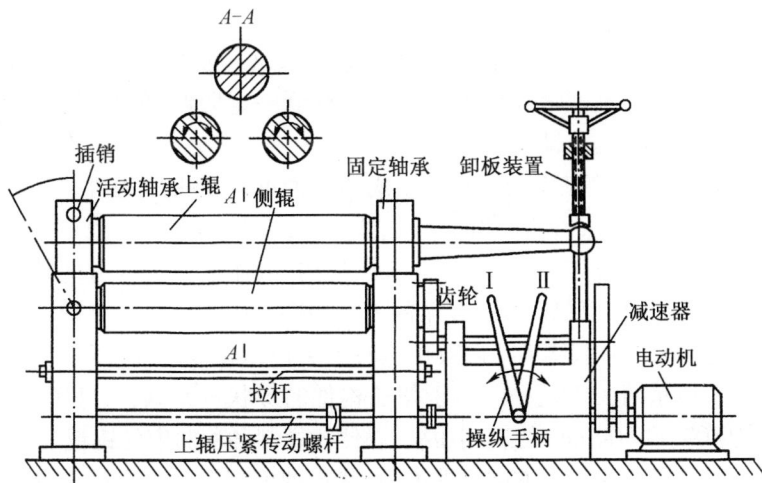

图3-26　对称三辊弯板机

2. 复杂曲度板的冷弯成形

具有双向曲度或多向曲度的板称为复杂曲度板。其冷弯成形设备主要是液压机,也有少数船厂使用万能弯板机来弯制复杂曲度板的,但是它要求操作技术高度熟练,而且成形质量不易控制,弯板的劳动强度大,因此使用并不广泛。对于双向曲度不大的构件,也可在三辊弯板机上进行冷弯。下面主要介绍液压机弯板中的有关问题。

根据使用的液体介质不同,液压机可分为油压机和水压机两类。油压机的压力是由油泵产生的,一般设有蓄压装置,所以结构轻巧简单。水压机一般都带有蓄压装置,能产生很大的压力但结构庞大复杂。因此,如果油压机的工作压力能满足加工要求,则采用油压机较为经济。

液压机是利用液体的不可压缩性,并能传递等压强的特点,通过一定的机构产生出巨大的工作压力。图 3 – 27 是液压机工作原理示意图。图中活塞 A_1 上的作用力 P_1 由液体介质传递给活塞 A_2,由于两活塞的压强相等,如果 S_2/S_1 的比值很大,就可以用较小的作用力 P_1 获得巨大的工作压力 P_2(即船体加工车间常用液压机的工作压力)。中小型船厂多为 $(200 \sim 400) \times 10^4$ N,大型船厂一般用 $(800 \sim 1\,200) \times 10^4$ N,有的高达 $3\,000 \times 10^4$ N。

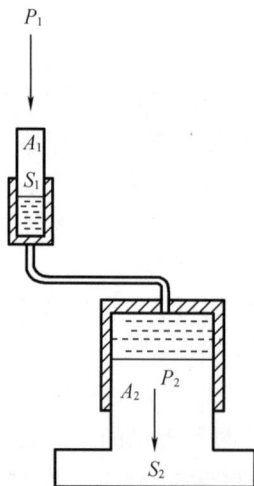

图3 – 27　液压机工作原理示意图

液压机的机构形式有悬臂式和框式两种。悬臂式液压机的工作面三面敞开,操作方便,但工作压力受到限制,框式液压机的工作空间受到一定限制,但其结构支承情况较好,因此大功率液压机多采用框式结构。

近年来,在框式液压机的基础上,又研制成功一种可移压头压力机。其特点是压头和工作台均能根据使用要求进行横移和回转,这些动作既可单独进行,也可同时进行。这样可以调节构件加工使其在最佳位置,不需人工搬移构件,而且能较为方便地加工各种复杂形状的构件。因此,这种机型很适合于复杂的大型构件的压弯。

利用液压机弯制复杂曲度板时,必须在压头上装设压模。因此,压模的形式和精度是影响构件成形加工质量的关键之一。由于船舶构件的形状较复杂,尺寸不一,所以常将压模设计成长度为 800 ~ 1 500 mm 的通用压模,以便能弯制各种曲度的钢板。应该指出,用通用压模弯板时一般只能弯曲一个方向的曲度(如横向曲度),其他方向的曲度(如纵向曲度)可用水火弯板法弯制。用压模压制板料前,要先进行空载试压,以检查上、下压模的对位情况及压模安装的牢固程度。对于较长的板材,需分成数段加压,此时相邻两加压段应重叠30~50 mm;若用通用压模进行较长板材的折边,还应注意每次折角角度不能太大,否则会产生裂缝,具体数值可参考有关资料。在产品批量较大时,则应制造专用压模。它不仅能保证构件成形质量,简化操作,提高加工速度,而且在批量生产时经济上也较合理。

使用液压机弯制钢板时应校核机床工作压力能否满足要求,计算时可参考有关公式。在设计压模时,还应考虑板料压制后的"回弹"问题。消除回弹的办法是适当地改变压模工作部分的形状,使压制的构件回弹后刚好符合所要求的形状。

影响板材冷弯质量的另一个重要因素是板料冷弯加工线。一般加工线都是在冷弯之前画在已经号料的钢板上的。由于加工设备和构件形状各不相同,加工线的形式也不相同,因此,加工线的绘制应根据加工设备和构件形状来确定。用三辊弯板机或液压机(使用通用压模时)弯曲单向曲度时,无论是圆柱形板、圆锥形板还是单向扭曲板(可视为斜置于圆柱面上的板),其加工线都是展开后的素线。

液压机不仅可以压弯各种不同曲形的船体构件,而且还可以进行钢板的折边、压角、预弯与矫平等工作。它是船体加工车间的主要设备,因此,应该为其配置专用吊运装置,钢材移动、定位、送料及落料的辅助装置,实现辅助作业机械化,以改善劳动条件,提高劳动生产率。

3.4.2　船体板材的水火弯板法

水火弯板工艺是热加工的一种。热加工有两种基本工艺方式,一种是氧炔焰对工件进行局部加热,利用钢材热胀冷缩的原理,使工件产生残余塑性变形来达到弯曲成形的目的。水火弯板即属此类。这种热加工工艺俗称小火。另一种方法是将工件放在炉灶内进行整体或局部加热,利用钢材加热后塑性增大的特性,施加外力强迫工件弯曲成形,俗称大火。它是过去外板、肋骨热弯加工的主要方法。随着水火弯板工艺的出现,大火热弯工艺已极少应用。

水火弯板工艺的基本原理已在项目2任务2.3中介绍,下面进一步说明其工艺方法。

1.各种工艺因素对成形效果的影响

(1)加热线对成形效果的影响

水火弯板时,加热线的位置、疏密和长短对板材成形效果影响极大。加热线的位置正确与否直接关系到板材能否正确成形。对相同的板沿不同位置进行线状加热,成形后的形状会完全不同。弯板时,加热线的位置主要取决于所需要的构件形状,因此,根据构件形状正确地确定加热的位置是水火弯板的关键。如在水火弯板中常遇到的帆形板和鞍形板则是最典型的例子(图3-28)。这两种板都是先用冷弯设备弯出横向曲度(因其曲率较大),然后用水火弯板法弯出纵向曲度的。所不同的是帆形板的加热线位于其横剖面的两侧,用水火收边的方法,依靠收边加热线的横向收缩变形及角变形(其中前者起主导作用)使构件两侧纵边缩短而得到纵向曲度的,但加热线不可跨越曲板横剖面的中和轴,否则会影响成形效果;而鞍形板则由于纵向曲度方向与横向曲度方向不像帆形板那样在同一面而是分别在两面,故其加热线位于曲板横剖面的中间,且在构件的背面,其角度变形数值甚小可忽略,是靠构件中间加热线的横向收缩变形而使构件纵向缩短来获得纵向曲度的,加热线同样不宜跨越中和轴。

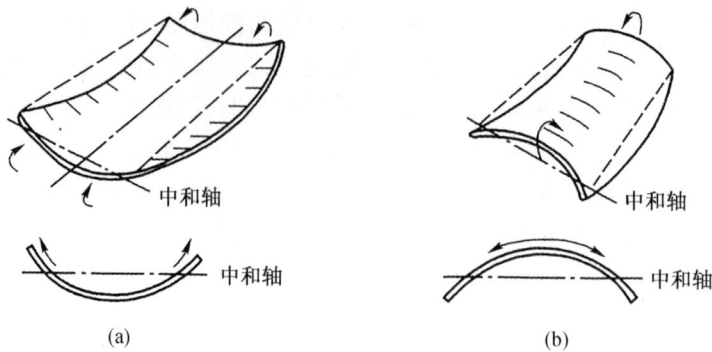

图 3-28 加热线分布

(a)帆形板;(b)鞍形板

至于加热线的长短、疏密则主要是影响构件的成形效果。一般来说,加热线越密、越长,那么产生的变形越大、成形效果越好。因此,当弯曲曲率较大时,加热线的位置可适当加密、加长。但应注意,加热线不可跨越构件横剖面的中和轴。

以前,在常规的水火弯板中,加热线的位置、疏密、长短等工艺仍主要凭有多年实践经验的熟练工人进行手工操作,用氧气乙炔火焰在钢板表面局部加热和用水进行局部冷却,需反复操作多次方可达到质量要求。人工经验操作不单耗时、耗力,且成形质量差,影响船舶建造周期。迄今为止该工艺过程在船舶建造中最为落后、变革最小。现在,国内外都在研究按所要求的构件形状来确定加热线的有关参数的数学模型,以便实现数控水火弯板,并取得了一定的成效。如大连船舶重工、广船国际分别研究开发了水火弯板计算机应用系统程序,这些研究成果已在生产实际中开始应用,实现了帆形板、简单马鞍形板和扭曲板的水火成形加工参数计算机预先确定,取得了很好的经济效益。如广船国际的软件系统应用的主要技术指标为:

①船体双曲度外板成形精度≤3 mm;

②一次成形率≥80%;

③提高水火弯板加工的效率3~5倍。

他们在在建产品上对帆形板和小扭曲板的数控水火弯板的应用,已取得较理想的效果,提高了弯曲板的加工效率和成形质量,并降低了对火工技术工人的要求。这些研究成果的推广,将带动全行业的曲板成形加工的技术改造,实现船舶建造前期加工生产自动化,组建真正意义上的造船加工生产流水线,简化加工工艺,提高船舶加工精度,优化设计生产流程,最终提高造船企业的生产效益,为我国实现世界造船强国做出贡献。

(2)各种加热参数对成形效果的影响

所谓加热参数主要是指加热速度、烘嘴口径、加热温度、加热深度和水火距(即浇水点至火焰点的距离)。它们对水火弯板成形效果的影响见表3-4。其中加热速度是一个主要参数,对成形效果影响较大,应特别注意,尽量选用与板厚对应的最佳加热速度,以提高成形效果。同时又要注意不要使一次成形的角度过大(以不大于3°为宜),以免使板面出现折角,影响板面的光顺美观。

表 3 – 4　各种加热参数对成形效果的影响

加热参数	对水火弯板成形效果的影响	
	横向收缩	角变形
加热速度 （决定加热量）	速度越慢，收缩量越大。在同一加热速度下，薄板收缩大于厚板	在一定是速度范围内，速度越快，角变形越大。但速度过快时，板面加热不足，角变形反而减小。故对应于每一板厚有一最佳加热速度，在该速度时角变形达到峰值。通常随着单位线热能的增加，薄板较厚板更快达到峰值
烘嘴口径 （决定火焰功率）	烘嘴口径越大，单位线热能越强，横向收缩量越大	烘嘴口径越大角变形越大
加热温度	随温度增高而增大，当温度超过900 ℃时，收缩量增大不显著	随温度增高而增大。薄板到达一定温度（约750 ℃）后，角变形的增大不显著
加热深度	收缩量随深度增加而略有增大	在1/2板厚内，角变形随深度增加而增大；超过1/2板厚后，随深度继续增加而逐渐减小
水火距 （决定冷却速度）	收缩量随水火距的增大而增大。达到某一峰值后，继续增大水火距则收缩量减小	角变形随水火距的增大而减小

（3）冷却方式对成形效果的影响

目前，水火弯板的冷却方式有自然冷却、正面跟踪水冷却和背面跟踪水冷却三种。

当加热速度等加热参数在一定范围内变化时，比较三种冷却方式的变形效果（图3－29）：角变形效果以背冷最大，空冷次之，正冷最小；而横向收缩变形以背冷最大，正冷次之，空冷最小。总之，背冷的成形效果最高。但是，由于操作时需将板垫高，并在板下作业，十分不便，故在造船生产中应用较少。正冷角变形虽小于空冷，但它的横向收缩变形却大于空冷，总的成形效果还是比空冷好，因此，常见的复杂曲度板在水火弯板时，主要利用正面跟踪水冷却法的横向收缩变形来达到弯制构件纵向曲度的。它还具有操作方便等特点，故是目前水火弯板法中最常见的冷却方法。

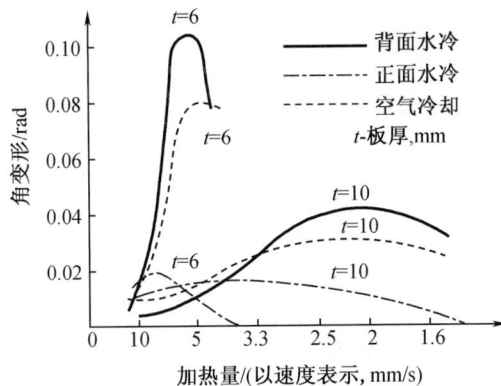

图 3 – 29　加热速度与角变形的关系曲线

2. 水火弯板的主要工艺要求

(1)板前应根据构件的成形要求,在钢板上画出加热线。各加热线的起点应相互错开,不可在同一条直线上。

(2)根据构件成形要求来选择合理的加热参数。推荐选用表3-5所列的工艺参数。

(3)左、右形状对称的零件,其加热线位置、数量和长短应对称一致,操作也应对称进行。

(4)应尽量避免在同一部位重复加热,尤其是低合金钢。一般情况下,重复加热次数不得超过3次,否则,不仅影响成形效果,还会降低钢材的机械性能。

(5)新钢种采用水火弯板法需经过试验鉴定后才能进行。

表3-5 水火弯板工艺参数

项目		板厚/mm			
		<3	3~5	6~12	>12
烘嘴号码		1	2	2、3	4
火焰性质(氧炔比)		1.0~1.2			
加热温度/℃		<600	650~700	750~800	750~850
最小水火距[①]/mm	低碳钢	30~50	50~70	70~100	100~120
	低合金钢	50~70	70~90	90~120	130~150
加热速度/(mm/s)		20~30	10~25	7~20	4~10
加热深度/mm		$(0.6~0.8)L_t$[②]			
加热宽度/mm		12~15			
氧气压力/MPa		0.2~0.3	0.3~0.4	0.5~0.7	
乙炔压力/MPa		0.04~0.08			
焰心距板面的距离/mm		2~3			

注:①表中水火距系指正面跟踪水冷;

②L_t为板厚。

总之,水火弯板工艺是我国各类船厂目前使用最广泛的弯板工艺方法之一,90%以上复杂曲度船壳板可以用该法进行弯曲加工。

然而,水火弯板工艺也存在比较严重的缺点:一是影响成形的因素较多,成形规律较难掌握,目前主要依靠工人的实际操作经验进行加工,较难实现机械化、自动化;其二是生产效率较低,不能适应现代化造船的需要。因此,国内外正在研究数控水火弯板,以期实现板件成形自动化,提高劳动生产率,减轻劳动强度,彻底改变手工操作的面貌。

运用水火弯板的方法还可以进行焊接变形的矫正。如T形梁焊接变形的矫正、板架焊接变形的矫正等,一般称之为水火矫正,其原理、影响因素及工艺参数均与水火弯板近似。

3.4.3 船体加工流程的合理化

采用流水作业法组织生产既是现代化大工业生产的特点,也是实现生产过程机械化自动化的需要。为了有效地提高船厂生产效率,在设计建造新船厂或对老厂实行技术改造时,不仅应使船厂总体布置得合理,使钢材进厂到船舶下水的整个生产过程形成流水作业,而且各车间内部的设计也要适应流水生产的需要。由于船体加工车间承担着将原材料加工成船体构件的繁重任务,故内部布置必须合理。

一个加工车间的布置是否合理,目前尚无统一的衡量标准。从工艺角度看,主要应考虑合理选择和布置加工设备,保证工艺线路畅通,使构件在加工中没有往返运输和使运输线路最短,以利组成流水生产线,其次应尽量实现船体加工车间辅助作业机械化,因此,拟组建船体钢材成组加工区。

1. 工艺流程

根据船体钢料加工流程,运用流程分析法,可形成船体零件组,并可同时建立相应的设备组。船体板材零件大致可分为四个加工族:

①刨边件;

②曲形大板件;

③平面板件;

④折边与小件。

按照这种分类,再加上型钢加工,可以得到钢料加工的五种典型工艺流程。

(1)刨边板工艺流程

根据刨边板尺寸、厚度、曲度进行分线加工,该流程能加工以下板件:

① 拼板板 如上层建筑围壁板、甲板板、平台板、舱壁板、内底板,以及平行中体处的舷侧外板和外底板等。

② 柱面板 如平行中体处的舭部外板、柱形桅杆板、弧形舷顶列板和转角围壁板等。

③ 棱柱板 如槽形舱壁板、箱柜折角板和棱柱形支柱板等。

(2)曲形大板工艺流程

因曲形大板多数是曲边板件,通常采用样板或草图号料,故不用数控切割设备。这类板件的加工根据其曲度而采用不同的成形设备。该流程可加工以下的几类板件:

①锥面板 如艏艉外板、烟囱板、台形桅杆板、舭列板等。

②双向曲度板 如艏艉外板、艏柱板等。

③折角曲形板 如 K 行板、艏部舷顶列板等。

④复杂曲度板 如球鼻艏外板、轴壳包板、艏艉舭列板、艉部外板、艏柱板等。

(3)平面板件工艺流程

适用于平行边和平面曲边两组零件。先分别由多头切割机和数控切割机进行切割,再做矫平或成形加工,该流程可加工以下几类板件:

①平面曲度板 如水密和非水密肋板、曲边肘板、有减轻孔的肘板、曲边腹板和部分外板等。

②高腹板 如机座纵桁腹板、竖龙骨、双层底间断边纵桁和舱口围板等。

③带切口腹板 如机座纵桁腹板、甲板纵桁腹板、强桁梁腹板和边水舱腹板等。

④条形板 如 T 形材面板与腹板和加强扁铁等。

⑤曲形面板 如弧形面板、折角面板和减轻孔加强圈等。

(4)折边板与小板件工艺流程

分折边板和小板件两组。前者多数是通用肘板,批量较大,用靠模或仿形切割;后者形状多样,一般号料后用剪切或火焰切割。该工艺流程可加工以下几类板件:

①折边板　如折边肋肘板、折边舷侧纵桁、折边甲板纵桁、折边旁内龙骨和折边强横梁等。

②折边肘板　如折边舭肘板、折边横梁肘板和折边舷墙肘板等。

③曲形折边板　如折边横梁肘板和折边舷墙肘板等。

④压筋板　如上层建筑压筋围壁板、非标准件盖板等。

（5）型钢件工艺流程

该流程可加工以下几类型钢件：

①直形型钢　如围壁加强筋、平台横梁、甲板纵骨、平行中体舷侧肋骨和舱壁加强筋等。

②曲形型钢　如普通肋骨、甲板横梁、斜横梁和底部纵骨等。

③扭曲型钢　如扭曲的底部和舷侧纵骨等。

2. 加工车间平面布置

根据上述几条固定工艺流程，可以进行车间平面布置的设计。但还要考虑物料搬运系统、材料与中间产品堆场以及分理场地，以平衡生产节奏、顺畅物流。鉴于船体钢料加工的特点，设计平面布置时应充分注意物流合理化，使加工区到装配区的运输路径最经济。

图 3-30 为某厂的船体钢料成组加工车间。图中：A 跨为号料区。号料作为许多流程的第一道工序，要求有足够的面积来铺放号料钢材，所以其几乎占据一跨的场地。A 跨的北端也作为曲形大板的切割工位。B 跨（延伸到 A 跨）内布置刨边板和曲形大板两种工艺流程，设有门式切割机和刨边机，并共用大型弯板设备。C 跨为平面板件工艺流程区，其中的火工平台由轨道小车与曲形大板加工区相连。D 跨为折边板与小件板加工区。E 跨则为型钢件加工区。

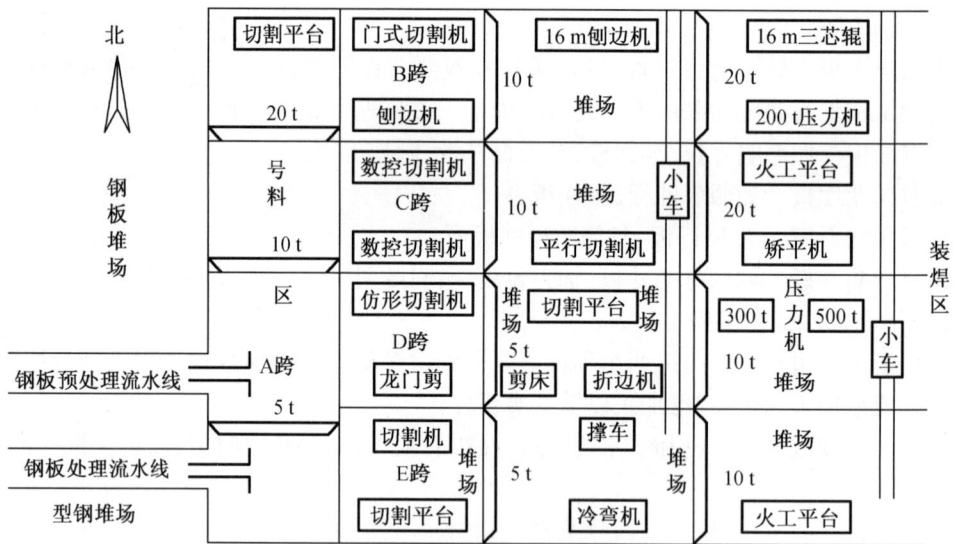

图 3-30　钢料加工车间成组布置

加工设备的数量可按下式估算

$$N = W \cdot P / 305 \cdot S \cdot C$$

式中　N——设备台数；

　　　W——全年加工钢料质量，t；

P——设备所加工的钢料质量百分比;

S——采用的工作班次;

C——设备每班生产能力,t/台·班。

每一设备所加工钢料占船体钢料质量百分比是个统计数据,随船型、船厂而异。

该车间物料搬运系统由跨内桥起重机和地面轨道小车构成。预处理后的钢材由出料小车送入号料区,在由桥式电磁吊进行堆置和铺放。加工过程的物料有各跨均与装焊区相接,加工后的板件和型钢件便可直接运往装焊区。物料在加工车间的越跨运输则由轨道小车承担,并用桥式起重机装卸。

加工区内的堆场可以用来堆放待加工钢材和已加工完但尚未运出的零件、余料以及废料等。号料区也具有堆场功能,尤其是号料区和各加工区的结合部,可以堆放已号料但未经加工的钢材。车间内部的堆场面积,一般至少能容纳一天待加工钢材和待运出零件的量。富裕的面积则可用来分理半成品和零件,有利于按工位、按分段集配零件和集中运输。

思考与练习

一、名词解释

1. 一般强度船体结构用钢

2. 高强度船体结构用钢

3. Z 向钢

4. 不锈钢

5. 钢材的预处理

6. 船体构件加工

7. 船体构件的边缘加工

8. 船体构件的成形加工

9. 气割回火

10. 水火弯板

11. 简单曲度板

12. 复杂曲度板

二、选择题(单项选择题,即只有一个答案是对的)

1. 钢材矫正就是将较短的纤维拉长和将较长的纤维缩短而使之一样长,实际一般采取_____纤维的方法。 ( )

  A. 压缩   B. 拉长

  C. 挤压   D. 缩短

2. 对薄板的矫正主要是矫平其_____,通常在多轴辊式矫平机上矫正。 ( )

  A. 波浪形   B. 折痕

  C. 扭曲   D. 弯曲

3. _____主要用型材矫直机进行矫正,一方面使棱边矫直,另一方面使翼板和腹板均矫平。 ( )

  A. 厚板   B. 薄板

  C. 型钢   D. 扁钢

4. _____是指经除锈后的原材料表面涂刷防锈底漆的工艺过程。 （   ）
   A. 钢材的表面清理　　　　　　　B. 钢材的表面防护
   C. 钢材的矫正　　　　　　　　　D. 钢材的除锈

5. _____是现代用于钢材预处理的最好方法,它主要是除去钢板表面的氧化皮和铁锈,适合组建钢材预处理的流水线。 （   ）
   A. 带锈底漆法　　　　　　　　　B. 分段喷丸法
   C. 酸洗法　　　　　　　　　　　D. 原材料抛丸法

6. 一般强度船体结构用钢分为 A、B、_____、E 四个质量等级。 （   ）
   A. C　　　　　　　　　　　　　B. D
   C. C1　　　　　　　　　　　　　D. D1

7. 高强度船体结构用钢是普通低合金高强度结构钢中一个重要钢种。按其冲击韧性的不同分为 A、_____、E、F 四级。 （   ）
   A. B　　　　　　　　　　　　　B. C
   C. D　　　　　　　　　　　　　D. G

8. 船用不锈钢显著的特点是 （   ）
   A. 耐酸　　　　　　　　　　　　B. 耐高温
   C. 超低碳　　　　　　　　　　　D. 高强度

9. 船体构件加工的方法,按加工时钢材的温度情况分为_____和热加工加工两大类。 （   ）
   A. 边缘加工　　　　　　　　　　B. 冷加工
   C. 成形加工　　　　　　　　　　D. 坡口加工

10. 船体构件按形状特征分类时,帆形板和鞍形板属于_____曲度构件。 （   ）
   A. 平直构件　　　　　　　　　　B. 单向曲度构件
   C. 双向曲度构件　　　　　　　　D. 复杂曲度构件

11. 曲边构件的边缘剪切使用: （   ）
   A. 平口刀刃剪床　　　　　　　　B. 圆盘剪床
   C. 刨边机　　　　　　　　　　　D. 铣边机

12. 高温等离子切割是靠金属的_____实现的,不受材料熔点高低的限制,特别适用于气割难于切割的金属材料,如铝、铜、镍、钛、不锈钢和高合金钢以及各种有色金属等。 （   ）
   A. 燃烧　　　　　　　　　　　　B. 氧化
   C. 气化　　　　　　　　　　　　D. 熔化

13. 型钢在三支点肋骨冷弯机成形时,当型钢外弯时,型材产生_____现象;当型钢内弯时,型材产生_____现象。 （   ）
   A. 失稳;皱折　　　　　　　　　B. 内弯;外弯
   C. 上拱;下挠　　　　　　　　　D. 旁弯;倒边

14. 较厚的船体构件焊接前需在边缘开坡口,其坡口形式按焊接规范要求可分为 I 型、V 形、_____、X 形和 U 形等。 （   ）
   A. K 形　　　　　　　　　　　　B. R 形
   C. S 形　　　　　　　　　　　　D. W 形

15. 船体单向曲度板一般采用机械冷弯法弯曲加工;量少的复杂曲度板先用冷弯机械加工出一个方向的曲度,然后再用水火弯板法加工出其他方向的曲度;批量较大的复杂曲度板加工,常常采用的方法是: （　　）

    A. 三辊弯板机加工   B. 水火弯板法

    C. 在压力机上安装专用压模压制成形   D. 机械冷弯法

16. _____切割主要被用来切割各种高熔点材料,耐热合金、超硬合金等特种金属材料、半导体材料和塑料等非金属材料。 （　　）

    A. 气割   B. 数控切割

    C. 激光切割   D. 等离子切割

17. 简单曲度板的冷弯成形主要采用_____加工成形,复杂曲度板冷弯成形设备主要是: （　　）

    A. 三辊弯板机;液压机   B. 折边机;水火弯板

    C. 液压机;三辊弯板机   D. 水火弯板;折边机

18. 综合比较自然冷却法(简称空冷)、正面跟踪水冷却法(正冷)和背面跟踪水冷却法(背冷)等冷却方法,目前水火弯板法中最常用的冷却方法是: （　　）

    A. 正面跟踪水冷却法   B. 自然冷却法

    C. 背面跟踪水冷却法   D. 强制风冷法

三、判断题(对的打"√",错的打"×")

1. 船体结构钢材在使用前,表面常存有不平、弯曲、扭曲、波浪形等缺陷。 （　　）

2. 钢板矫正机的类型有撑床和压力机。 （　　）

3. 表面清理是指清除钢材表面的氧化皮和铁锈,俗称除锈。 （　　）

4. 抛丸机的形式有离心式和向心式。 （　　）

5. 钢板预处理流水线的工艺流程是:钢板输入→加热除去水分→抛丸除锈→喷涂底漆→烘干→输出。 （　　）

6. 利用电子计算机确定船体零件的形状,再将这些零件图形置于钢板边框内进行合理排列的过程,叫作数控套料,再配以数控切割,可省去号料工序。 （　　）

7. 复合钢板系指由基体材料和在其单面或双面上整体结合的薄层(覆层金属)所组成的板材。适用于化学制品运输船的容器和液货舱。 （　　）

8. 除了钢的化学成分以外,介质的种类、浓度、温度和压力等,对不锈钢的耐蚀性也有很大的影响。 （　　）

9. 不锈钢按化学成分不同可分为铬不锈钢及铬镍不锈钢两大类。 （　　）

10. 船体构件边缘加工的工艺方法有机械剪切、刨边和肋骨冷弯。 （　　）

12. 机械剪切的刀刃有斜口和平口两种形式,前者用于剪切热态金属坯料及比较窄而厚的板材,后者用于剪切宽厚比较大的板材。 （　　）

13. 数控切割机的割炬除在控制机的控制下能做平面移动外,还具有自动升降和旋转等功能,因而能切割不同厚度和任意形状的船体构件。 （　　）

14. 激光切割主要被用来切割各种高熔点材料,耐热合金、超硬合金等特种金属材料,也可切割硅、锗等半导体材料和塑料等非金属材料。 （　　）

15. 液压机是利用液体的可压缩性,并能传递等压强的特点,通过一定的机构产生出巨大的工作压力。 （　　）

16. 气割的实质是金属在氧气中的燃烧,通常可分为预热、燃烧、去渣三个阶段。

( )

17. 船体构件主要的成形加工方法有机械冷弯法和水火弯板法。 ( )

18. 影响水火弯板工艺成形的因素有加热线、加热参数和板材厚度。 ( )

19. 气割用氧气瓶上的氧气表的作用有两个:减压作用和增压作用。 ( )

20. 目前,水火弯板的冷却方式有自然冷却、正面跟踪水冷却和背面跟踪水冷却三种。

( )

四、简答题

1. 船体结构用钢材有哪几类?

2. 高强度船体结构用钢有哪些特点?

3. 引起钢材变形的原因有哪些?

4. 钢材表面清理方式有哪几种,各有什么特点?

5. 钢板预处理流水线的工艺流程是什么。有何特点?

6. 说一说船体构件加工方法的分类情况。

7. 船体型钢构件有哪些成形加工方法?

8. 船体构件上的焊接坡口有哪些加工方法?

9. 金属能被氧炔气割的条件是什么?

10. 机械剪切和气割的特点各是什么?

11. 气割的主要工艺要求有哪些?

12. 简述型材弯曲加工有哪些方法。

13. 水火弯板的主要工艺要求有哪些?

14. 试说明可展曲度外板加工线的确定方法。

15. 船体钢料加工可组织成哪几种典型工艺流程?

项目4　船体部件装配

●项目要求

知识要求

1. 掌握船体大面积平直板列拼接的方法与工艺过程；
2. 掌握T形梁装焊的方法与工艺过程；
3. 掌握肋骨框架装焊的方法与工艺过程；
4. 熟悉主机、辅机基座装焊的方法与工艺过程；
5. 熟悉艉柱和艏柱装焊的方法与工艺过程；
5. 了解舵叶和烟囱等其他构件装焊的方法与工艺过程。

能力要求

1. 能编写船体大面积平直板列拼接的工艺流程与施工要领；
2. 能编写T形梁的装焊工艺流程与施工要领；
3. 能编写肋骨框架装焊的工艺流程与施工要领；
4. 能编写主机、辅机基座装焊的工艺流程与施工要领；
5. 能编写艉柱、艏柱装焊的工艺流程与施工要领；
6. 能编写舵叶、烟囱等其他构件装焊的工艺流程与施工要领；
7. 经过实训后能进行典型部件如T形梁、肋骨框架的装配实体。

　　船体装配工艺随着造船材料和连接技术的发展而变化,目前的钢质船舶焊接船体的装配过程,大致由下列四个步骤组成:
　　(1)将各个船体零件装配焊接成船体部件。
　　(2)由船体零件和部件装配焊接成各种船体分段或总段。
　　(3)由平面分段、曲面分段和零、部件装焊成大型立体分段或总段。
　　(4)在船台上(或造船坞内)将分段、大型立体分段和总段组装成整个船体。
　　前三个步骤通常称为船体结构预装配工艺。所谓船体零件是指经号料、加工后可供装配的船体构件,如肋骨、横梁、肋板、外板等。船体部件是指两个或两个以上的船体零件装焊成的组合件,如各种焊接T形梁、肋骨框架、艉柱、舵、带缆桩等。船体分段是由船体部件和零件组合而成的一部分船体,它又可分为平面分段、曲面分段、半立体分段、立体分段和大型立体分段,如隔舱壁、甲板、围壁等分段;曲面分段有舷侧、单层底、艏部等分段;立体分段有双层底、上层建筑、甲板室、边水舱、艏部、艉部等分段;半立体分段则介于平面、曲面分段和立体分段之间,如舷侧带甲板边板、舷侧带部分隔舱壁、甲板带半高围壁等分段。船体总段是由船体分段、部件和零件组合而成的具有一定长度的船体环形封闭体。大型立体分段类似于船体总段。预装配不仅能使大部分的船体装配焊接工作移至室内进行,改善了劳动条件,提高了装焊质量,而且为建立专业生产流水线,实现装焊操作过程机械化创造了条件。

从广义上来说,船体装配既包含装配的内容,又包含焊接的内容,所以,船体装配与焊接(即装焊)可以概称为船体装配。

任务 4.1 船体大面积平直板列的拼接

船体的各层甲板、平台、纵横舱壁、围壁、内底板和平直的外板等大面积平板,均可预先拼板,其过程为:

1.铺板除锈

按照施工图纸(或草图)的要求,将钢板铺放在平台上,并核对钢板上所注的代号,首尾方向、肋骨号码、正反面、直线边缘平直度、坡口边缘的准备工作,在铺板过程中应尽量利用空余场地,尽可能将板排列整齐,以减轻拼板时拉撬钢板的工作。

钢板在拼接前,其边缘均须除锈(已进行抛丸除锈预处理工艺者除外),要求用砂轮除锈直至露出金属光泽为止,以保证焊接质量。

2.钢板拼接

钢板拼接时,一般先将正确端的边缘对齐,用松紧螺丝紧固,对于薄板可用撬杠撬紧。如果不用松紧螺丝紧固,在定位焊时要先在中间和两端固定,然后再加密定位焊。

拼板时,在兼有边、端缝的情况下,一般先拼装边缝。若先拼装端缝,由于边缝尺度较长,定位焊的收缩变形较大,可能产生间隙,则边缝的修正量就较大。而在焊接时,为了减少焊接应力,应先焊端缝,后焊边缝。

采用自动焊时因起弧点与熄弧点处的焊接质量较差,为了消除这种缺陷,在钢板拼接整齐后,可在板缝两端设置引弧板和熄弧板,这种工艺板的规格一般为100 mm×100 mm左右,厚度与所拼板厚度相当。

目前不少船厂已采用单面焊双面成型自动焊拼板工艺。这种工艺的反面成型有两种方法:一种是采用随焊机移动的滑块使板面成型,称为滑块焊接;另一种是用固定的衬垫使反面成型,称为压力架焊接。

滑块焊成型时两板间需留有一定的间隙δ、δ_1(表4-1),δ与δ_1的数值根据板的厚度而定,起弧端处的间隙为δ,熄弧端处的间隙为δ_1,且$\delta>\delta_1$,因为焊接过程中板缝有逐渐增大的趋势,这种趋势将随板的厚度和长度的增大而增大。

表4-1 滑块焊钢板间隙值　　　　　　　　单位:mm

板厚	6	8	10	12	14	16	18	20
δ	4	4	4	5	5	5	5	5
δ_1	3	3	3	4	4	4	4	4

滑块焊时,由于焊机小车在板缝中通过,故不进行定位焊,而是用梳妆马将钢板固定,在板缝两端各放一只,其余数只放在板缝长度等分处。梳妆马的规格约为150 mm×80 mm×8 mm以上时,焊接时板缝的伸张力较强,在熄弧处的马板规格为500 mm×100 mm×10 mm,而其余的梳妆

马均为一般规格。马板的定位焊应尽量焊在马板的同一侧两端,不能焊在靠近板缝处,以免影响焊机的焊接,也不能焊在马板两侧,否则不易被拆。当焊机到达马板附近时,即把马板敲掉。在两马板之间的钢板可能有不平之处,但焊机本身有压平钢板的装置,在钢板焊接前即能将钢板压平。滑块焊的除锈要求可稍低些,一般只用风刷把铁锈除去,故可省工省时。

压力架焊接方法也是单面焊双面成型,但钢板的固定不是采用梳妆马或定位焊的方法,而是用压力架对钢板加压,使之固定,接着在焊缝两端装上引弧板和熄弧板再进行焊接。钢板之间在整条焊缝上的间隙是相等的。当钢板厚度在 10 mm 以下时,间隙为4 mm。

任务 4.2 T 形梁的装焊

T 形梁由腹板和面板组成。船体结构中强肋骨、强横梁、舷侧纵桁、舱壁桁材和单底船的肋板、中内龙骨都是 T 形部件。T 形梁分直 T 形梁、弯 T 形梁两类。凡是面板平直的为直 T 形梁,面板弯曲的为弯 T 形梁。一般都在平台上进行装焊,直 T 形梁多采用倒装法,弯 T 形梁则采用侧装法。对具有腹板扶强材的 T 形直梁,待腹板与面板组装妥后,将按扶强材的位置线来安装腹板扶强材。

4.2.1 直 T 形梁的装焊步骤

直 T 形梁的装焊步骤如图 4 – 1 所示。

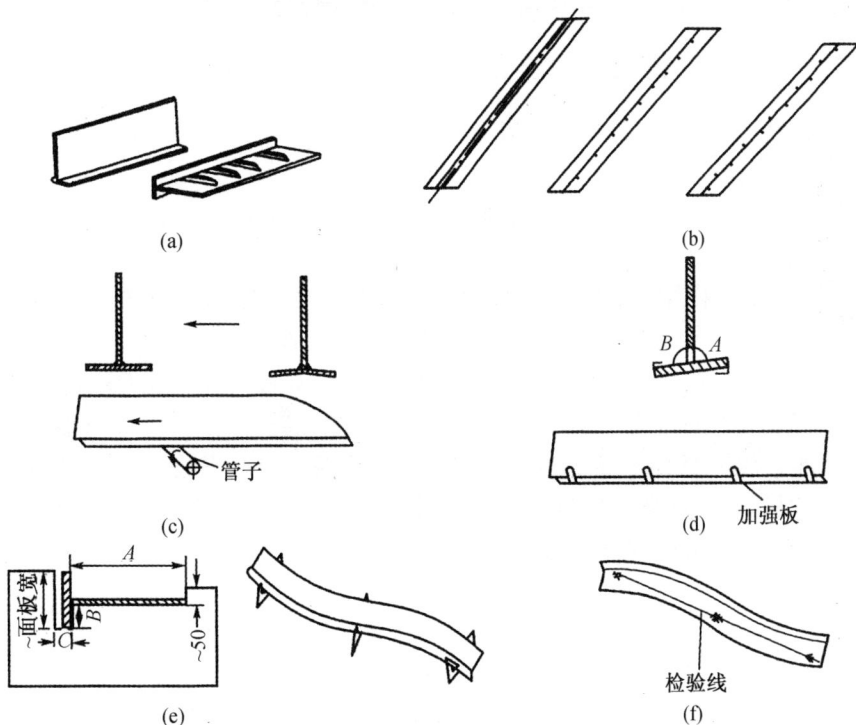

图 4 – 1 T 形梁装配图

(a)T 形直梁;(b)画梁;(c)腹板安装;(d)临时加强;
(e)T 形弯梁侧装;(f)检验直线

1. 简要装焊步骤

胎架准备→面板、腹板预拼装→吊装面板→在面板上画线→腹板安装→焊接→检验→矫正。

2. 装焊步骤说明

先将面板和腹板在平台上整齐铺开,并按图纸要求检查规格尺寸是否相符,T 形梁的面板和腹板需各自拼接的,应在组装前先予拼焊。板厚大于 6 mm 的对接缝还要开坡口,拼接后的板材如有变形则需矫正,采用自动焊或半自动焊的,还需除净铁锈。

然后,按图纸要求确定面板与腹板的相对位置,并在面板上画出腹板的安装位置线。如对称 T 形梁面板上的腹板安装线,距离面板边线为 1/2 面板宽度 ±1/2 腹板厚度,一般只画出一条线并标上厚度记号。对采用手工焊的,在面板上还要标出间断焊接符号,对连续焊的应注明焊接高度。

直 T 形梁常采用倒装法装配。在倒装过程中,可在腹板与面板定位焊一侧,预先加放一定的反变形,使夹角成"开尺"(大于 90°),以抵消定位焊引起的角变形,还可将面板预先轧出反变形角度,以消除焊接角变形,这些反变形数值一般凭经验确定。为了消除装配时可能出现的腹板与面板间的间隙,可在面板下面垫一根钢管,上面垂向对线安放腹板,这样从一端向另一端边滚动边定位焊。也可以采用侧装法装配,这时只要当面板与腹板间的夹角经测量符合要求即可进行定位焊,并在面板与腹板间焊上临时加强材作为加强,以免焊接、吊运时引起部件的角变形。然后焊接,面板与腹板间的角焊缝一般为双面交错间断焊,采用手工电弧焊完成。特殊情况下,亦有单面或双面连续焊的,如果宽腹板上有扶强材,则须将腹板与面板装焊完后,再焊接扶强材与腹板的连接焊缝。

4.2.2 弯曲 T 形梁的装焊步骤

弯曲 T 形梁的装焊步骤仍如图 4-1 所示。

1. 简要装焊步骤

胎架准备(马板)→铺腹板→面板上画线→面板安装→焊接→检验→矫正。

2. 装焊步骤说明

弯曲 T 形梁大多采用侧装法,并需按照 T 形部件的形状制作搁架马板,图中 A 的尺度一般比腹板宽度小 5~6 mm,B 等于面板安装线宽度,C 则比面板厚度大 10~15 mm,马板的尺度还应按实际情况,考虑部件拼装后取出方便,并使马板具有足够的刚性。装配时,先将腹板铺在马板上,然后将面板插入,利用铁楔压紧,即可进行定位焊。为了保证部件的正确曲型,便于矫正焊接变形,在腹板号料时应作一根或两根检验直线,并打上标记。这样经过装配焊接后,只要按标记检验其直线度,即可判别部件曲型正确与否。面板与腹板的角焊缝形式与 T 形直梁相同,焊脚高度视板厚而定。

任务 4.3 肋骨框架的装焊

肋骨框架分普通肋骨框架和强肋骨框架。普通肋骨框架由肋板、普通肋骨、普通横梁、梁肘板、舭肘板组成的环形框架;而强肋骨框架由肋板、强肋骨、强横梁、肘板组成的环形框架。两者装焊都采用侧装法。

肋骨框架装配前,应该先在钢板平台上画出左右对称的全宽肋骨型线图(图 4-2)。型值由放样间提供,其画法步骤是:作出全宽肋骨型线图的格子线(包括辅助水线和辅助纵剖线),按放样型值依次逐根画出左右对称的肋骨型线及甲板梁拱曲线,再画出纵向结构线和外板接缝线。全宽肋骨型线图可按框形式与结构强弱来分开画出,或按不同总段(及立体分段)而分别画出,以便平行作业,提高生产效率,至于分多少,怎样分,则要根据不同的建造方法来确定。这样,全宽肋骨型线图就作为肋框装焊时对线定位和检验的依据。

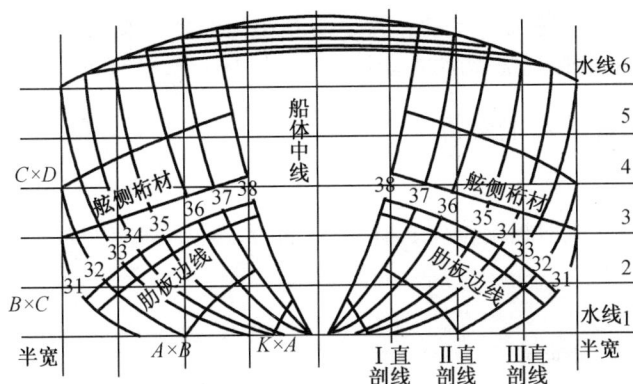

图4-2 全宽肋骨型线图

4.3.1 普通肋骨框架的装焊

1. 简要装焊步骤

胎架准备→肋板、普通肋骨、普通横梁定位→梁肘板、舭肘板定位→画线→临时加强→焊接→检验。

2. 装焊步骤说明

装焊步骤如图4-3所示。

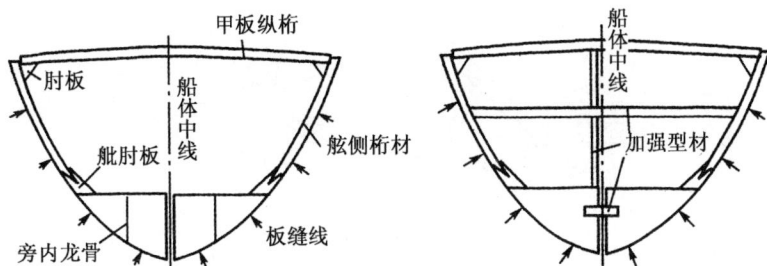

图4-3 普通肋骨框架装配

普通肋框的结构简单而数量多,其装配焊接具体步骤为:

(1)肋板、肋骨、横梁定位。将同号的肋板、肋骨、横梁与同号型线对准,并用马板、铁楔固定。

(2)安装横梁肘板和舭肘板。安装应注意整个框架平整无扭曲现象。

(3)画线。普通肋框拼好,按肋骨型线上的中心线、纵向构件(甲板纵桁、舷侧纵桁、旁内龙骨)位置线、外板接缝线、水平线等记号,用铳印白漆标画在肋框上,供分段装配时定位和安装构件用。

(4)临时加强。为了保证分段型线的正确,防止肋骨框架变形,在肋骨框架拼妥后,需焊上临时加强型材。对于分段接头处的肋骨框架,一般起着假舱壁的作用,更需特别加强。

临时加强应避开前述所画的各种线。

（5）焊接。将框架上面的所有焊缝对称焊好,吊运翻身后,再将另一面的所有焊缝对称焊好。普通肋骨框架的所有焊缝均为连续焊缝。

至此,普通肋骨框架装焊完毕。在装配甲板舱口处的肋骨框架时,因横梁是反向的,装配时应特别加以注意,以免发生差错。为了防止吊运时产生变形,对舱口区域的间断横梁及被中内龙骨断开的肋板均需做临时加强。

4.3.2　强肋骨框架的装焊

1. 简要装焊步骤

胎架准备→肋板、梁肘板定位→强横梁、强肋骨定位→嵌装肋板、梁肘板→焊接→画线→检验。

2. 装焊步骤说明

装焊步骤如图4－4所示。

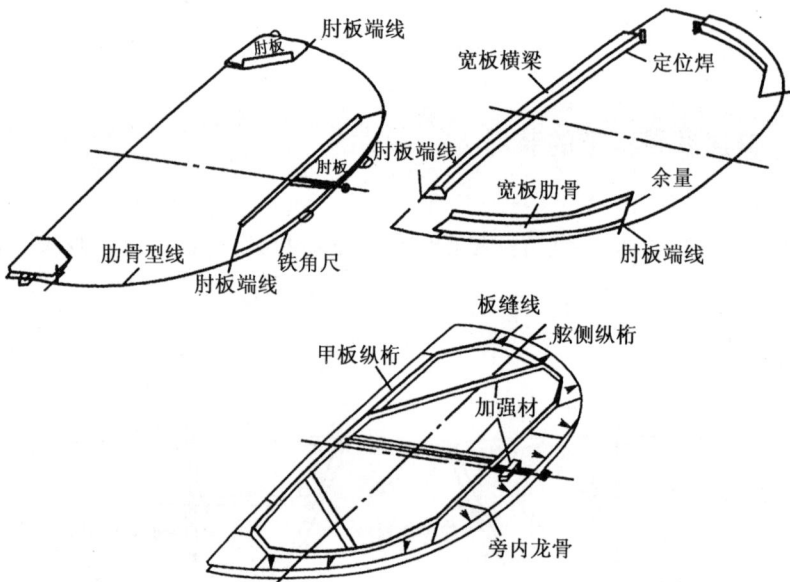

图4－4　强肋骨框架装焊

强肋骨框架的装焊与普通肋骨框架不同,强横梁、强肋骨、肋板都是对接的,所以都要经过余量画线和切割后,再进行装配。它的装配焊接具体步骤如下:

（1）肋板及梁肘板的定位。将肋板和梁肘板先放到肋骨型线上,用木楔垫平,使腹板呈水平状态,用铁角尺将两端断线移画到肋骨型线上,再将肋板和肘板移开。

（2）强横梁与强肋骨的定位画线。方法与上述肋板定位相仿,随后在面板两端与平台进行定位焊,再将肋板、肘板的断线移划到强横梁与强肋骨上,切割余量并去渣。

（3）嵌装肋板与梁肘板。用角尺复验肋骨框架的外形是否与型线相吻合,如有局部凸出,需再进行修割。安装临时加强材及支柱后,再用铁角尺将纵向构架线、中心线、水平线、外板接缝线移划到框架上。

（4）焊接。对称焊接框架正面的所有对接焊缝,然后吊运翻身开槽(刨槽或铲槽)后,再对称焊接框架另一面的所有对接焊缝。

各种肋骨框架的外形应与型线吻合,允许误差为 ±1 mm,考虑焊接收缩变形,装配时零件要放在肋骨型线的外缘,使其收缩后仍能符合型线要求。

肋骨框架拼装时应保持平整,不应有歪斜,肋骨框架装焊后,在吊运翻身时产生了变形,则需进行矫正,并再次按肋骨型线进行复验,合格后才能吊离。

任务4.4 主机、辅机基座的装焊

主机基座是专为船舶上动力设备主机设置的一个底座。根据不同类型的主机,主机基座的结构也有所不同,中小型船舶的主机基座是由两列纵向桁材、多个横向隔板和加强肘板组成,称为纵向桁材式主机基座(图4-5)。而大型船舶的主机基座是由两列箱形纵桁、多个横向隔板、加强肘板和主机润滑油舱等组成,称为箱形桁材式主机基座。纵向桁材式主机基座和箱形桁材式主机基座装焊时大都均采用倒装法。下面以纵向桁材式主机基座为例说明其装焊工艺。

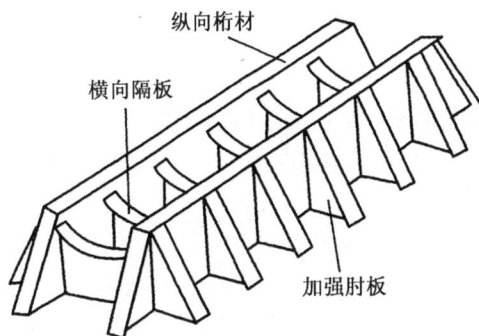

图4-5 主机基座结构

4.4.1 简要装焊步骤

纵向桁材、横向隔板、加强肘板小部件的装焊→胎架准备→吊装主机基座纵桁定位→横向隔板定位→加强肘板定位→焊接→检验、测量。

4.4.2 装焊步骤说明

1. 小部件装焊

主机基座的纵向桁材、横向隔板及加强肘板都是T形小部件,它的装配方法与前面介绍的T形梁的装配方法相似,但作为主机基座又有它的特殊要求,如图4-6所示。

主机基座上表面的平整度要求较高,纵向桁材在装成T形小部件时,要认真检查腹板上口的平直度。纵向桁材的腹板与面板的相对位置,腹板不在面板的分中线上,在拼装时注意左、右两列纵桁材的对称。由于每列纵向桁材本身不对称,在电焊之前要采取加强措施,以防焊接变形及确保腹板与面板垂直。横向隔板和加强肘板的腹板是安装在面板的分中线上的。

小部件焊接以后,要经过火工矫正,特别是纵向桁材的矫正,其要求较高,需仔细复验,以确保机座上表面的平整。

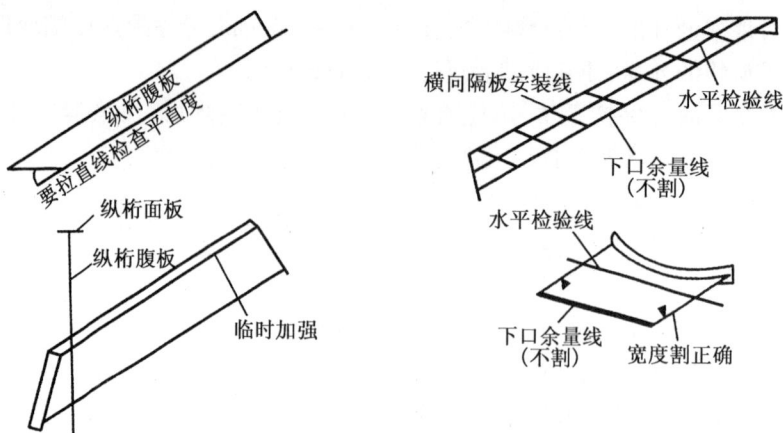

图4-6 小部件装焊

纵向桁材的画线和加强肘板的安装对已焊妥及经矫正的纵桁,按样板或草图画出横向隔板和加强肘板的安装线、水平检验线和余量线。同样对横向隔板也要进行画线工作,标出水平检验线正确的宽度线和下口余量线。

安装的双层底内底板上的基座,下口在同一水面上的,加强肘板可预先安装到纵向桁材上,不会影响基座总装。对于基座下口有型线而不在同一水平内的,加强肘板暂时不装,可在分段装配或船体总装时再装。

基座纵向桁材和横向隔板的下口余量是考虑基座总装的需要而加放的,因此基座装配时不割除,留待基座吊装时再切割。对于横向隔板的宽度尺寸要求较高,一定要在基座装配之前切割正确,以确保基座的宽度与主机底脚宽度相符。

2. 主机基座的装配

主机基座的外形尺寸要求很高,特别是基座上表面的平整度。装配时,对基准面的平整度要仔细检查,一般的平台由于变形较大,平整度差,所以主机基座的装配通常是在胎架上或经过刨光的铸铁平台上进行的。胎架可以比较简单,它的高度为500 mm左右,以装配时便于操作为宜。下面以反造法装配主机基座为例阐明其工艺流程(图4-7)。

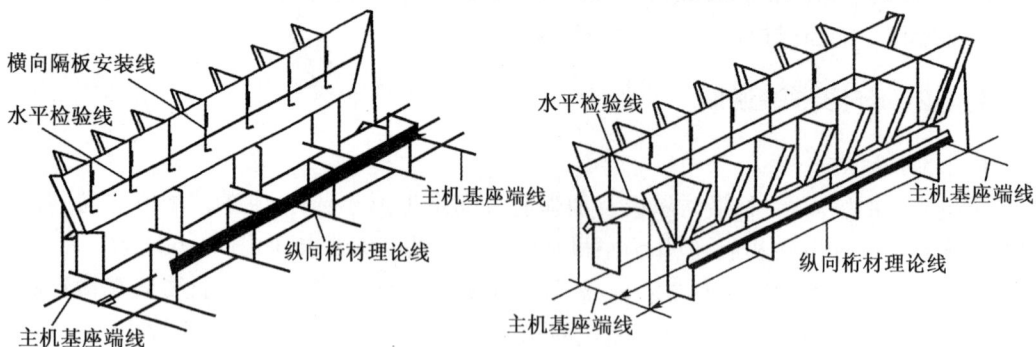

图4-7 主机基座装配

在平台上按照图纸尺寸画出基座的各种理论线,再按需要设置胎板,然后将纵桁中的一个倒吊着放上胎架,使纵向桁材在平台上的投影与平台上纵向桁材的理论线完全吻合。然后,将纵桁与胎架定位并固定,必要时可加设角钢支撑。以同样的方法将另一个纵向桁材倒吊上胎架进行定位,但不要与胎板固定,这是为了在宽度方向稍有伸缩,仅用临时支撑定位,以防纵桁翻落。

安装横向隔板是先将艏、艉两块装上纵桁,使主机基座的宽度基本固定。安装时根据纵向桁材上的横向隔板安装线进行,并要使横向隔板的水平检验线与纵向桁材的水平检验线吻合。装配可借助松紧螺丝调节两列纵向桁材的宽度,使首尾横向隔板能方便地嵌入。横向隔板嵌入后,还需复验两列纵桁的间距,间距正确后方可进行定位焊。基座的四角定位后,再嵌入中间的横向隔板。

3. 主机基座的焊接

装配完毕后,即可进行焊接工作。由于主机基座的制造精度要求较高,因此在焊接时必须严格遵守焊接程序。

有些不设横向隔板的主机基座,只有纵向桁材和加强肘板,这类基座的装配较简单,可直接在平台上装配而不必在胎架上装配。

主机基座在装配焊接结束后,拆去胎架上的定位焊,还需按照主机基座的水平检验线进行复测,然后根据变形情况,采用措施进行矫正,使之符合主机安装的要求。

辅机基座结构较简单,基座面积较小,一般不用胎架,而是直接在钢板平台上进行装配。但辅机的种类很多,各种基座的结构形式差异很大,而安装的位置也各不相同,有的安装在内底板上,有的安装在舷侧板上,有的倒置于甲板下面,也有的安装在舱壁上。所以,在装配前应对辅机基座的安装部位有所了解,还要明确是安装于右舷还是左舷,是艏部还是艉部。另外,造两个同一类型的辅机基座时,需考虑是否左右舷对称等情况。

辅机基座的装配步骤与主机基座基本相似:

(1)装配 T 形小部件,焊后并予矫正;

(2)在平台上画出辅机基座的理论线;

(3)取辅机基座的底面或顶面作为基准面,在平台上正装或倒装,为了防止焊接变形,应做必要的加强。

装焊结束后要进行复测并矫正变形。

任务 4.5 艉柱和艏柱的装焊

4.5.1 艉柱的装焊

艉柱由铸钢、锻钢制成或与钢板组合而成。大型船舶一般采用铸钢结构。艉柱的形式复杂且受铸造设备的限制,所以要分成几段浇铸,再经过装配焊接而成为一个整体。

艉柱焊接采用电渣焊,焊时热量很大,容易产生变形。而艉柱又是舵和螺旋桨的支承,既需要有足够的强度,又要求外形正确,因此对艉柱的质量要求很高。为了保证装配质量和便于施工,一般艉柱装配都是在胎架上采用卧式装配法进行的,胎架设在平台上。下面介绍铸钢艉柱的装配方法。

1. 简要装焊步骤

平台上画出艉柱轮廓线、轴线、舵杆中心线、水线、肋骨线→竖立艉柱安装模板→吊装艉柱零件→开准对接坡口→吊对艉柱型线、尾轴与舵轴中心→装配定位→加强→焊接→拆除模板定位焊→矫正变形→(焊缝热处理)→修顺与外板的搭接边缘→测量。

2.装焊步骤说明

(1)接头端面的准备。以图4-8为例,该艉柱共分6段,有5个接头,采用电渣焊焊接。

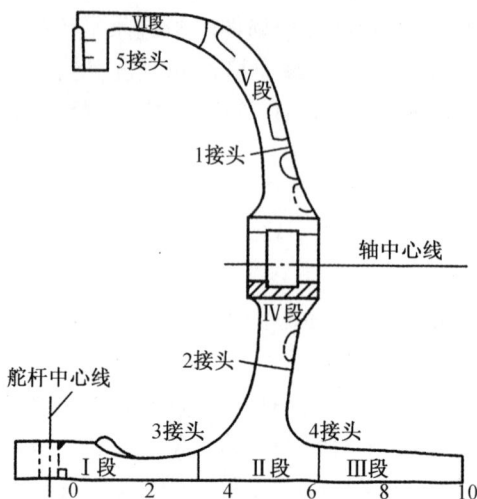

图4-8　艉柱分段示意图

接缝线面由放样提供样板,经过机加工切削平整,并在画线平台上标画出各段的中心线,作为装配的依据。接头端面除用机床加工外,也可用碳弧气刨、批铲、砂轮磨削等方法加工。在接头的下方需用40 mm×90 mm的方钢做衬底,固定于下口,焊接结束后拆除。艉柱各接头经过电渣焊后变形较大,因此在装配时要采取反变形措施,使其经过电渣焊变形后能符合质量要求。

(2)平台上画线和制造胎架。艉柱装配前,先在平台上用艉柱中纵剖面型线样板画出整个艉柱的轮廓线、舵杆中心线、尾轴中心线等,作为各艉柱分段定位和装配的依据(图4-9)。

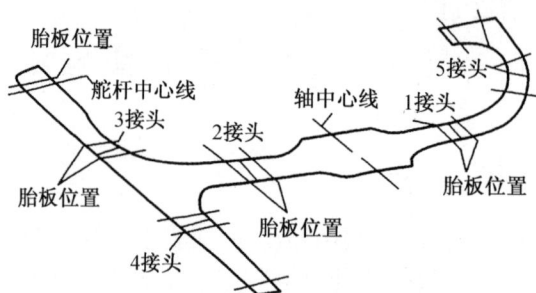

图4-9　绘制艉柱轮廓线

根据艉柱铸件的短线竖立胎板,一般是每段铸件两块胎板,考虑平稳也可竖3块胎板。胎板要求与平台垂直,支撑牢固。胎板竖立后,可用水平软管或激光水平仪标画出艉柱中纵剖面的水平线,根据这一水平基线和各处的艉柱断面样板,即可在各胎板上画线,并预放反变形值。复测认可后,进行准确切割,便制成了艉柱胎架。

(3)装焊艉柱。艉柱经电渣焊后,按照船舶建造规范的要求,必须对焊缝进行热处理,以消除内应力,稳定焊后的形状,防止再发生变形。小艉柱可整体放进炉内,而大艉柱则无法整体进炉,可分段进行热处理。

①Ⅰ、Ⅱ、Ⅲ三段铸件的拼接(图4-10):先对Ⅱ段进行定位,使Ⅱ段的水平基线水平,外形轮廓与平台型线吻合,再将Ⅰ段吊上胎架,使Ⅰ段水平基线与水平线成一夹角C,大小则由3号接头间隙值来确定。此外,还需检查舵杆中心线是否正确。以同样的方法对Ⅲ段进行定位。焊前还应将焊件与平台用型钢牢固连接,以防焊接变形。进行电渣焊,焊后先进行这一组合件的热处理。

②Ⅴ、Ⅵ两段铸件的拼接(图4-11):两段铸件的中心线也成一夹角,其大小由5号接头间隙值所确定,其他要求同前述。电渣焊结束后即可进行热处理。

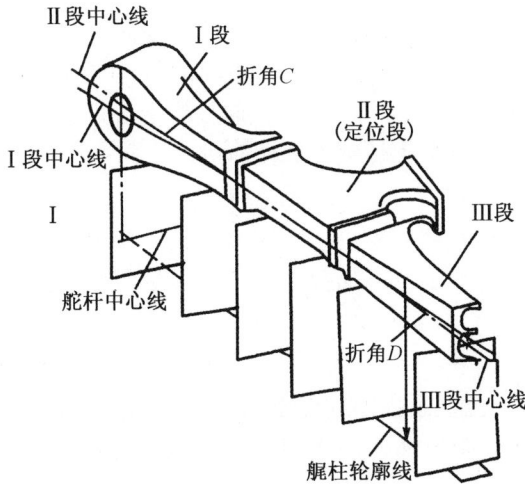

图4-10 Ⅰ、Ⅱ、Ⅲ的装焊

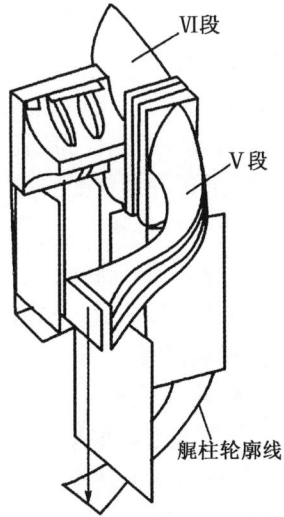

图4-11 Ⅴ、Ⅵ的装焊

③艉柱整体的装配(见图4-12):先将Ⅳ段吊上胎架,定位时要放水平,并用线锤对准艉轴中心线,轴端面要垂直平台,与平台上的型线对应,固定后再吊上Ⅰ、Ⅱ、Ⅲ段组合件和Ⅴ、Ⅵ段组合件,这3大段的中心线也成一夹角,其大小由1号、2号接头间隙值来确定。待电渣焊结束后,这两个接头可就地进行热处理。

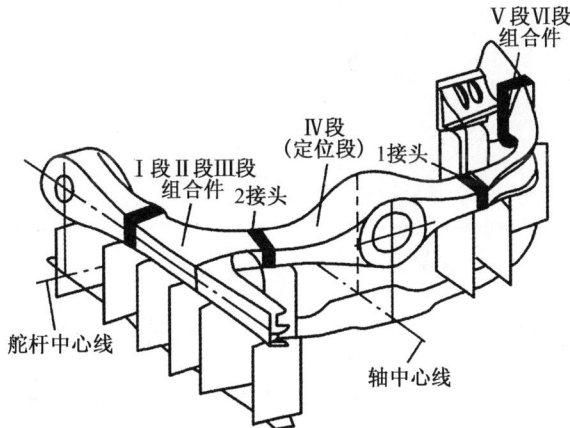

图4-12 艉柱装焊

4.5.2 艉柱的装焊

根据制造方式,艉柱可分为锻造艉柱、铸造艉柱、钢板焊接艉柱和由铸钢加钢板焊接混合组成的艉柱等几种形式。

锻造艉柱断面形状一般比较简单,常呈矩形。目前,锻造艉柱仅用于小船上。钢板焊接的艉柱重量较小,便于维修,但容易变形,承受外力不大。铸造艉柱能够承受较大型的外力,但重量大。目前,整个艉柱都采用铸造的很少。较大型的船舶上,利用钢板焊接艉柱和铸造艉柱的优点,做成混合式的艉柱。在设计水线附近及以下部分,型线较瘦削,承受外力大,强度要求高,采用铸钢,而在设计水线以上的部分,采用钢板焊接。

艉柱装配在胎架上进行,有正装和侧装两种。所谓正装,它的胎架基面垂直于中纵剖面。这种方法适用于较平直的艉柱。而侧装(卧式装配法)胎架的基面平行于中纵剖面。

现以某万吨船艉柱为例,介绍艉柱的装配方法(图4-13)。艉柱为钢板焊接和铸钢件混合组成,采用卧式装配法。首尖舱平台以下部分由铸钢件焊接而成。

1. 简要装焊步骤

平台上画出艉柱轮廓线、中心线、肋骨线、水线和直剖线→竖立艉柱安装模板→吊装艉柱零件(包括艉柱包板)→开准对接坡口→装配定位→加强→焊接→拆除与模板间定位焊→矫正变形→测量。

2. 装焊步骤说明

(1)制造胎架。根据艉柱型线样板在平台上画出艉柱轮廓、铸件接缝线、胎板位置等。竖立胎板,标出水平基准线,按艉柱断面样板画出断面型线,并进行切割,其方法与艉柱胎架的制造方法基本相同,图4-14所示。

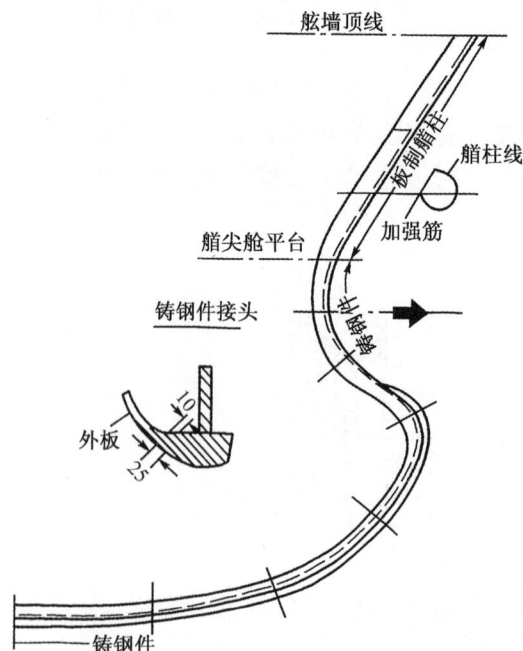

图4-13 艉柱

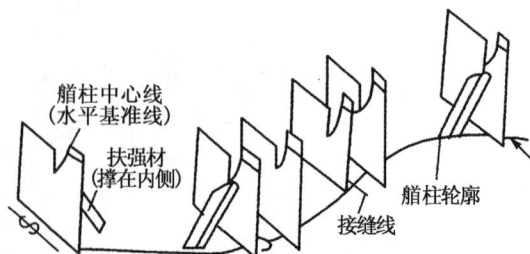

图4-14 艉柱胎架

（2）接头形式：

①艏柱铸件相接，采用双 U 形坡口的手工焊，因此接头形式不同于艉柱铸件的对接。采用双 U 形坡口形式，既能保证艏柱的强度，又能减少焊接工作量，并可减小焊接变形。

②艏柱铸件与船体外板的连接采用搭接形式。为了保证外板与铸钢件能牢固连接，在搭接部位铸件的渣皮要清除干净。渣皮清除的质量对焊缝强度有直接影响，这项工作要在铸件装配之前进行。铸件渣皮可用碳刨清除。

（3）铸件的拼接。先将中间一段铸钢件吊上胎架进行画线（图 4-15）。待铸件中心线及外行轮廓线相符合后，稍作固定，即可用线锤按平台上的接缝线位置反驳到铸件上，并画出断线。将铸件吊下胎架进行切割，并割出双 U 形坡口。

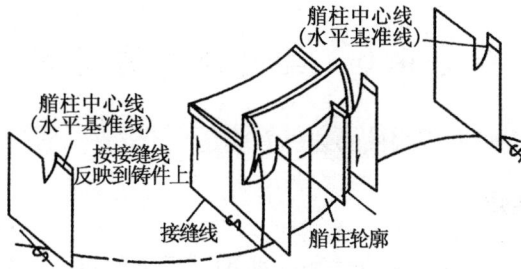

图 4-15　在胎架上画余量线

在中段铸件吊出胎架后，将另两段铸件吊上胎架进行定位，以同样方法在此两段铸件上画出断线，并即在胎架上进行切割，接头也割成双 U 形坡口。

清理铸件接头处双 U 形坡口。将中间段铸件吊上胎架进行拼接时，要使接头处型线和顺，构件对准，以保证强度。拼装好的艏柱（图 4-16），要与胎架或平台牢固连接，在接缝上加马板后再进行焊接。

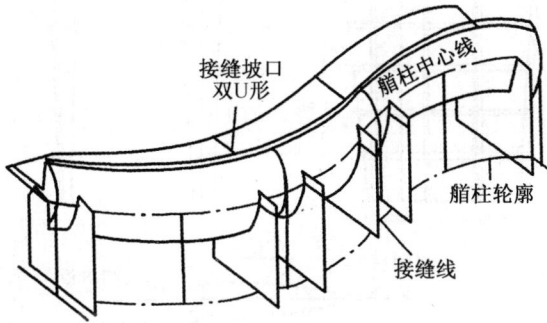

图 4-16　艏柱的焊接

按照上述方法，将艏柱铸钢件逐段拼接。小合拢的段数是根据艏分段建造工艺确定的。

在艏尖舱平台以上一段艏柱，是在胎架上由钢板拼焊而成，并采用卧式装配法。它的装配是按图 4-17 中所示的（1）~（4）程序。在装配之前用内卡样板对艏柱板的形状进行复查，所有横向加强肘板都要用样板重新画线，肘板装上艏柱板时，不能使艏柱板有局部凸出或凹陷，以保持艏柱型线的光顺。

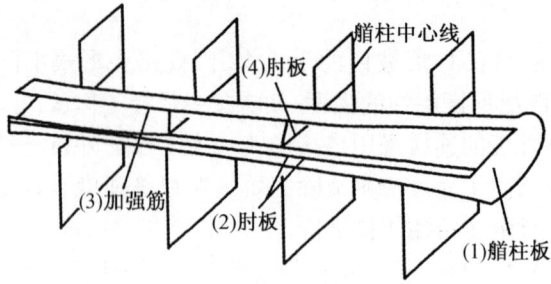

图 4-17 钢板艉柱段装配

任务 4.6 其他部件的装焊

下面主要介绍舵叶和烟囱等构件的装焊方法。

4.6.1 舵叶的装焊

舵按剖面形状分有平板型舵和流线型舵两种。平板舵目前已较少采用。流线型舵的阻力小、水压力大,得到广泛应用。下面主要介绍流线型舵的装配方法。

1. 舵的结构组成

从图 4-18 所示的舵叶结构可以看出:舵叶截面呈流线型,这是根据实践经验和模型试验而确定的。

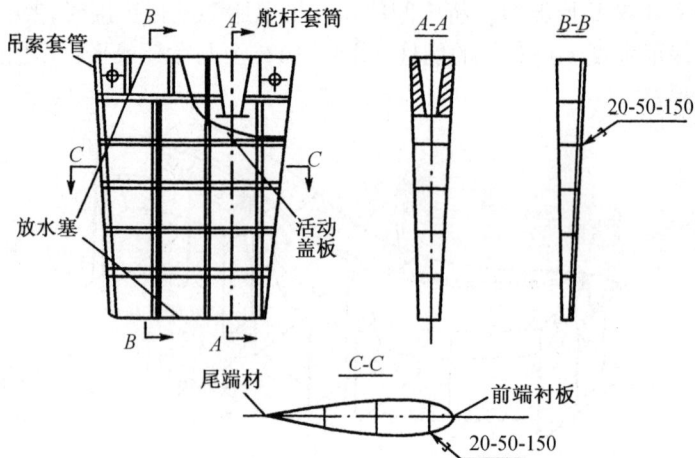

图 4-18 舵叶结构

(1)舵板的一侧与水平隔板、垂直隔板以塞焊相连。所以,水平隔板与垂直隔板都装有面板。

(2)舵叶的尾端材由扁钢制成,以增加尾端的刚性,又起连接作用,使横截面逐渐减少,有稳定水流的作用。

(3)在首端舵板相接处,有一弧形的前端衬板。

(4)舵叶与舵杆是通过舵杆套筒(铸钢)相连接,连接处有活动盖板,四周的纵横隔板要求水密。

（5）顶板与下底板上有放水塞,供注水或充气试验其密性之用,或灌注防锈漆及灌油等用。另外还有吊索套管,供起吊舵叶用。

2. 舵的质量要求

舵叶的质量要求是:舵叶的横剖面必须对称于中心面,否则,左右两侧的水流压力就不相等,会产生一个附加力矩,直接影响对舵的操作;舵叶表面必须光顺,无局部凸出或凹陷;整个舵叶中心面无扭曲,即四角平整,保持同一平面;舵叶应具有密性。

3. 简要装焊步骤

舵叶的水平隔板和垂直隔板的预装→胎架准备→舵叶包板定位→上下铸钢定位→隔板定位→前端包板、尾端扁钢定位→焊接→另一侧舵叶包板定位→焊接→翻身封底焊→检验。

4. 装焊步骤说明

流线型舵叶一般都采用卧式装配法,在胎架上进行。以图4-18所示的舵叶为例,可设置4挡胎板,胎板的形状如图4-19所示,基准线离平台约1 000 mm,胎板厚度不小于8 mm。

舵叶的水平隔板和垂直隔板都是T形小部件,先进行装焊。装配之前,要进行放样,制好样板,按样板标画出中心线及构架对合线等(图4-20)。

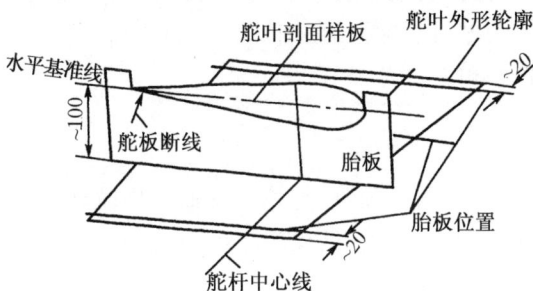

图4-19 舵的胎架   图4-20 隔板装焊

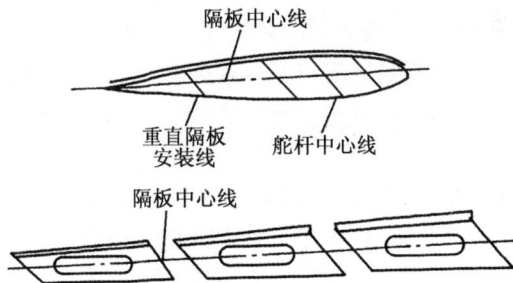

因为舵叶的顶面大底面小,所以水平隔板的腹板与面板的交角不是直角,同样垂直隔板的腹板与其面板的交角也不是直角。因此,在进行T形隔板装焊时,要注意开拢尺,方向不能搞错。焊接以后,还需复查矫正。

舵叶板在胎架上进行拼接时,需用内卡样板检查其型线是否正确。板缝的内侧焊接可在板缝的反面用马板与胎架固定后进行。

舵叶构架安装次序如图4-21所示,先从中间水平隔板开始,并以此为中心,呈放射状交叉安装垂直隔板至上顶板及下底板。

安装构架时要注意:

（1）装水平及垂直隔板时,必须用水平尺将其中心线对成直角,而两种隔板与舵叶板是不垂直的。

（2）上顶板与下底板上的放水塞,需预先装焊好,并经过矫正。

（3）舵杆套筒的中心线及端面的垂直度要仔细检查和复验,并注意首尾方向。

（4）水平隔板与垂直隔板面板的连接要光顺,不能有局部凸起或凹陷。

（5）尾端材扁钢的安装位置,以保证舵叶的宽度要求为主,它与舵叶板的相对位置可以稍作修改。

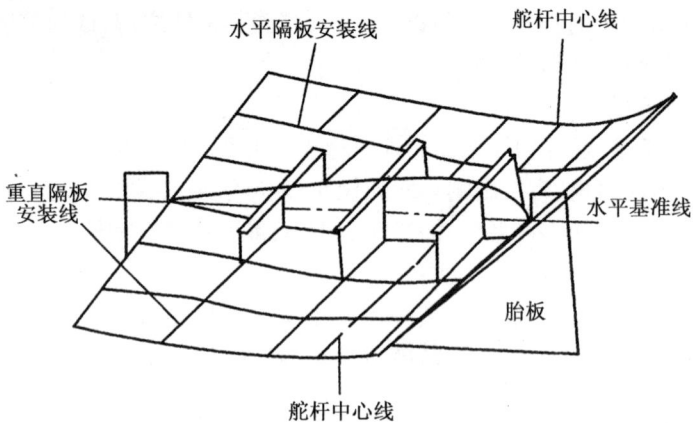

图 4 - 21　构架安装顺序

舵叶的构架装完后,即可按以下程序进行焊接,先焊水平隔板与垂直隔板间的面板对接缝及腹板角接缝后焊隔板与舵叶板之间的角接缝,最后盖上开好塞焊孔的另一侧舵叶板,以封闭舵叶。上舵叶板需按图示尺寸画好塞焊孔位置大小,并根据隔板安装的实际位置进行修正,以免塞焊孔不在构架面板上而产生脱孔现象。舵叶下面拆马后吊离胎架,翻身进行舵叶板的封底对接焊,然后将舵叶表面进行整理,局部凸起或凹陷都需矫正,马脚要铲平,特别是尾端材是否在舵叶中心线上更要注意检查。

4.6.2　烟囱的装焊

船上的烟囱一般安装于驾驶甲板的机舱棚顶上,与驾驶室、灯杆及其通信导航设备组成一个整体,位于船体最高部位。因此烟囱的外部形状和围板的光顺程度对船的外表美观有很大的影响,其形状有流线型和四方锥体型等。

烟囱的结构组成有:烟囱围板、烟囱顶盖板、水平桁材、垂直扶强材、顶圈板等。

烟囱的装焊方法:一般有立式装配法和卧式装配法(侧式装配法)两种。

下面以流线型烟囱立式装配法为例说明。

1. 简要装焊步骤

胎架准备→烟囱顶板、水平桁材和下口加强撑圈的预装→在胎架上作出内胎架的投影线→水平桁材、烟囱顶板、下口撑圈定位→竖向加强材定位→烟囱围板定位→焊接→检验。

2. 装焊步骤说明

(1)胎架准备。采用立式装配法装配烟囱的胎架有三道内胎板:烟囱顶板、水平桁材和烟囱下口加强撑圈。这三道内胎板按脊弧(昂势)和水平投影进行定位,用加强材支撑牢固。

(2)烟囱顶板、水平桁材和下口加强撑圈预先按样板拼接妥,作为烟囱胎架的三道内胎板。对竖向加强材穿过处的切口都需切割正确。

(3)在钢板平台上作出三道内胎板的水平投影线,并在适当位置竖起临时支撑材,根据水平桁材及烟囱顶板、下口加强撑圈的高度与脊弧情况在临时支撑材上画线并安装马板,然后分别将下口加强撑圈、水平桁材和烟囱顶板与临时支撑材固定,并挂线锤检验。

(4)将竖向加强材嵌入水平桁材和加强撑圈的对应切口间,并用肘板与烟囱顶板的扶强材连接。竖向加强材的腹板边缘(即与烟囱板相连接的边缘)应与水平桁材、加强撑圈的外缘平齐,不可凸出或凹入。以保证烟囱外壁板的光顺(见图4-22)。

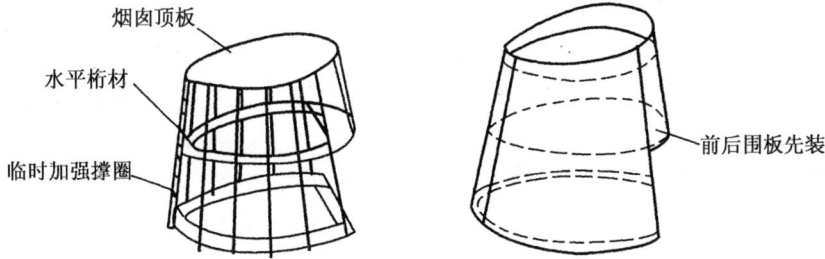

图4-22 烟囱装配

(5)安装烟囱前、后围板后,再安装两舷侧板。前、后围板安装时应对准中心。最后安装烟囱帽、百叶窗等附件。

(6)烟囱装配好以后,即可进行焊接工作。一般先焊内部构架间的角接缝,次焊烟囱围板间的对接缝(先内后外),再焊构架与围板间的角接缝。这些焊缝中大部分是立焊,但也有平焊、仰焊和横焊。

卧式装配法是将烟囱一侧置于胎架上进行焊接,其方法有些类似于舵的卧式装配法,不过另一侧围板与构架不用塞焊连接。

烟囱的立式、卧式两种装配方法各有特色。卧式装配法使烟囱高度降低,对装配焊接工作条件有所改善,效率较高,但制造胎架需要一定的工时。立式装配时,小部件经过焊接后有一定的变形,烟囱整体装配时,构架是否能对齐,烟囱侧板是否能连接光顺,存在一些问题。因此,综合考虑,一般烟囱制造采用立式装配法为多。

思考与练习

一、名词解释

1. 船体零件。

2. 船体部件。

3. 船体分段。

4. 船体总段。

5. 胎架。

6. 船体板的拼接。

7. 肋骨框架。

8. 弯曲 T 形梁。

二、选择题(单项选择题,即只有一个答案是对的)

1. 胎架的组成主要有模板、胎架基准面、_____和纵横向连接构件。　　　　　(　　)

  A. 胎板　　　　　　　　　　　　　　B. 胎架工作曲面

  C. 牵条　　　　　　　　　　　　　　D. 拉马角钢

2. 平切、正切和单斜切基准面都是其基准面_____肋骨剖面的,在肋骨剖面上呈一根直线。　　　　　(　　)

  A. 垂直　　　　　　　　　　　　　　B. 倾斜

  C. 平行　　　　　　　　　　　　　　D. 不垂直

3. 拼版时,在兼有边、端缝的情况下,一般先拼装_____,后拼装_____。而在焊接时,为了减少焊接应力,应先焊_____,后焊接_____。 （ ）

    A. 端缝;边缝;边缝;端缝　　　　　　　　B. 端缝;边缝;边缝;端缝

    C. 边缝;端缝;端缝;边缝　　　　　　　　D. 边缝;端缝;边缝;端缝

4. 直T形梁采用_____法装焊,弯曲T形梁采用_____法装焊。 （ ）

    A. 侧装;倒装　　　　　　　　　　　　B. 正装;侧装

    C. 倒装;正装　　　　　　　　　　　　D. 倒装;侧装

5. 主机基座的装焊步骤:纵向桁材、横向隔板、加强肋板小部件的装焊→胎架准备→吊装主机座纵桁定位→_____→加强肘板定位→焊接→检验→矫正。 （ ）

    A. 纵向桁材定位　　　　　　　　　　　B. 纵向隔板定位

    C. 横向隔板定位　　　　　　　　　　　D. 小部件定位

6. 烟囱的结构组成有烟囱围板、烟囱顶盖板、水平桁材、垂直扶强材和_____等组成。 （ ）

    A. 竖向加强材　　　　　　　　　　　　B. 外壁板

    C. 顶圈板　　　　　　　　　　　　　　D. 腹板

7. 艉柱焊接通常采用_____焊,焊接时热量大,容易产生变形,因此,对艉柱的质量要求很高,一般采用_____法进行。 （ ）

    A. 二氧化碳气体保护焊;侧造　　　　　B. 埋弧焊;正造

    C. 电渣焊;反造　　　　　　　　　　　D. 电渣焊;侧造

8. 钢板蜂窝平台就是在钢板上开有蜂窝状圆孔,主要用来_____装配焊接,还可用于矫正变形。 （ ）

    A. 部件和组合件　　　　　　　　　　　B. 船体分段

    C. 船体总段　　　　　　　　　　　　　D. 全船

9. 圆盘式输送平台,主要用于钢板拼接和_____的运送。 （ ）

    A. 船体部件　　　　　　　　　　　　　B. 船体平面分段

    C. 船体尾总段　　　　　　　　　　　　D. 全船

10. 外胎架是指工作表面为船体分段或总段外板的_____,绝大多数胎架属于外胎架。 （ ）

    A. 型表面　　　　　　　　　　　　　　B. 外表面

    C. 内表面　　　　　　　　　　　　　　D. 理论表面

三、判断题(对的打"√",错的打"×")

1. 船体预装配的工艺装备有船台和胎架两类。 （ ）

2. 船体装配的平台通常有钢板平台、型钢平台、水泥平台、钢板蜂窝式平台、辊柱输送平台等。 （ ）

3. 胎架按用途可分为内胎架和外胎架等。 （ ）

4. 专用胎架的胎板形式主要有单板式、桁架式、框架式和支点角钢式。 （ ）

5. 普通肋骨框架主要有肋板、强肋骨、强横梁、肘板组成的环形框架。 （ ）

6. 在装配甲板舱口处的普通肋骨框架时,横梁是反向的,装配时应特别注意以免发生差错。为防止吊运时产生变形,对舱口区域的间断横梁及被中内龙骨断开的肋板不需作临时加强。 （ ）

7. 舵按剖面形状分为平板型舵和流线型舵两种。舵叶一般采用正装法,在胎架上进行。

（　　）

8. 纵向胎板的工作边缘线需先作出船体的横剖线,再扣去外板厚度而得出。　　（　　）

9. 支柱式和支点角钢式胎架与分段外板为点接触形式。　　　　　　　　　（　　）

10. 在较大型的船舶上,一般做成混合式的首柱,即在设计水线附近及以下部分,型线较瘦削,承受外力大,强度要求高,采用铸钢,而在设计水线以上的部分,采用钢板焊接。

（　　）

四、简答题

1. 船体装配大致可分为哪四个步骤? 什么是船体预装配工艺?

2. 胎架设计与制造的原则与要求是什么?

3. 简述支点角钢式胎架的制造步骤。

4. 简述船体板的拼接装焊步骤。

5. 简述 T 形梁的装焊步骤。

6. 简述强肋骨框架的组成与装焊步骤。

7. 简述主机、辅机基座的装焊步骤。

8. 简述尾柱和首柱的装焊步骤。

9. 说明流线型舵的装焊方法与步骤。

10. 说明烟囱管的装焊方法与步骤。

项目 5　船体分段装配

●项目要求

知识要求

1. 熟悉分段装配的主要工作内容；
2. 熟悉双层底分段的装配方法及工艺过程；
3. 熟悉舷侧分段的装配方法及工艺过程；
4. 熟悉甲板分段的装配方法及工艺过程；
5. 熟悉舱壁分段的装配方法及工艺过程；
6. 熟悉将底部、舱壁、舷侧和甲板分段组装成中部总段的工艺过程；
7. 了解横骨架式艉总段装焊程序；
8. 了解上层建筑分段的装焊程序；
9. 了解分(总)段焊接变形的预防与矫正措施；
10. 了解分(总)段吊运翻身方法及要考虑的重要问题。

能力要求

1. 能针对分段的结构特征合理选择分段装配的基准面及装配方法；
2. 能编写典型分段(双层底分段、舷侧分段、平面横舱壁分段和甲板分段)的装焊工艺流程及施工要领；
3. 能针对具体分段制订分段翻身的技术方案。

　　船体分段是由船体部件和零件组合而成的一部分船体。船体总段是由船体分段、部件和零件组合而成的具有一定长度的船体环形封闭体。广义上来说,船体分段、总段可以概称为分段,就如船体装配与焊接可以概称为船体装配一样。

　　分(总)段装配焊接工作归纳起来有以下 3 项主要内容:
　　(1)选择分(总)段装配基准面和工艺装备(平台或胎架);
　　(2)选择合理的装配程序;
　　(3)选择合理的焊接程序。
　　下面仅就几种典型分(总)段叙述其制造过程和装焊要点。

任务 5.1　底部分段的装焊

　　底部分段从结构形式上分为双底和单底两大类。内底边板又可分为平直的、向下折角、向上折角、阶梯形等 4 种形式,如图 5-1 所示。由于底部分段的结构及钢板的厚度不同,因此装配方法有正装和倒装两种。正装法是以外底板为基准面,一般在胎架上装焊,因此能够保证底部的正确型线。对于单底结构或壳板较薄的底部分段,特别是成批生产这类结构的产品,多采用正装法。但正装法所用的胎架需耗费较多的辅助钢材和一定的工时,增加建造成本。倒装法是以内底板为基准面,在型钢平台或墩木上进行装焊的,它是利用肋板、龙骨等纵横骨架来保证底部型线的,其正确性比正装法要差些,但可省去胎架,故大多用于双底结构或单船生产。

图 5 - 1　双层底形式
(a)平直的;(b)向下折角;(c)向上折角;(d)阶梯形

下面重点介绍双层底立体分段(平直内底边板)的正装方法。

1. 制造胎架

根据项目 2 任务 2.4 介绍的胎架制造方法,将双层底立体分段的胎架做好。通常选择平切基准面(图 2 - 28(a)),并由坚固的基础、胎架底座、胎架模板、纵横向牵条、边缘角钢以及胎架中心线画线架、拉马角钢等组成,一般使用横向模板胎架,如图 2 - 25、图 2 - 35 与图 2 - 36 所示。

2. 底板装焊

从 K 行板开始,依次将平直部分和曲形部分的外底板吊上胎架,并将接缝边的铁锈用砂轮清除干净。当 K 行板吊上胎架后,应使其中心线对准胎架中心线;其纵向位置以 K 板伸出端部胎架的长度来确定(当分段长度为一张钢板长度时),如图 5 - 2 所示。当 K 行板的纵横位置确定后,用马板固定于胎架上并与胎板贴紧。左右两侧平直部分外底板的拼接与在平台上拼板的方法基本相同,平直底板亦可先用自动焊拼妥后吊装;曲形外底板的装配可按次序一列列循序进行。装配两侧外底板时,其基准边与余量边通常为:以前一行已定位底板的纵缝为基准,与之相接的后一行未定位底板的纵缝为有余量边;横缝则以环缝线为准,画出切割线,对于奠基分段首尾横缝都须正确切割,对于非奠基分段则与奠基分段相近的一端留有余量,另一端则为基准边也须正确切割。

曲形外底板装配时,一般是尽量把刚吊上胎架的后一列钢板插入已定位好的前一列底板下面。以便于进行套割(图 5 -3)。套割时注意应使割嘴与钢板接缝成直角状并紧贴上层的板边,以保证割缝间隙正确而均匀,否则会出现斜边或间隙不均等现象,影响装配质量。当板材较厚不便插入时,可将两板边缘对平,以定位妥的板边为准,平行画出另一板的余量线再予切割。

拼接的板边需待平整后才能进行定位焊。如遇板缝不平,可用马板和铁楔楔平。板缝定位焊后应使外板与胎架用马板固定,但切忌与胎架直接用定位焊固定,以免分段完工后割除定位焊时割坏胎板线,或漏割定位焊后在分段吊离胎架时发生严重事故。凡外板与胎架贴紧的部位,可用"扁铁马"或"麻花马"固定,这两种马板都能保证分段与胎架具有弹性连接的作用,要求其与胎板连接的焊缝焊在马板的下端且为一小段。对于脱空的部位,可用能调节的"螺杆马"或"弓形马"拉紧(图 5 -4)。

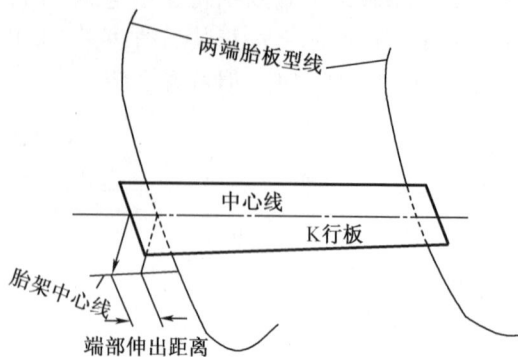

图 5 - 2 底板装配中的定位

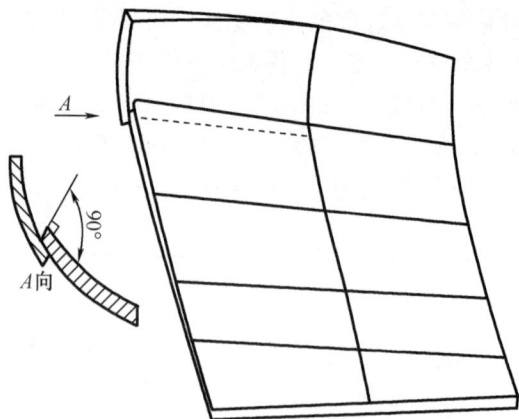

图 5 - 3 底板装配中的定位拼板套割法

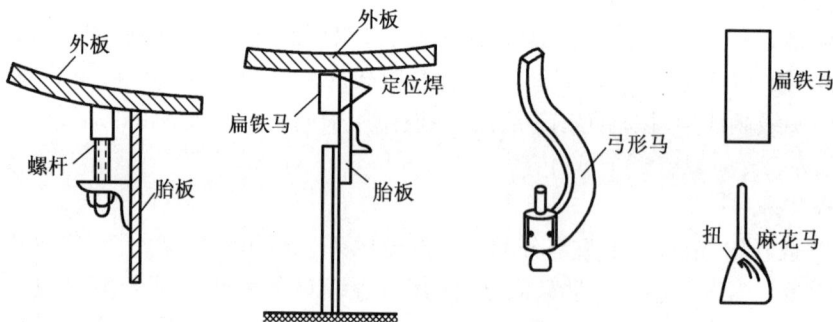

图 5 - 4 底板与胎架的固定方式

底板拼装与固定应交错进行,平直底板可待全部拼装妥后,再用马板固定;曲形底板必须安装与固定交替施工,否则,全部曲形底板安装完毕再用马板拉紧,会出现曲形不尽相符,强行拉紧时产生过大的内应力,以致使底板接缝处定位焊崩裂。

分段底板铺设完毕后,即行焊接。平直底板的接缝可用埋弧自动焊焊接,焊前两端装上工艺板。曲形底板的接缝多用手工电弧焊焊接,有些需开坡口时,则在其反面加设定位焊,以保证板缝平整,凡十字接缝处,还需加设"梳状马",此马不可直接跨在十字缝部位(图5 - 5)。并且焊接时应采取适当的焊接程序,以控制焊接变形。

3. 在底板上画纵横骨架线

根据胎架中心线在分段的两端标出中心点,连接该两点即得分段中心线。然后画出肋骨线,肋骨线的画法有下列几种:第一种是激光经纬仪法,即把胎架中心线复画到底板上后,用样棒或根据草图用钢卷尺在分段中心线上标出每挡肋骨点后,过每一肋骨点架好激光经纬仪,校好水平,对准分段中心线,读取水平度盘角度 α,然后旋转90°,固定水平度盘,发射激光束,转动竖直度盘求得许多激光点,顺点连线即为肋骨线(图 5 - 6(a))。这种画法因要经常搬动仪器而显得不方便,如果把激光经纬仪与五棱镜结合画线就方便得多了(图 5 - 6(b))。五棱镜及其支座就是专用于配合激光经纬仪画线的,如图 5 - 7 所示。

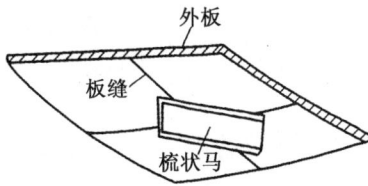

图5-5 控制十字接头变形的方法

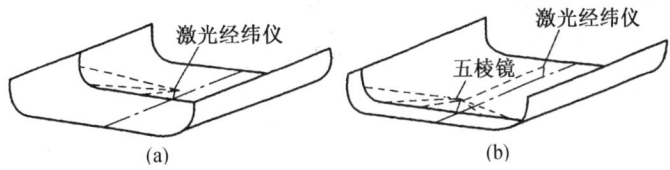

图5-6 用激光经纬仪画肋骨线

(a)激光经纬仪画线;(b)激光经纬仪和五棱镜画线

　　五棱镜的支座可上下、左右、前后进行调节,由激光经纬仪发射的激光束进入五棱镜箱的进光口后,折射90°从出光口射出。五棱镜箱可旋转360°。支座的底脚装有磁铁开关,固定位置后打开开关就能使整个支座连同五棱镜牢固地吸附于钢板上。因此,只要把五棱镜及其支座放到中心线上某肋骨点处,激光经纬仪置于中心线上,发射的激光束投至五棱镜时,光束按90°折射到底板上,转动五棱镜,即可在底板上得出数点,连接各点即为肋骨线,如图5-6(b)所示。第二种是拉线架吊线锤法,即从胎架拉线架上的已知肋位处拉根钢丝,在钢丝上吊线锤找出若干底板上的点,再用样条将这些点连接起来即得肋骨线(图5-8右)。第三种是基准线对线法,即将胎架基准面上标出的基准肋骨线用线锤复到底板上口边,以该点为准,用肋骨间距在上口线的展开样棒来画出上口线上的各肋骨点,打上标记,然后沿对应点子拉出钢丝,用吊线锤的方法找出若干点子,即可画出肋骨线了(图5-8中)。第四种是拉线交面法,即利用肋骨平面画出肋骨线的方法。这种方法是已知底板上口线及中心线上的各肋骨点后,用两根粉线进行画线的,即一根咬住一舷底板上口线及中心线上的对应肋骨点,并绷紧固定,另一根的一端咬住另一舷底板上口线的相应肋骨点,使另一端靠着绷紧的粉线移动,其线头与底板相交点的连线为肋骨线(图5-8左)。

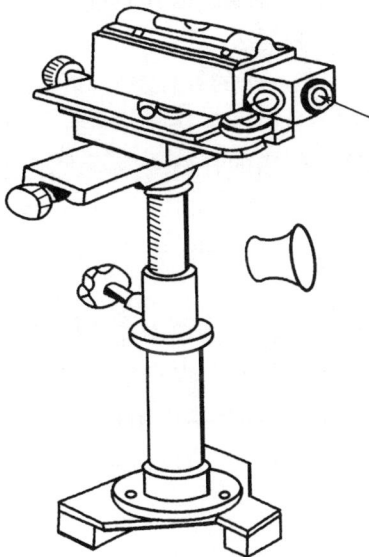

图5-7 五棱镜及其支座

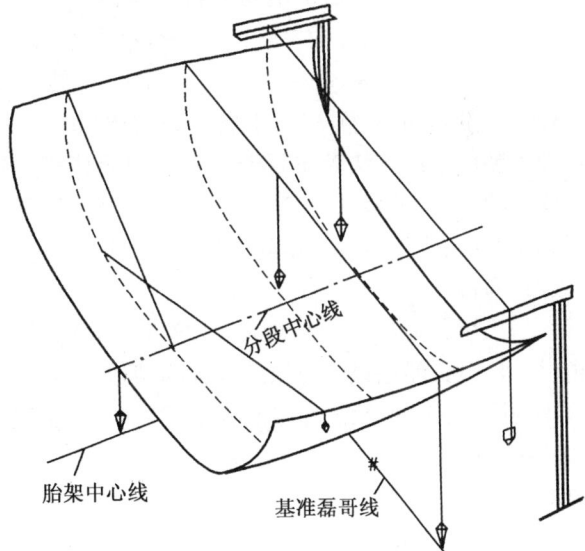

图5-8 底板上纵横向骨架画线法

　　纵向骨架线的画法是在基准肋骨线上画出纵向骨架点,将激光经纬仪对准该点,以肋骨线为准,旋转90°后固定水平度盘,转动竖直度盘并发射激光束,在底板上定出若干点,然后顺点连线即得纵向骨架线。同样,画纵向骨架线也可将五棱镜放在基准肋骨线上某一纵向骨架点处,激光经纬仪置于基准肋骨线上,发射的激光束经五棱镜成90°折射后找出若干点,再顺点连线画出纵向骨架线。或者根据草图展开尺寸或利用展开样棒在各肋骨线上标出点子,然后连接各对应纵骨架点即得纵向骨架线。

以上画线方法,根据实际情况任选一种。纵横骨架线画妥后,需进行复查,并做出标记。

4.纵横骨架的安装

纵横骨架的安装有3种方法:

(1)分离装配法 如图5-9(a)所示,一般是将外底纵骨、旁桁材、中桁材等纵向构件分别对准外底板上相应的骨架线,用马板和铁楔将其压紧在底板上,随即定位焊固定,并用临时撑材来保持其垂直度。接着使用自动焊或半自动焊将其角接缝焊妥。这是一种边装边焊的先进工艺,其特点是有利于扩大自动焊或半自动焊的应用,提高焊接质量,减少分段的总体变形,对于板材较厚而又平直的分段较为适用。纵向构件装焊妥后,再将肋板按对应肋号插入旁桁材之间,用马板或松紧螺丝压紧后,定位焊固定,再予焊接肋板与纵向构件之间的立角焊缝,以及肋板与外底板之间的平角焊缝。

(2)放射装配法 如图5-9(b)所示,其装配顺序是:先装外底纵骨,接着安装中间肋板,并将邻近该肋板的旁桁材靠上,使之就位,然后再安装相邻的肋板及其邻接的旁桁材,最后插入中桁材即完成整个骨架的安装工作。这种装配法是从中央向四周扩展的,故名放射装配法。它适用于板材厚度较大,且高度在1 m以上的双底结构。由于骨架较高,质量也相应增大,安装时需要吊车随时配合。这种高骨架结构若采用插入方式装配,需做难度较大的垂直切割以修整十字接头的间隙。由于骨架较高,数量较多,切割的劳动强度也较大。采用放射装配法虽需吊车随时配合,但可避免上述缺点。对于小型船舶而言,其骨架虽较低,有利于构件的插入,但由于板材较薄,在修整十字接头间隙时很难保证其质量,且修整后的间隙一般偏大,以致影响以后的焊接工作,故亦宜采用放射装配法。

(3)插入装配法 如图5-9(c)所示,其装配顺序是:先安装连续的外板纵骨和间断的旁桁材,然后将肋板插入其间,最后再将中桁材插入肋板之间。这种装配法是步步插入,故名插入装配法。该法较适用于中型船舶的分段建造,因为这类船舶的骨架高度不大,有利于构件的插入,且板材也稍厚。气割时容易保证间隙均匀,特别是该法可使板件的吊运时间相对集中,也不需要吊车随时配合,构件安装时可互相依靠,操作较方便。

5.焊接

当采用分离装配法安装纵横骨架时,纵向(主向)构件边装边焊,多为单面连续焊,且中桁材、旁桁材、船底纵骨与船底外板的角接焊缝用自动角焊机或半自动角焊机施焊,其焊接程序如图5-10所示。在外底板上安装肋板(交叉构件)后,则先焊肋板与中桁材、旁桁材、船底纵骨间的连续立角焊缝,其焊接程序如图5-11所示。然后再焊接肋板与船底外板的单面连续平角焊缝,其焊接程序如图5-12所示。

(a)

(b)

(c)

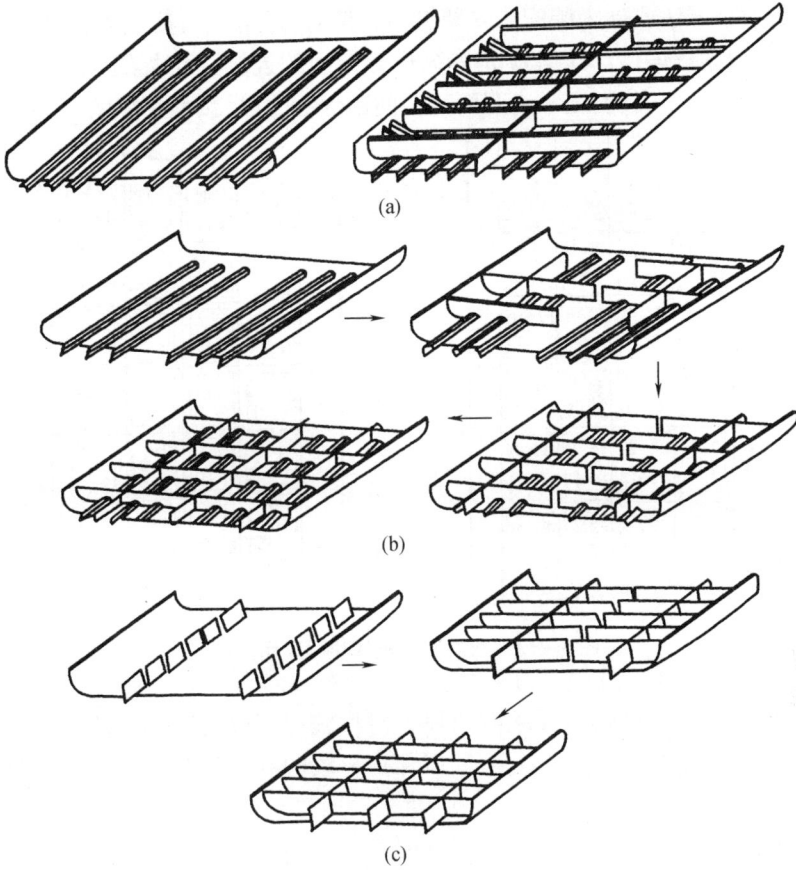

图 5 – 9　纵横骨架安装法

（a）分离装配法；（b）放射装配法；（c）插入装配法

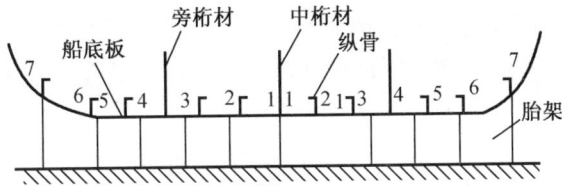

图 5 – 10　船底外板与纵向构件角焊缝的焊接

图 5 – 11　肋板与纵向构件的立角焊缝的焊接程序

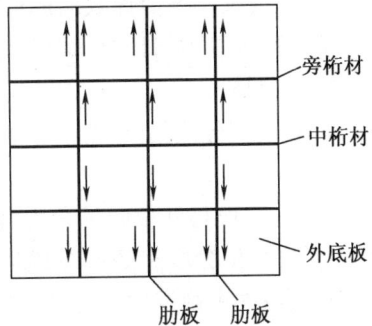

图 5 – 12　肋板与外底板平角焊缝的焊接程序

当采用放射装配法或插入装配法安装纵横骨架时,通常是与船底外板连接的纵横骨架全部安装好后,再进行焊接。这时应先焊纵横骨架间的连续立角焊缝,然后再焊纵横骨架与船底外板连接的平角焊缝,通常为双面交错间断焊缝,其焊接程序如图 5 - 13 所示。

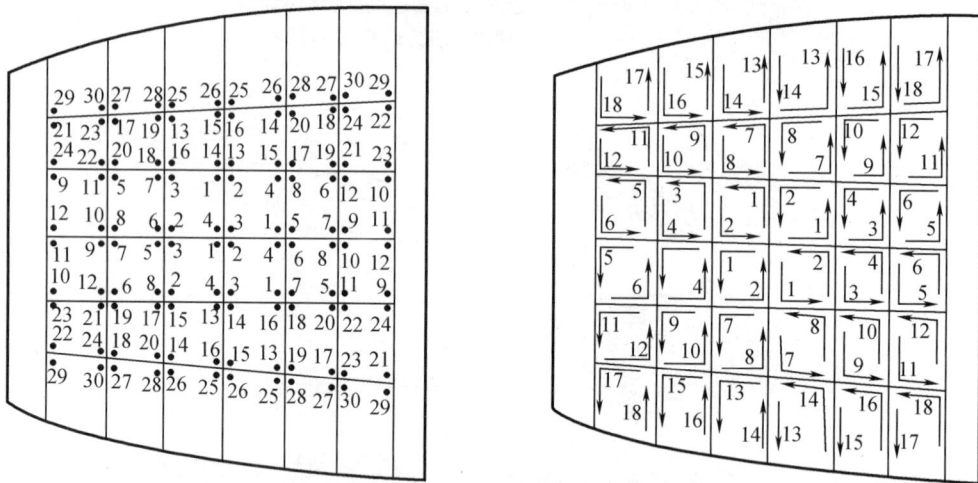

图 5 - 13　双层底分段焊接程序示意图

为了减少焊接变形,施焊时要求双数焊工对称施焊,并严格按照焊接规范和焊接程序施工,还要采取预防焊接变形的有效措施,以保证分段的制造质量,因为分段焊接变形较难矫正。

6. 分段舾装

将预先经过模型放样并加工结束的双层底分段内的管系及其附件等也安装妥,至于安装在内底板上的舾装件,则在内底板装焊结束并待分段整个矫正完毕后再进行。这种在分段建造中将该分段内的舾装件也一起装焊妥的工艺,叫作分段舾装。它使舾装工程中的一部分提前到分段制造时完成这有利于改善劳动条件,缩短整个造船周期,只是增加了分段的质量。因此,在分段划分时,就要保证包括舾装件在内的各个分段的质量,在起重运输能力所允许的范围内。

7. 内底板装焊

在平台上拼装内底板。根据内底板厚度,不开坡口或预先开坡口,定位焊后,采用埋弧自动焊焊接内底板对接焊缝。焊完正面焊缝后翻板,并进行反面焊缝的焊接,焊接程序如图 5 - 14 所示,或采用单面焊双面成形工艺进行焊接,然后画骨架线和边界线。在焊妥的内底板上装配内底纵骨,纵骨定位焊后,采用自动角焊机焊接纵骨与内底板的角接焊缝,再画边界线并准确切割。

将内底板平面分段吊装到船底骨架上,并用定位焊将它与船底骨架、船底外板点焊定位,如图 5 - 15 所示。

注意:内底边板与外板间的角焊缝不宜先焊,可待船台搭载时舷侧分段装上后再行焊接,这样可保证舷侧分段和底部分段接合处的型线光顺。否则,由于焊接而产生较大的角变形及外板边缘失去稳定性,致使舷侧分段在安装时发生困难。

8. 分段翻身

将纵中心线、基准肋骨线、水平检验线等定位线,复绘到双底分段外表面上,且做好标记,供船台装配时定位用。然后安装吊环,并割胎,即割除底板与胎架相连的马板。

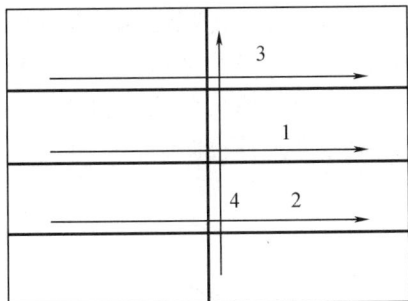

图5-14　内底板拼焊示意图

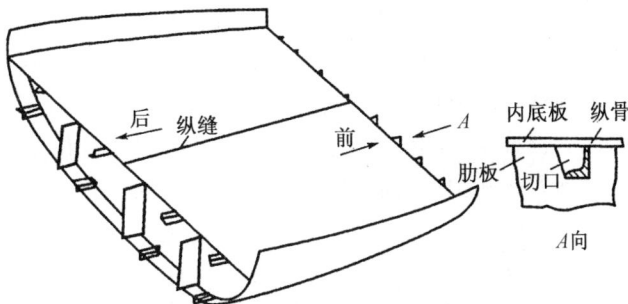

图5-15　内底板在分段上的装配

骨架与内底板的角接缝,以及外底板外表面对接缝的碳刨开槽封底焊等可待分段翻身后进行焊接,这样可使接缝处于俯焊位置。但在吊环处的骨架与内底板间的焊缝,必须在分段吊离胎架前施焊,且焊接的长度应超过吊环焊缝长度的一倍以上,以保证分段吊运的安全。

正装双层底分段需翻身两次,若倒装则双层底分段则只需翻身一次。而且倒装可在平台上进行,不过安装时无论构件还是舾装件,上下左右都是颠倒的,不能搞错。

9. 检验并涂装

双层底分段的检验分为装配和焊接两方面的检验,实际上检验贯穿于制造的全过程。装配质量指分段的外形尺寸和型线情况,以及焊接变形的火工矫正。焊接质量指焊缝的外部与内部没有缺陷,密性好。并为船体总装做好准备,如大合拢缝的标准边切割正确,余量边画有余量线,还有定位线、对合线等。

分段涂装在检验后进行,且按设计涂若干层漆料,但大接头处需留50~100 mm宽的区域暂不涂装,待大合拢后再检验并涂装。最后一道面漆在分段涂装时也不涂。

任务5.2　舷侧分段的装焊

平行中体部分的舷侧分段因是平直的,可直接在平台上进行装焊,其装焊工艺较简单。近艏艉处的舷侧分段,沿纵横方向都有曲度,因而需要在胎架上进行装焊。下面介绍舷侧曲面分段的装焊工艺。

1. 制造胎架

舷侧分段所采用的胎架有正切、单斜切、正斜切和双斜切等几种。采用正切和单斜切基准面胎架时,其装焊工艺与正装法的底部分段类似。采用正斜切和双斜切基准面胎架时,其装焊工艺比较复杂。现以双斜切胎架为例来加以说明。

2. 外板装焊

将已加工妥的外板铺放在胎架上,先将中间一行外板的前后位置对准(可根据端部胎板直接量取,如图5-16所示),并使其纵缝对准胎架上的边接缝线,这时可用马板使之与胎架贴紧并固定。然后拼装相邻的各行外板,对准其位置并配合恰当后,也用马板固定。板缝余量套割后用定位焊固定。拼接完毕后即可进行焊接工作。

3. 舷部纵横骨架画线

双斜切舷侧胎架上的画线常用激光经纬仪法,即在胎架外的平台上作垂直相交的两根

直线 AO 和 OB,如图 5-17 所示,且使 AO 平行于胎架中心线,OB 与胎架中心线相交于 C 点,过 C 点架设激光经纬仪即可在外板上画出中心线。在 OB 线上以 C 点为准,可找出纵向构件位置点 D、E、F、G 等,用同样的方法,可以过这些点画出外板上的纵向骨架线。在中心线上用伸长肋距样条或草图、卷尺可找出各肋骨位置点。同理,在各纵向骨架线和分段纵缝线上也找出各肋骨位置点,用样条将相同肋骨位置点连接起来即为各肋骨线。

图 5-16 中垂直胎板为改造后的,有利于胎架制造。

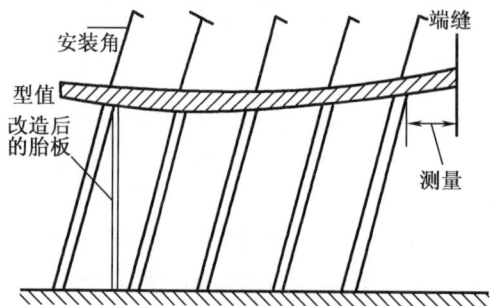

图 5-16 外板纵向位置的确定

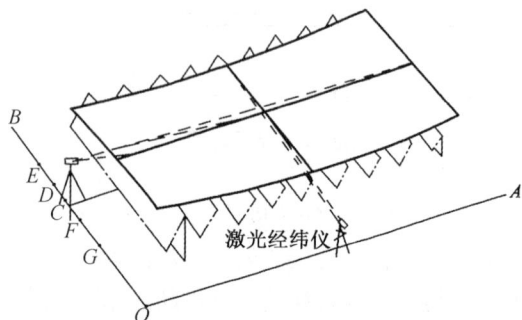

图 5-17 激光经纬仪法

4.纵横骨架装焊

先将各肋骨对准相应位置,并在其一端用定位焊初步固定,然后用通用角度样板(图 5-18)校正其与外板之间的夹角,方法如图 5-16 、图 5-18 、图 5-19 所示,将通用角度样板调至 θ 角,横骨架外立面靠紧通用角度样板立杆面,通用角度样板水平杆水平,并用马板和铁楔将肋骨逐段与外板贴紧,同时用定位焊将肋骨固定(图 5-21)。横骨架的安装也可用(图 5-20)样板校正其与外板之间的夹角,采用哪种样板,视使用情况而定。

在肋骨安装后,即可安装间断的舷侧纵桁,并将强肋骨插入其间,用"马"楔紧后即行定位焊(图 5-22)。也可采取安装一段舷侧纵桁后,再安装一挡强肋骨的放射装配方式,这样有利于保证舷侧纵桁与强肋骨之间的装配间隙。

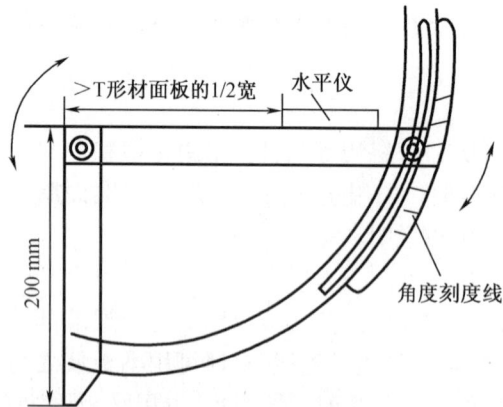

图 5-18 通用角度样板

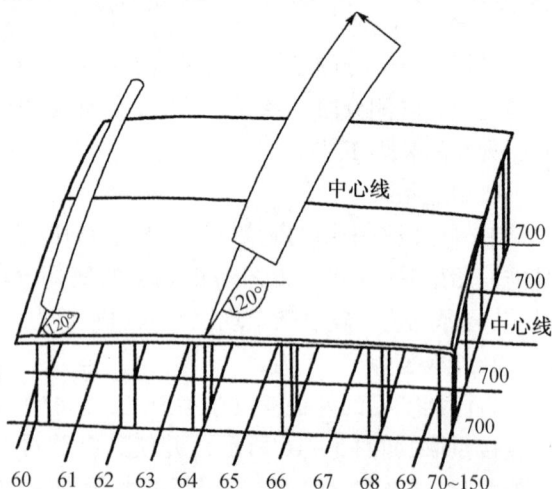

图 5-19 横骨架安装角

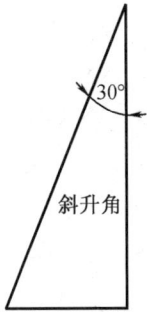

图5-20　角度样板

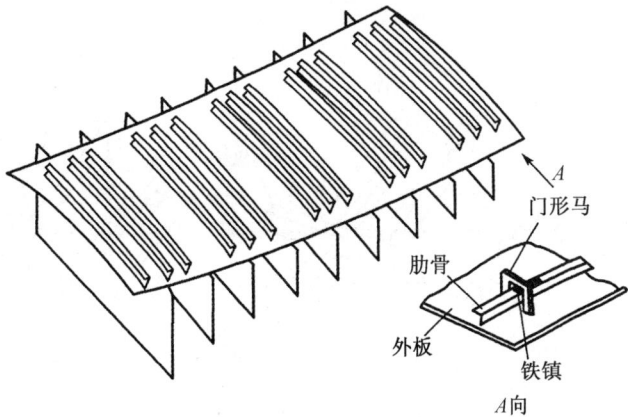

图5-21　安装舷侧分段横向构件

当舷侧分段带有甲板边板时,若甲板边板与肋骨采用叉口形式连接,则在安装甲板边板前,应在甲板插入处的肋骨翼缘碳刨开槽(槽宽与甲板边板厚度相当),甲板边板也应在肋位处开出与肋骨腹板厚度相等的槽,然后对准插入,并用角度样板检查甲板与舷侧的夹角,用松紧螺丝拉紧后即行定位焊,同时装上临时支撑(图5-23(a))。也有甲板边板与舷侧肋骨采用补板形式连接的(图5-23(b))。前述构件之间的叉口连接形式,装配比较麻烦,但构件插入后互有依靠,不需吊车长时间配合,且接头处较易施焊,水密性好,并可省去水密补板,减少焊缝,是一种工艺性较好的连接形式。

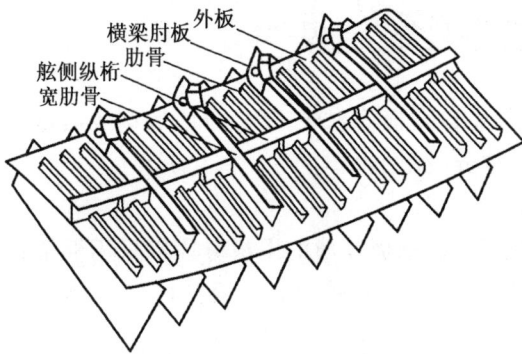

图5-22　安装舷侧分段强力构件

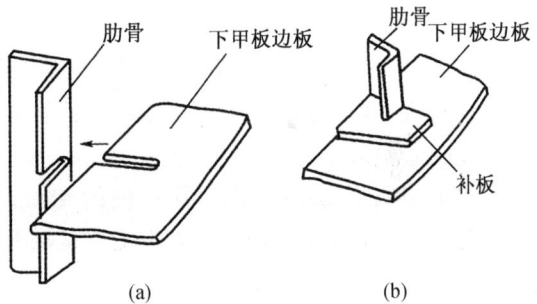

图5-23　甲板边板与肋骨的叉口连接形式
(a)插入式;(b)补板式

5.焊接

舷侧分段外板的对接焊已在前面完成,这时先进行构件之间的对接缝焊接,再进行构件之间的立角缝焊接,最后焊接构件与外板的角接焊缝。构件间的立角焊缝和构件与外板的角接焊缝的焊接程序如图5-24和图5-25所示。

同底部分段一样,构件装配焊接亦可根据具体情况采用分离装配法,并采用自动焊或半自动焊焊接构件与外板的角接焊缝。

6.分段舾装

将预先放样加工好的管系及其附件、辅机基座等舾装件在相应位置安装完毕,同时将临时加强材也安装妥。

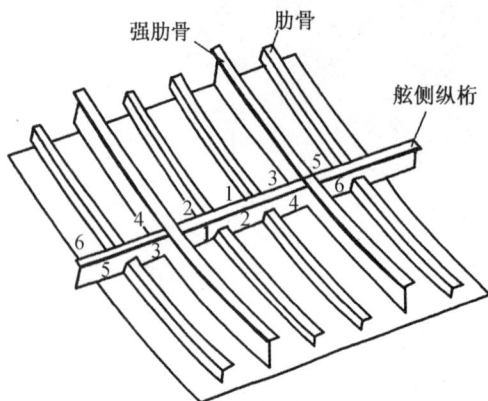

图 5-24　构件间立角焊缝的焊接程序

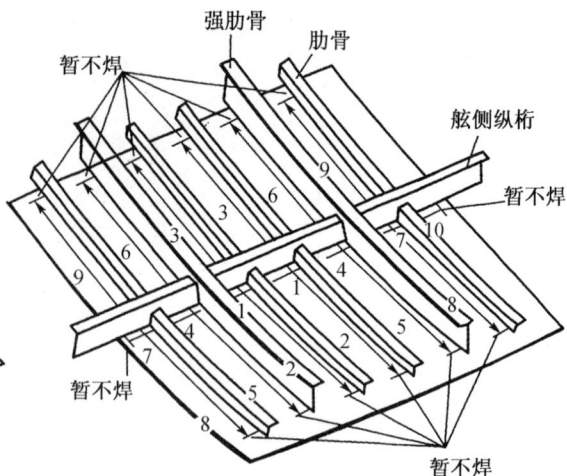

图 5-25　外板与构件间角焊缝的焊接程序

7. 分段翻身

当舷侧分段纵横骨架和舾装件装焊结束后,应将胎架中心线、基准肋骨线、水平检验线等复绘到舷侧分段外表面上,并做出标记。然后,将吊环安装好,即可拆去舷侧分段与胎架连接的马板,把舷侧分段吊离胎架,翻身后进行外板外表面接缝碳刨开槽后的封底焊,密性试验后进行分段涂装,再提交船台搭载。

任务 5.3　甲板分段的装焊

甲板分段由甲板板、横梁、强横梁、甲板纵桁、舱口围板等组成,甲板分段的型线虽是双曲度的但较平坦,因此甲板分段的装配工作比其他分段简单些。

1. 制造胎架

胎架采取平切基准面,可用简便的支柱式胎架,而钢板较薄的甲板分段以采用框架式胎架为宜。甲板分段胎架是取甲板的梁拱和脊弧形状而制成的。甲板分段采用倒装法制造。

2. 拼甲板板

甲板分段的甲板板拼装有两种方法:一种是较薄的钢板在平台上先行拼妥或部分拼妥,焊接采用单面焊双面成型的自动焊,然后再吊上甲板胎架。另一种是较厚的钢板则在胎架上进行甲板板的拼接,其方法与前述分段拼板相似。

3. 纵横骨架画线与安装

甲板分段的画线与底部分段相同。因甲板分段是倒装,故需注意骨架的左右位置应与图中相反。纵横骨架的安装可采用分离装配法。若分段是纵骨架式结构,可先装纵向构件,焊接后再装焊横向构件;若分段是横骨架式结构,则先装横向构件,焊接后再装焊纵向构件(图 5-26(a))。分段钢板较薄时(6 mm 以下),宜采用放射装配法,即纵横骨架的装配交叉进行,待全部骨架装配完成后,再进行焊接。因为钢板较薄,若主向构件装妥即焊,则薄板的焊接变形较大,给后面装配交叉构件带来一定的困难。

在装配过程中,甲板舱口处的肘板应在舱口围板插入前先装,否则安装较困难(图

5 –26(b))。另外,舷边的梁肘板如果在甲板分段上安装时,不应焊接,仅做临时定位,只要吊装翻身阶段不致跌落即可(图5 –26(c)),因为船台装配时,如果梁肘板与舷侧分段的肋骨无法对齐,还可略为借对。

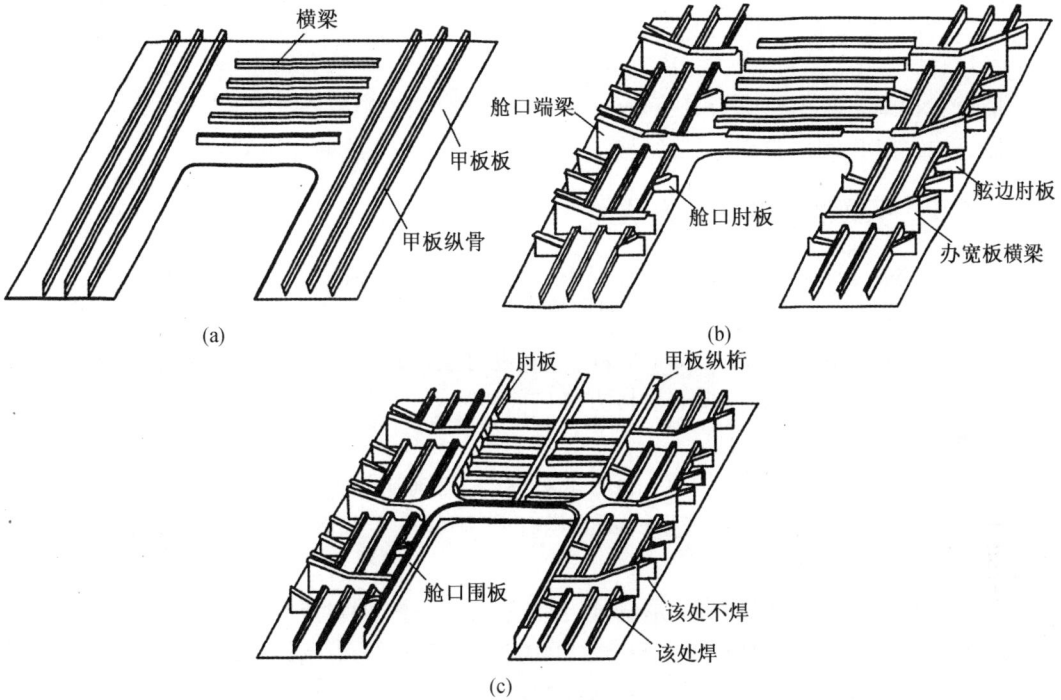

图 5 –26 甲板分段的安装

(a)安装横梁与甲板纵骨;(b)安装舱口端梁与半宽板横梁;(c)安装舱口围板与甲板纵桁

4.分段翻身

根据分段大小和结构特点,在甲板分段吊离胎架之前,一般在舱口处必须加强,在舱口围壁间断区域的纵桁应临时连接(图5 –27)。总之,在分段骨架间断处是起吊时容易发生变形的地方,均应适当加强。并在甲板板上画出甲板中心线和基准肋骨线,然后翻身封底焊。检验合格后再进行分段涂装。

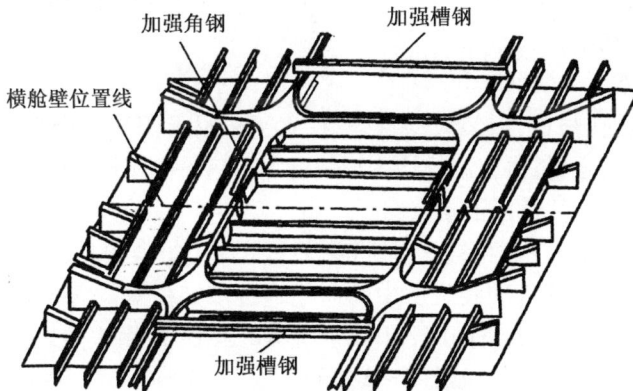

图 5 –27 甲板分段的加强

此外,上层建筑(或甲板室)分段多采用倒装法建造,其装配工艺与甲板分段的倒装法类似。

任务5.4 舱壁分段的装焊

舱壁分段通常是由舱壁板、扶强材、舱壁桁材等组成。舱壁按位置和功能分为横舱壁、纵舱壁、防撞舱壁、制荡舱壁等;按结构形式和形状分为平面舱壁和槽型舱壁。

5.4.1 平面舱壁的装配方法

可在平台或水平胎架上拼板,若板厚不一,在胎架上拼接比较方便。

1. 铺板

将已经装焊好的舱壁板铺放在平台上,铺板时应考虑安装构件的需要,若钢板厚度不一,应将平整的一面朝上放。板的拼接方法如前所述。

2. 平面舱壁的画线

横舱壁扶强材翼缘与船的中纵剖面是对称的,在画扶强材位置线时应注意其理论线。平面横舱壁结构是由舱壁板和扶强材两部分组成,画线主要是画扶强材的位置和舱壁板外形轮廓线。

将拼板装焊好的舱壁板,有变形的地方经过火工矫平,即可进行画线。画线步骤如下:首先弹出中心线,而后作出它的垂直线。以中心线及垂直线为基准线,按施工图结构位置尺寸作平行线,分别画出相应的竖向及横向构件的位置线。并且依照轮廓线样板上需要的对合线位置,同时画出相应的水线及直剖线。

横舱壁的外形轮廓线弯曲很大,同时多数是用木样板画线的。如果是线型简单的舱壁,也可用草图进行画线,但以样板画线为佳。采用数控切割的横舱壁零件,拼接后外形轮廓不再进行画线切割。画线样板在制作时,是用多种样板拼接的,并已标上必需的水平线及直剖对合线位置。根据钢板上画出的水线及直剖对合线放准样板位置,用尖锐的划针或色笔紧靠样板,画出外形轮廓线(包括用样板画甲板梁拱线)。

3. 切割余量

根据外形轮廓线切割舱壁的余量。一般舱壁的上口及左右在两舷处切割,下口余量不割,待船台定位时再切割。

4. 安装舱壁构架

一般应先装小型扶强材,后装大型扶强材、水平桁材及焊接组合型材等。当安装完成后,应加装临时大型扶强材,以控制焊接变形及增加吊运时的刚性,如图5-28所示。

安装舱壁构架时,应注意以下几点:

(1)安装扶强材时,应注意检查是否矫正,尤其是焊接组合型材,须经矫直后才能安装。在安装过程中,一般应对准基准线后从中间向两边逐步定位焊。若扶强材较短时,亦可由一端向另一端逐步定位焊。若有间隙,可用"门形马"压平,再用铁角尺检查其垂直度,然后加些临时短撑,以防止焊后变形,如图5-28所示。

(2)在安装桁材时,应先装间断的水平桁材,然后装垂直桁材,同样用铁角尺检查其垂直度。某些水平桁材倾斜于舱壁平面,应按照施工要求,用夹角样板进行检查,并对容易变形的部位用临时短撑加固才能施焊。

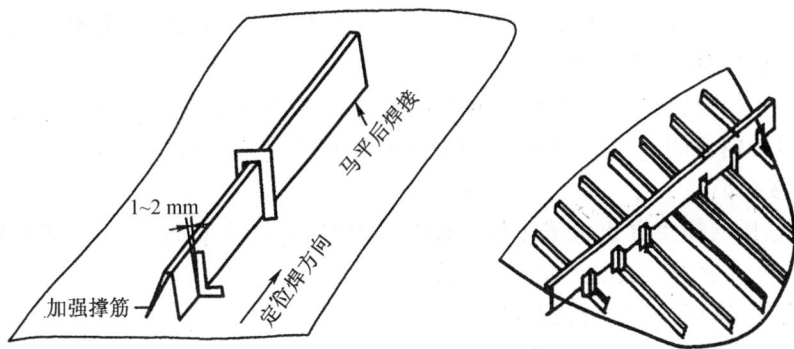

图5-28 横舱壁加强和安装扶强材

5.4.2 槽型舱壁的装配方法

槽型舱壁是由凸凹舱壁板和骨架构成。其剖面形状分为弧形、梯形、三角形和矩形等多种,尤以梯形槽工艺性最佳。它是将钢板制成单个槽型材(或呈半个槽型),然后放在水平胎架上将其拼装成槽型舱壁。其拼接方法如下:

(1)制造槽型舱壁简易胎架。应在胎架上切割成拼装舱壁需要的槽型凹凸口,如图5-29所示。

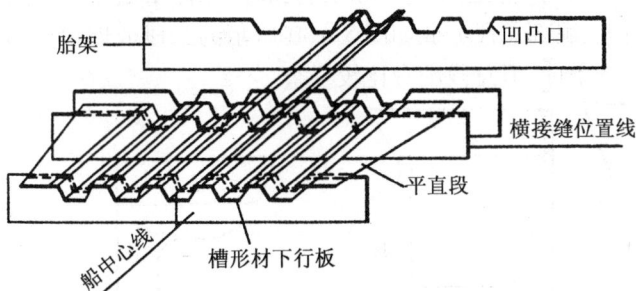

图5-29 槽型舱壁胎架及拼接示意图

(2)检查各单个槽形材的边缘及宽度是否符合安装要求,如发现严重超差的应加以修正。

(3)拼接槽型舱壁板。先将下行板带中心线的一块槽形材吊上胎架,使横接缝对齐平台上已画的拼缝位置线,然后与胎架定位焊住。接着应将靠左右的两个槽形材吊上胎架,使横接缝和第一块板平齐,进行纵缝的拼接工作。如果接缝间隙有盈或缺,可根据槽形略有伸缩性的特点,用开式索具螺旋扣或油泵进行顶或拉,使拼缝间隙达到要求。若边缝过盈太多,依靠槽形弹性无法达到要求或者造成舱壁变形过大时,则应把多余部分割除,清洁边缘,拼接妥帖后与胎架定位焊住,然后再将邻近的槽形材用上述方法逐个吊装后定位焊住,直至下行舱壁全宽拼装完成,再将横接缝端的边缘修割整齐,并做好坡口准备。

(4)吊装上行舱壁中心的一块槽形材,与下行板的槽形对齐,修割横接缝及坡口。拼接槽形,先将轧角处定位焊住,再装配平直段,然后与胎架定位焊住。接着吊装相邻的左、右槽形材,装配方法与上述相同,逐渐向左右舷侧进行拼接工作,通常纵缝采用自动焊接,横缝采用手工焊接。然后进行画线,用色漆标明时,特别需写清舱壁的前、后面的位置。

（5）安装舱壁的其他构件，如水平加强桁材或者平台、下甲板结构的带板，若有扶梯、拉攀等附属结构的，也可装焊完成。

（6）拆离胎架前，须画出舱壁中心线及水平检验线，并做好记号，对结构进行适当加强，增加刚性，然后翻身搁置于平稳场所，进行扣槽封底焊。若该侧有带板、扶梯、拉攀等结构零件都应焊接妥。

槽形舱壁板的横接缝也可采用先拼板焊接，然后进行压槽加工，在胎架上只进行纵缝的拼接，这样可减少因加工误差而使装配发生困难的情况。

其他工艺步骤与已介绍分段相同。

任务 5.5　艏、艉总段的装焊

总段装焊通常步骤为：

船体零、部件→船体分段→分段舾装→船体总段→总段舾装。

一种方法是以甲板胎架为基础倒装，先装甲板、肋骨框架、舱壁和纵向构件，再安装船体外板，然后进行总段舾装而成总段，这种方法多用于装配艏艉总段。另一种方法是以底部分段为基础正装，在其上安装舱壁、舷侧和甲板等分段，并进行总段舾装而成总段，这种方法多用于装配船体中部总段。

艏、艉部总段一般采用倒装法制造。如果艏、艉部总段重量太大，可根据其结构情况和工厂的起重能力，将艏、艉部总段分成如图 5-30 所示的二段或四段建造。艏、艉总段倒装可简化胎架，改善工作条件，但总段翻身比较复杂。

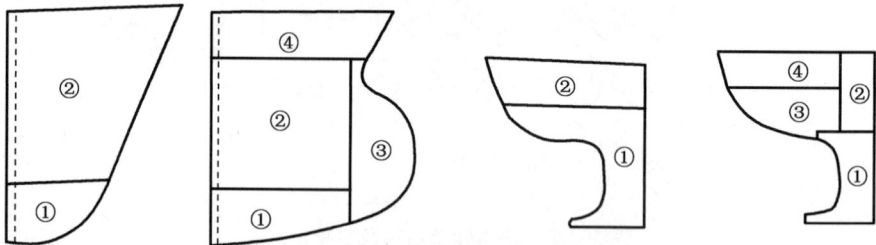

图 5-30　艏艉总段划分

现介绍艉总段的装焊方法，艏总段的装焊方法与此类同，不再单独说明。

1．制造胎架

倒装法制造总段时采用甲板胎架，制造方法与甲板分段装焊相同，只因为总段的质量较大，所以甲板胎架用料更多。

2．甲板拼板及画线

将甲板板铺放在胎架上，由中间向两舷逐行铺放和拼接甲板板，并用马板与胎架拉紧，然后进行自动焊接甲板对接缝。

根据草图尺寸、半宽样棒和肋距样棒或用激光经纬仪，在甲板上画出中心线、纵横骨架线、斜肋骨线及甲板边缘轮廓线。经复查核对无误，即可将甲板轮廓切割正确，同时把舵管筒孔割妥（图 5-31）。

3．骨架装焊

骨架装焊如图 5-32 所示，按以下步骤进行：

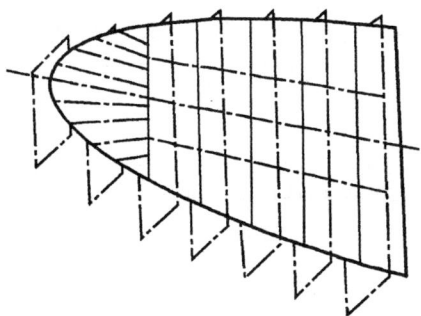

图 5 – 31　甲板拼板及画线

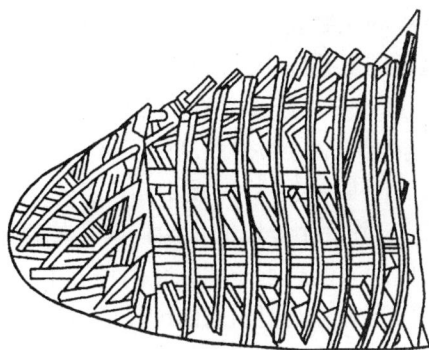

图 5 – 32　纵横骨架的安装

（1）肋骨框架安装　将装焊妥并经矫正的肋骨框架依次倒立在甲板上，先将两端的肋框安放对准，用少量定位焊暂时固定，同时加设临时支撑以保持其与基面的垂直度。为了保证生产安全，一般待肋框全部吊装结束，再用马板与甲板一一压紧，用定位焊固定后进行半自动焊焊接横梁与甲板的角接缝。

（2）斜肋骨框架、甲板纵桁及 0 号横舱壁的安装　先安装 1 ~ 2 个斜肋骨框架，对准其位置后用定位焊固定。接着将 0 号横舱壁吊入定位，以斜肋框做依靠，使之与甲板拉紧，便可进行定位焊固定。随后可一边安装其余斜肋框，一边进行甲板纵桁的安装，这类构件安装时，同样要对准其位置线和保证它的垂直度。

（3）舵管筒、舷侧纵桁及封头横舱壁的安装　在安装舵管筒前，应将其中的暗焊缝先焊妥（图 5 – 33），然后放上舵管筒，修正其边缘即行固定。

安装舷侧纵桁时，可先在肋框的舷侧纵桁位置上装几只临时搁架，再将舷侧纵桁从内部插入肋骨间，以 0 号横舱壁为准，修正舷侧纵桁的端部后即行固定，然后依次向艉部安装，并同时校正肋骨框架的垂直度，便可进行固定。

修正舷侧纵桁的另一端后，便可将封头横舱壁吊入定位，使之紧靠舷侧纵桁的端头，并用少量定位焊暂行固定，待舱壁中心线及垂直度校正好后，再与甲板固定。

4. 舷侧顶板的装焊

为了使艉总段的构件具有良好的焊接条件，可先安装舷侧顶板，与骨架连成一体，保证骨架焊接时具有足够的刚性，然后焊接纵横骨架间的角焊缝和骨架与甲板之间的角焊缝（当前面未焊时）。

安装舷侧顶板时，应先在其上画出甲板边线，沿此线焊上两只"靠山马"（图 5 – 34），然后吊上总段定位，使之与甲板边板和肋骨等贴紧，即行固定。

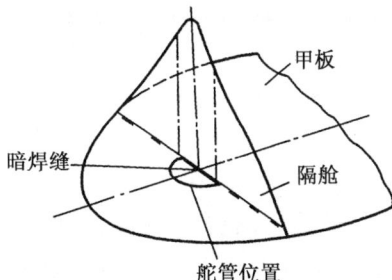

图 5 – 33　舵管筒安装

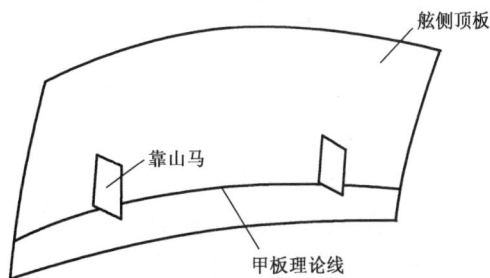

图 5 – 34　舷侧顶板的安装方法

5. 舱内预舾装

这时因艉托底小分段还未吊上总段安装,进行舱内管系及其附件等舾装件的预舾装比较方便,有较好的施工条件,不过要注意倒装时,上下左右全是颠倒的,不能装错。

6. 艉托底小分段的预制和安装

(1)艉柱对接　详见项目四任务4.5艉柱的装焊。

(2)艉托底小分段的预制　艉柱装焊完毕,经质量检验合格后,即可安装其上的骨架和外板。装配方法有正装和卧装两种。由于托底部位较深,为使施焊方便,一般以卧装为好,这样只需在艉柱胎架的前面增设两道槽形底板(艉部K行板,相当于底龙骨)的胎板,与艉柱胎架共同组成艉托底小分段的胎架。

卧装时,先将槽形底板与艉柱搭接及塞接并焊妥,然后将平台上的肋骨线用线锤复画到艉柱和槽形底板上,即可对应安装肋板,并加撑固定。此时可安装上侧的一行外板,定位后便将其与槽形底板、艉柱等相连接的焊缝焊妥,最后装焊下侧的外板。然后在槽形底板外表面上画好中心线和基准肋骨线等并做好标记。艉托底小分段如图5-35所示。

(3)艉托底小分段在艉总段上的安装　首先在0号横舱壁处装上托架以便支承艉托底小分段,同时在胎架中心线两端架设激光经纬仪或竖立拉线架,其高度应超出艉柱基线300～400 mm。然后将艉托底小分段翻身吊上(图5-36),以艉总段的封头横舱壁为准,定好托底小分段的前后位置,同时必须校对舵杆中心线前后位置;在两端用激光经纬仪或在拉线架上拉出一根钢丝,用线锤校对托底小分段上中心线位置,并进行调整以使艉柱中心线、艉轴中心线和甲板中心线在同一垂直平面内;再用水平软管校正艉柱基线及艉轴中心线的高度。校正时,一般以艉轴中心线为准,若轴孔留有足够余量时,则应适当照顾到艉柱基线的正确尺寸。在进行艉托底小分段高度定位时,考虑到焊接、火工矫正等的收缩影响,一般应将艉轴中心线高度较理论值高度抬高3 mm左右(即放反变形)。

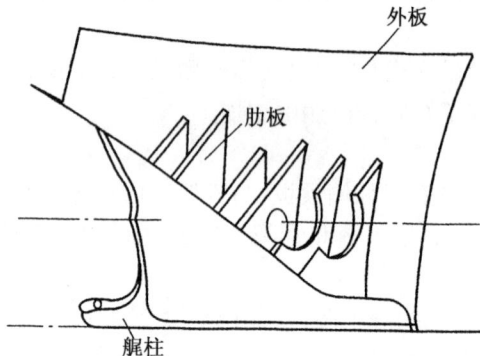

图5-35　艉托底小分段

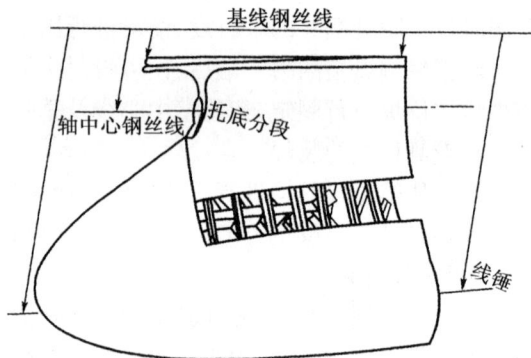

图5-36　艉托底小分段的安装

当艉托底小分段在总段上的位置确定后,先将艉柱及托底小分段与横舱壁固定,然后依次固定每一挡肋板和肋骨,检查合格后即可进行焊接。

7. 外板安装和满挡板装焊

艉总段因其航行性能方面的要求,一般比较瘦削,故舱内空间狭小,施工条件差,在逐行安装舷侧顶板至托底小分段之间的外板时,必须预留一块外板暂不安装,以改善内部通风条件,待内部工作全部完成后再进行安装,这块暂留外板叫满挡板。满挡板要求四周均留有余量。

艉总段安装完除满挡板外的全部外板后,即可进行焊接工作。除前面已焊的焊缝外,这时应进行外板舱内对接缝的焊接,对接缝的外表面需用碳弧气刨开槽后进行封底焊,还要焊接纵横骨架与外板间的角接缝。另有一种做法是为了防止总段焊接变形,待总段全部构件(除满挡板外)安装结束后才进行焊接,这样施焊条件较差,但控制焊接变形要好些。艉总段的焊接程序为:先焊纵横骨架之间、骨架与托底骨架间的接缝,后焊甲板、外板的舱内对接缝,再焊纵横骨架与甲板、外板的角接缝,最后在外板外表面碳刨开槽后进行封底焊。

满挡板安装有两种方式:一种是套割法,即将满挡板覆在总段上对好位后,与骨架贴紧并定位焊固定,这时由舱里向外沿着外板边缘直接套割。这种方法简便,但气割条件太差,切割技术要求也较高,处于半仰割状态。另一种是准线法,如图5-37所示,在满挡板覆上之前,先在外板的上下口及艉端量画150 mm或100 mm间距的准线,并在下面适当位置焊上两只"定位马",然后吊上满挡板,对准位置与骨架贴紧并定位焊固定,再由准线向满挡板量画150 mm或100 mm间距的余量线,接着由外向里沿着余量线切割满挡板的余量,再进行拼缝定位。在舱内进行满挡板与其他外板和内部骨架接缝的焊接,一般先焊横缝,再焊上纵缝,然后焊接满挡板与骨架的角接缝,最后修割下面纵缝的余量,定位并焊接下纵缝。这样焊接时能自由收缩,以减少焊接应力。最后进行满挡板外表面接缝的碳刨开槽和封底焊。

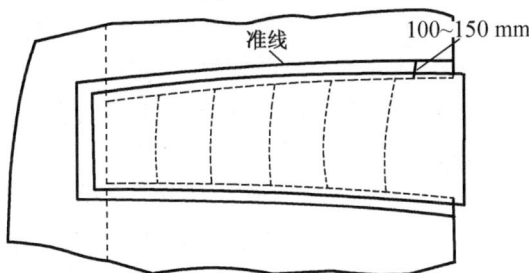

图5-37 满挡板的安装

艉总段在船台装配中要与其他总段装配的这一端,所有纵向构件与外板、甲板间的角焊缝以及外板、甲板间的纵接缝,都应保留一段长度(通常为150~250 mm)暂不焊接,以便在船台装配时用于借对和借直,以保证与其他总段间的型线接顺。

8. 总段舾装

当艉总段吊离胎架前,一方面要在艉总段外表面上画好中心线、基准肋骨线、水平检验线等定位线、装配端的环缝余量线,还要检验外板焊缝的水密性及其余焊缝的质量;另一方面要拆除总段与胎架相连接的各种马板。然后才能翻身,再进行甲板封底焊并进行总段舾装工作。这种预舾装工程,是继舱内预舾装之后的舱面预舾装,如安装舵机基座、舱口盖、带缆桩、水密门窗、绞缆机基座等舱面舾装件。总之,总段舾装不论舱内或是舱面的预舾装工作究竟如何安排,必须根据具体对象来决定,应以保证有较好的施工条件和便于实行交叉作业为前提,最后进行总段涂装。

任务5.6 中部总段的装焊

总段是由若干平面分段、曲面分段和立体分段组成的。中部总段就是由底部分段、舷侧分段、甲板分段及舱壁分段组成的环形部分。对于中小型船舶,在工厂设备、起重能力等条件许可之下,经常采用总段的方式建造船体中部。采用总段装配,将使船台装配阶段中的许多分段装配工作移到了总段装配阶段,使船台工作量减少,缩短船台周期。同时,总段装配更有利于预舾装新工艺的推广。当总段构架装配结束后,铁舾装、管系及木作工作都可以单元形式进行预制预装,这将大大缩短船台与码头的建造周期。对于批量生产的船舶,这有利于提高产品质量。

舯部环形总段的装配,一般是以底部分段为基准分段,而后按工艺要求,先后将预先装焊好并经矫正合格的舱壁分段、舷侧分段、甲板分段吊到底部分段上组装。具体装配过程如下。

1. 各个分段的制造

预先在胎架上对中部环形总段的底部分段、舷侧分段、甲板分段和舱壁分段进行装焊工作,制造方法如前所述。其中由于底部分段作为总段装配的基准分段,所以分段的装焊质量要求高。装焊结束后应在分段上画出中心线及肋骨检验线,并须经过火工矫正,提交验收。

2. 总段装配

先将验收合格的底部分段在胎架(墩木)上定位正确,而后吊装舱壁、舷侧、甲板等分段。

(1)底部分段定位。如图5-38(a)所示,将底部分段在胎架(墩木)上进行定位。吊线锤使分段中心线与平台基面(胎架)中心线对准,用水平软管或激光经纬仪测量并调整分段内底板上四角的水平,使其符合工艺要求。在内底板上画出舱壁安装位置线。

(2)吊装横舱壁分段。如图5-38(b)所示,将已装焊及矫正好的横舱壁吊上底部分段,放在其安装位置上。使其中心线对准内底板上中心线,吊线锤校正舱壁的垂直度,用松紧螺丝做临时支撑,并临时固定。用水平软管测量舱壁上定位水平线的水平情况,并调整至水平。根据定位水平线的高度与图纸上定位水平线的理论高度的偏差,画出横舱壁下缘的余量,并割除。用线锤再次校正横舱壁的垂直度和水平。使横舱壁与内底板紧贴,进行定位焊。舱壁板与底部相应肋板的错开值不得超过舱壁板厚度(肋板厚度)的一半。

如果总段中横舱壁较少或者没有,为了保证甲板安装的高度和便于舷侧分段的安装,增加总段端部的刚性,可在总段两端设置假舱壁,等总段完工后再拆除假舱壁。假舱壁是由钢板和型钢组成的框架结构,其高度、半宽尺寸及线型必须符合假舱壁安装部位的肋骨横剖面线型。假舱壁上也须画出中心线及定位水平线。安装、定位方法同前。

(3)安装舷侧分段。如图5-38(c)所示,装焊好的舷侧分段须画出定位水平线、肋骨检验线和甲板位置线。将舷侧分段吊上底部分段,插入到事先安装在底部外板上的托板中,并用带松紧螺丝的拉条将其与内底板、横舱壁拉牢。然后使舷侧分段上的肋骨检验线与底部分段上的肋骨检验线对齐。同时检查舷侧分段上的横舱壁(或假舱壁)安装位置线是否与分段上的舱壁(或假舱壁)对齐。

将舷侧分段拉拢靠紧横舱壁(或假舱壁),在舷侧分段的肋骨检验线和艏艉两端的甲板理论线处吊线锤,测量分段在此三处的半宽。

用尺测量舷侧分段两端的甲板线(定位水平线)的高度值,并调整至符合工艺要求。根据高度值与理论高度值的差值,画出舷侧分段下缘的余量线,并进行切割。切割好后,进行舷侧分段与底部外板和横舱壁的定位焊,并进行舭肘板安装。

舷侧分段的吊装可一舷先安装,另一舷后安装。另一舷安装时须使左右两舷的肋骨检验线在同一横剖面上,否则甲板吊装后会出现横梁与肋骨错位的现象。

(4)安装甲板分段。如图5-38(d)所示,将甲板吊上总段。在甲板中心线处吊线锤到内底板的中心线上,使两者中心线相互对准。并使甲板肋骨检验线对准舷侧分段肋骨检验线,检查甲板横梁与肋骨对准情况。甲板边缘对准在舷侧分段上的甲板位置线,同时使甲板与舱壁贴紧。

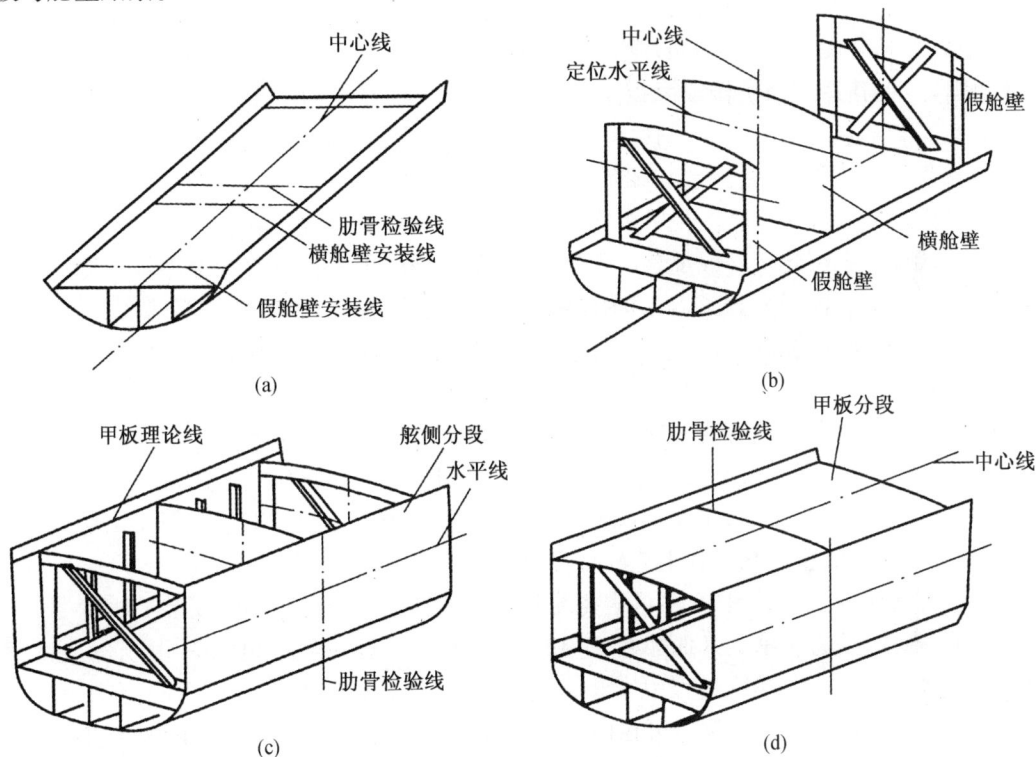

图5-38 中部总段装配
(a)底部分段定位;(b)吊装横舱壁分段;(c)安装舷侧分段;(d)安装甲板分段

总段有横舱壁,则甲板的梁拱值由横舱壁来保证。若无横舱壁,则可用水平软管来检查甲板的梁拱值,如图5-39所示,即用水平软管测出甲板中心线处,距标尺上某一定点的高度值 h 及甲板边缘距该定点的高度差值 h_0,那么甲板的梁拱值 $f = h_0 - h$。若 f 值与图示理论梁拱值相等,则分段甲板梁拱正确;若 f 值大于或小于图示理论值,则应采取对甲板向下压或向上顶,再配以火工等措施进行矫正,直至符合要求。当甲板位置全部拉对后,再进行甲板与外板、甲板与横舱壁的定位焊。

至此,总段安装完毕,进行加强材和吊环的安装、焊接。焊接完毕后,根据图纸要求,画出总段两端的余量线,根据工艺要求割除余量。最后进行测量验收,按舯部环形总段质量要求进行完工测量。

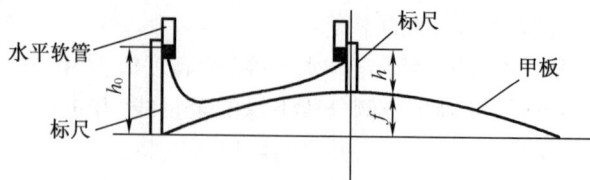

图 5-39　甲板梁拱测量

任务 5.7　上层建筑的装焊

上层建筑是指位于上甲板以上的各种围蔽建筑物,它主要包括船楼和甲板室。船楼又包括艏楼、桥楼和艉楼。在船舶的建造过程中,一般的,艏楼和艉楼作为艏、艉段的一部分,与艏、艉段一起建造。而桥楼或甲板室在现代造船中,往往作为一个独立的区域总段进行建造,然后再与主船体连接。我们这里讲的上层建筑主要是指桥楼和甲板室。它们与主船体的连接形式有两种,一是围壁与船舷外板的对接;另一种是围壁与甲板的角接。在现代船型中,除军船外,大多采用的是甲板室的形式,与主船体采用的是角接。

现代船舶的上层建筑一般都是由几层组成,而每一层甲板都具有和上甲板一样的梁拱线型。上层建筑的内部划分了若干的舱室,各个舱室也因作用和功能的不同,安装了各种仪器、设备和舾装件,在现代区域造船中,往往这些都是以单元、托盘的形式参加上层建筑总段的建造。

上层建筑的建造一般有两种形式,一是上层建筑的每一层作为一个立体(或半立体)分段在胎架上反造后,顺次吊上主船体进行装配;二是上层建筑的每一层作为一个立体(或半立体)分段在胎架上反造后,先装配成上层建筑总段,再吊上主船体对接。但无论哪一种形式,都应考虑船厂的生产能力和工艺的合理性。

在上层建筑的装焊过程中,不可避免地要涉及机舱棚结构和烟囱的安装。机舱棚的作用是采光、通风,因为不承受其他外力,一般也采用薄壁轻型结构。如图 5-40 所示,它的围壁在主船体和上层建筑建造过程中安装,而机舱的舱口围板与其他舱口相同,在主船体建造时直接装焊完成。而他的顶盖可在内场装焊后,再吊上船体,与机舱口围板螺栓连接。

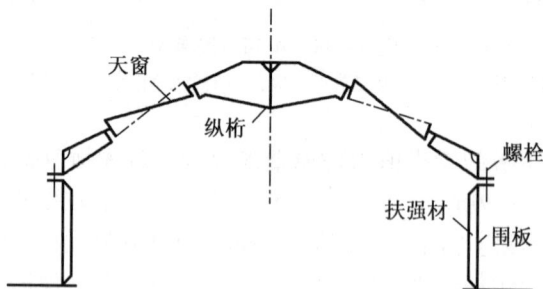

图 5-40　机舱棚顶结构

上层建筑分段由顶甲板、围壁板和扶强材等组成,一般采用以顶甲板为基准面反造的方法进行建造。这种建造方法使围壁与顶甲板接缝的焊接位置变为俯位焊,施工方便,保证了焊接质量,装配工作也较方便。上层建筑相对主船体大多是采用薄壁的轻型结构,强度相对较弱,所以在建造中为防止其变形,常常要进行临时加强。其装配过程如下。

1. 制造胎架

上层建筑分段的胎架结构形式与甲板胎架相同,可采用支柱式或框架式胎架。但由于上层建筑的甲板薄,采用支柱式胎架时,胎架支柱的布置应注意以下几点:

(1)在甲板主要的纵向、横向连续围壁处应设置支柱,以确保甲板梁拱和脊弧的正确性。

(2)在顶甲板的周边向内约100 mm处和甲板较大开孔的周边也应设置支柱,防止顶甲板边缘下垂。

(3)支柱的间距沿船长方向不得大于1 600 mm(纵向设固定角钢),沿船宽方向不得大于1 000 mm。

(4)如果上层建筑的顶甲板周边带有檐板,则支柱的设置不可妨碍檐板的安装。

2. 顶甲板定位与画线

将拼焊矫正好的顶甲板吊上胎架定位、固定画线(方法与内底板在胎架上定位、固定相同)。如顶甲板由多块钢板拼成,则在顶甲板接缝焊后并进行矫正才可画线。

根据画线图在甲板上画出外形轮廓线、纵横构架线、围壁安装线和扶梯口开孔,见图5-41(a),并割余量、开孔。画线、切割时应注意以下几点:

(1)因为分段采用反造法,所以顶甲板画线时各围壁、构架的左右位置与图示方向相反。

(2)如果分段肋距加放有焊接收缩余量,画线时应考虑此处收缩余量值。

(3)顶甲板画线结束时,应用色漆标明围壁、零件号、肋位的编号,表明构架型材规格和厚度位置等,以利于安装工作的进行。

(4)扶梯口开孔切割时,沿其周边均匀留3~6小段,每段长30~50 mm暂不切割,使要被割去的钢板仍留在原位,以防工作人员踏空,待上层建筑分段吊离胎架翻身后再割去。

3. 安装纵横构架及围壁

(1)安装纵横构架。如图5-41(b)所示,先安装顶甲板上的横梁与纵桁。横梁与纵桁安装的先后次序视分段的结构形式而定。横骨架式先装横梁,后装纵桁;纵骨架式先装纵桁,后装横梁。甲板中桁材一般最后安装。

(2)吊装内围壁。顶甲板纵横构架装好后就开始吊装围壁。吊装顺序一般是先装内围壁,后装外围壁;先装横向围壁,后装纵向围壁。

横向围壁吊上顶甲板的安装位置后,将围壁的中心线对准顶甲板的中心线。在围壁板左、右两边的上边缘处吊线锤,使与顶甲板上所画的围壁安装线对准,使围壁垂直于基面。

纵向围壁吊到顶甲板相应的安装位置线后,在围壁板首尾两边的上端处吊线锤,使围壁垂直于基面。为了减少围壁插入的困难,纵横围壁也可以交叉吊装。图5-41(c)中的序号为交叉吊装顺序。

在围壁的水平检验线上用水平软管校正其高度方向上的位置,使前后左右围壁上的水平检验线位于同一水平面上。当围壁安装好后,需用角钢撑牢。

(3)吊装外围壁:用与上面介绍的相同的方法吊装外围壁,如图5-41(d)所示。

(4)在吊装外围壁的同时,可进行甲板四周檐板、上层建筑分段内的各边连接肘板及围壁上横梁穿过处的切口补板的安装工作。

(5)对分段进行临时加强后即可按工艺要求进行焊接工作。

安装过程中应注意以下几点：

（1）由于上层建筑焊接后变形较大，故围板门框下部的一块围板安装时，一端定位准确，另一端采用搭接形式进行临时连接，如图5-41（d）所示，待上层建筑在船台总装定位后，割除余量进行正式定位、焊接。

（2）横向与纵向外围壁，用圆弧过渡连接时，为了保证外围壁在甲板连接处外形光顺和便于上船台安装，圆弧板下部的接缝余量暂时不割，如图5-41（d）所示，待在船台上装配时再切割。

（3）纵横围壁必须垂直于甲板，高度一致；外围壁的安装线必须符合图纸要求，以确保上层建筑各分段在船台上安装后其外围壁上下一致。

（4）上层建筑的钢板较薄，围壁的焊接不可装一部分焊一部分，应待其全部安装工作结束，分段临时加强完成后按规定的工艺顺序进行焊接。

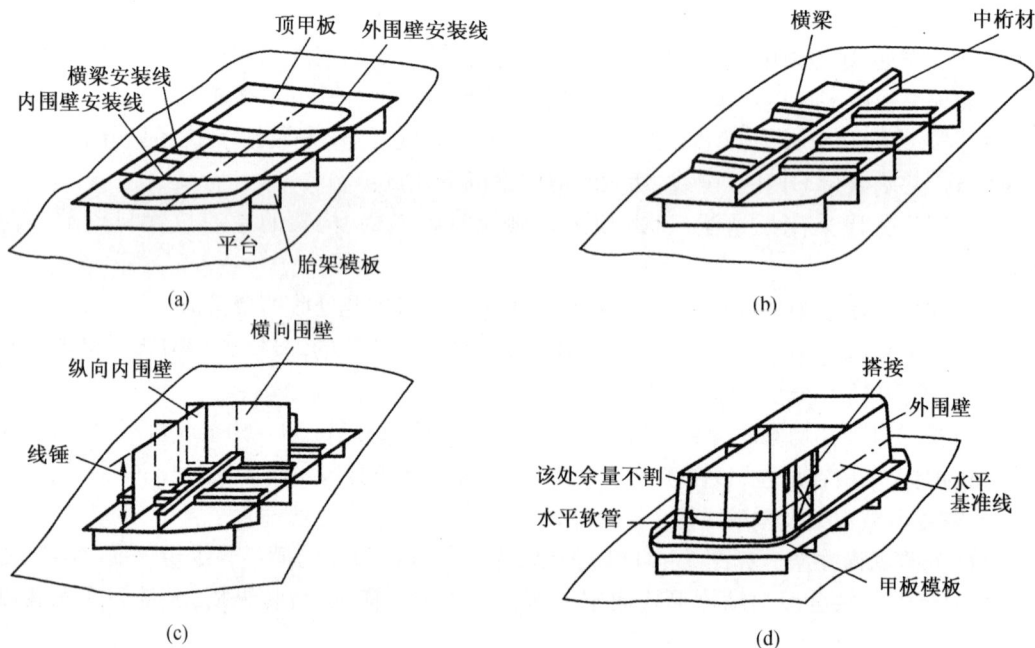

图5-41 上层建筑装焊过程

（a）顶甲板定位与构架画线；（b）安装纵横构架；（c）吊装内围壁；（d）吊装外壁

4.分段舾装

当外围壁安装完成后，便可把可以提前安装的舾装件单元吊上分断定位，完成预装。由于上层建筑内的仪器、仪表及设施较多，为提高生产效率，缩短船舶建造周期，在现代造船中，把它们按特定的要求集配成套，并以托盘的形式完成分段的舾装工作。

5.分段的加强

当分段装配工作全部结束后，须进行临时加强，以防焊接及吊运、翻身引起分段的变形。一般用槽钢在纵向或横向围壁间断处的下方做临时加强，如图5-42所示。临时加强的接缝必须具有相当的强度。此时，可进行吊环的装焊工作。

在分段上画出分段中心线、定位水平线。分段吊离胎架、翻身，甲板接缝清根、焊接、测量、验收。

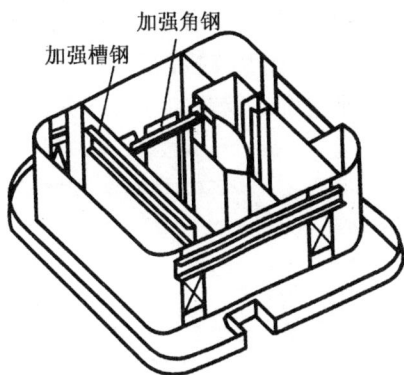

图 5-42 上层建筑的加强

分段装焊完毕,如果局部变形较大,则须用火工进行初步矫正。一般上层建筑分段都在分段焊接工作全部结束后进行火工矫正。按精度要求测量验收。

任务 5.8 分段和总段的焊接变形及预防

5.8.1 分段变形的原因

分段在装配焊接后,往往会产生纵向及横向的收缩和翘曲变形,主要原因是因为焊缝位置不对称于中和轴,因此焊缝冷却收缩量不一致,以及在装配焊接过程中的工艺措施不当等因素所造成。由于分段的结构形式与建造方法各不相同,其变形也不一样。

例如正装的双层底分段的变形,如图 5-43 所示,其变形的主要原因是:

(1)外底板纵横缝对接焊引起分段纵横方向的收缩。

(2)纵横骨架与外底板的角焊缝引起的分段纵横方向收缩及上翘变形。

(3)纵横骨架间垂向角焊缝引起的分段纵横方向收缩及上翘变形。

(4)分段建造中因装配间隙及焊接坡口角度偏大,或焊缝尺寸过大以及不正确的焊接程序而引起分段的变形。

(5)内底板纵横缝对接焊引起的向中收缩、向上翘曲变形(散装时)。

(6)分段翻身后,纵横骨架与内底板的角焊缝引起分段向内的变形,以及外板封底焊使外板向外的变形。由于吊离了胎架,分段总的变形以这一种影响最大。

正装的单底分段变形的主要原因与上述(1)至(4)相同,其装配焊接后的总变形如图 5-44所示。

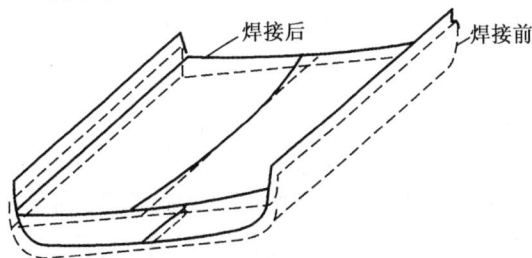

图 5-43 正装双层底分段的变形

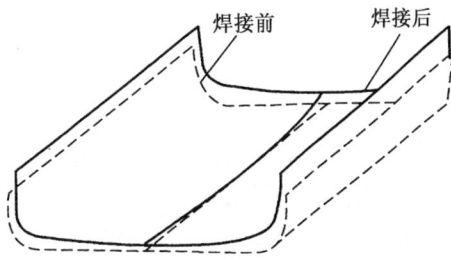

图 5-44 正装单底分段的变形

倒装的双层底分段,其总变形与正装的双层底分段相反(图5-45),这主要是由于外底板纵缝的横向收缩引起。另外,骨架间相互连接的垂向焊缝,也使分段产生收缩及上翘,故分段舭部外板向上、向外变形,对某些刚性较差的分段还易引起扭曲变形。

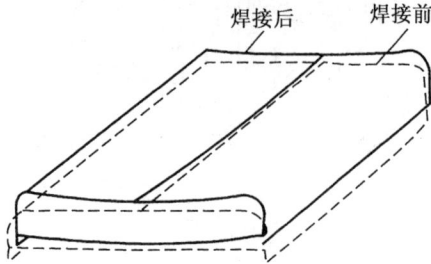

图5-45　倒装双层底分段的变形

以上为厚板分段的焊接变形情况。若分段钢板较薄,则焊接后除产生上述的总变形外,还会出现分段的局部变形。这主要是因为薄板的刚性较差,焊缝处的收缩应力超过了板材的临界点而使其失去稳定性的缘故,这种局部变形多呈波浪形。

5.8.2　分段焊接变形的预防

焊接变形是焊接工艺的固有特点,分段在装焊过程中,不可避免地会产生纵横方向的翘曲及收缩变形。这些变形不仅影响船体外形的美观,也影响船体的性能和强度。从工艺角度看,分段的变形将给船体总装工作带来很大困难。因此,采取一定的措施,控制和减少分段变形,减轻火工矫正工作量和保持分段完工尺度的正确性就显得非常重要。一般分段变形的预防措施有以下几种。

1. 反变形法

底部、舭侧、甲板等分段在装配焊接后脱离胎架时,总有一定的变形。一般说来,在施工工艺条件相同的情况下是有一定规律的。因此,可以在胎架制造中,事先根据分段变形的趋势,将胎架模板放出一定数值方向相反大小相等的反变形量,用以补偿由于焊接所引起的变形。舭侧分段一般都不放反变形,而底部分段反变形量可以根据过去所制造的分段变形情况和经验判断来确定,也可用经验公式计算得出。下面介绍由经验来确定反变形数值的方法。

当双层底分段正装时,分段在胎架上焊接后的变形,横向往往是两舭向中翘离胎架,记为S,如图5-46所示,若在胎架两边实线处各放出反变形值S,如图中虚线所示,便可使焊接后恰好达到分段所需的正确型线。此外,分段焊接后还有纵向翘曲变形,由于结构情况和板缝关系,其变形量较横向为小。一般为了简化制造工艺,纵向反变形问题可不予考虑。如对完工分段的变形情况有较高要求,则在胎架制造时也应放反变形值。图5-47为正装双层底分段胎架纵向放反变形的情况。

单底分段正装时,纵横向放反变形的方法与双层底正装法相同。

当双层底分段倒装时,分段在胎架上焊接后的横向变形往往两舭离开胎架平面而向上翘曲,如图5-48所示,将距离胎架的S值作为反变形值,即图中虚线形状,使焊后恰好达到分段所需的正确型线。纵向反变形值放法与图5-47所示刚好相反。

胎架放反变形后,对分段骨架的号料样板,应按照反变形后的型线进行修正,以免造成骨架与板材间的焊缝间隙增大。

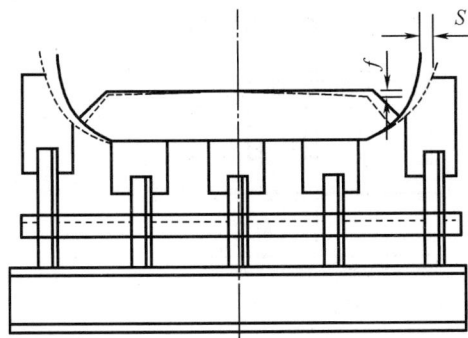

图 5 – 46　正装胎架横向放反变形

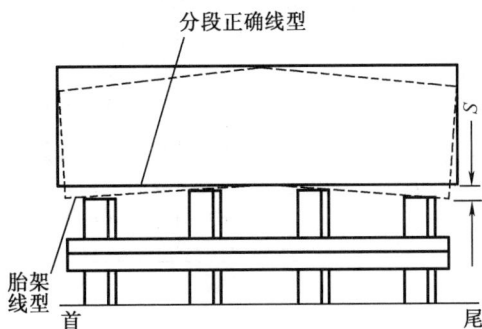

图 5 – 47　正装胎架纵向放反变形

分段在长度和宽度方向的收缩变形，使分段长度较理论长度为短，一般采取加放骨架间的收缩量来解决。通常横骨架式船体，从分段中间肋骨开始，向首尾端画线时每挡肋距加大 0.5～1 mm，以补充焊接收缩变形，但这种方法不便于施工。目前，除对横骨架式小型船舶采用此法外，一般都是在分段大接头处加放余量来补偿。

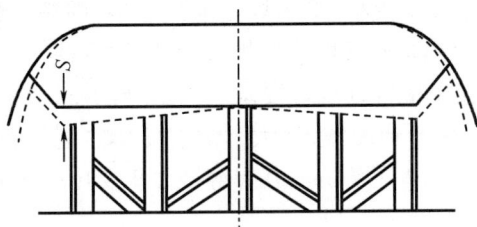

图 5 – 48　倒装胎架横向放反变形

2. 刚性固定法

当分段胎架型线复杂，不适于采用反变形法或由于其他情况而无法采用时，可采取临时增强分段刚性的方法，即将分段四周和中部用马板与胎架固定，以此来强制减少分段的焊接变形。对易于变形的结构部位，还可以采用临时加强装置。例如对于甲板较薄、宽度较大的长江旅游船，在骨架焊接前可在一定的肋距中加装临时宽梁及纵桁，以增加分段本身的刚性。又如制造底部分段时加装压排，双底分段端部加装假肋板等，都能起到临时增强分段刚性的作用。

分段在吊运及翻身过程中，为了防止发生变形，也要结合上述情况采取临时加强措施。

3. 改进装焊工艺

广泛采用分离装配法、箱形框架装焊法，扩大自动焊与半自动焊的使用范围，可同时达到提高焊缝强度及减少变形的目的。对 5 mm 以下的薄板结构，可采用半自动点焊、二氧化碳气体保护焊等工艺进行角接缝的焊接工作。

4. 制订并严格遵守工艺规程

采用合理的焊接程序能使焊接热量分布均匀，减少分段的变形。一般多采用从分段中间向前后左右同时施焊的方法，并且对长焊缝采取逐步退焊、跳跃焊等焊法。必须指出，还应合理地安排装配与焊接阶段的交替程序，分段结构应装配到具有足够的刚性后才开始施焊，对于容易产生总体变形的分段结构，这一点尤其重要。例如，底部分段不正确的焊接程序会导致热量集中,容易造成变形(图 5-49)。

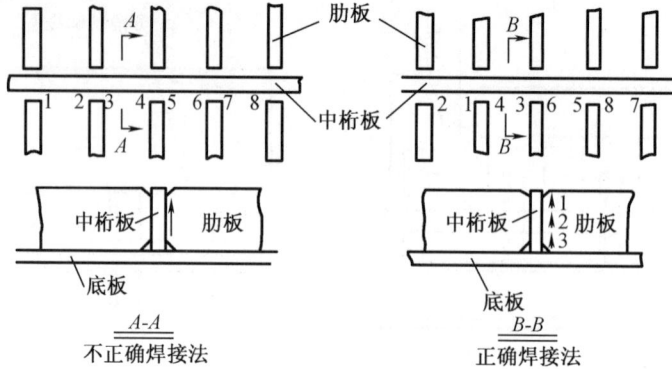

图 5-49 底部分段焊接程序比较

5.掌握正确的焊接规范

焊接规范与焊接变形有很大关系。所谓焊接规范,在手工电弧焊中主要是指焊接的电流强度、焊条直径与牌号、焊波层数、电弧电压、电流种类、焊接速度、直流电焊中的极性等方面的选择。一般来说,焊条直径小,采用焊接电流也小,即输入分段的热量较少,因而焊接变形也较小。而焊件输入热量不仅取决于焊接规范,也取决于焊件的焊缝规格。必须指出,在焊接过程中应使焊缝规格符合设计要求。不适当的、过大的焊脚,不仅浪费了焊条,又增加了焊接热量,扩大了热影响区域,加大了焊接变形。例如肋板与中桁材角焊缝设计要求焊脚高度为 4 mm,实际却焊了 7 mm,其焊缝截面积要比原来大 3 倍,如图 5-50 所示,必然加大焊接变形。

$$\frac{4 \text{ mm 角焊截面积}}{7 \text{ mm 角焊截面积}} = \frac{(1/2) \times 4 \times 4}{(1/2) \times 7 \times 7} \approx \frac{1}{3}$$

6.采取正确的装配间隙与坡口角度

装配间隙与焊缝坡口角度是影响焊接变形的主要因素,因为直接影响到金属熔敷量和焊接热量,从而决定分段变形量。正确地掌握它们,对减少分段变形有着极其重要的意义(图 5-51)。

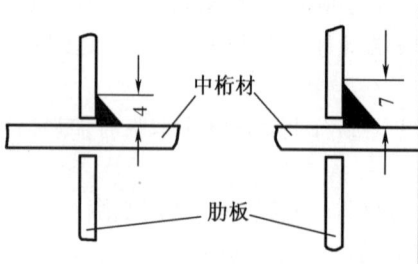

图 5-50 中桁材与肋板角焊比较

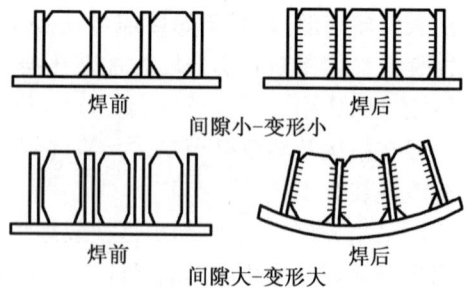

图 5-51 装配间隙对变形的影响

5.8.3 分段焊接变形的矫正与处理

分段完工后,由于各种因素的影响,即使焊前采取了各种措施,往往也难免有一定的变形。因此,矫正变形也就成为必要的工序了。

如正装与倒装双层底分段,其变形趋势上面已有描述。对这些变形可于分段翻身后,将搁置分段的墩木放在靠近两舷的地方,并在中间加压重物(图5-52)再配合水火矫正。

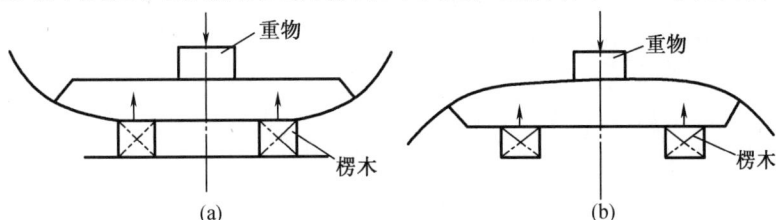

图5-52 双层底分段变形后的矫正
(a)反造双层底分段;(b)正造双层底分段

若分段宽度缩小过多,则会影响分段在船台上的对接工作。在采用上述方法的基础上,将分段邻近端部处的肋板与外板的角焊缝割开,采用螺丝压排将外板拉出,使分段对接型线光顺,如角接缝空隙太大,应采取措施补救。对形成肋骨型线明显突出者,可用水火矫正方法解决。

概括起来,分段变形的矫正处理一般有以下几种方法:

(1)分段压载重物矫正变形。

(2)割开已完成的部分焊缝,重新对接,使分段对接型线光顺。

(3)分段纵向收缩除考虑建造工艺时适当扩大肋距,以抵消纵向收缩量外,一般不做预处理。

(4)舷侧分段变形一般不预处理。但如果由于变形太大,从而引起外板线型变化大而又影响分段对接时,可用火工在变形部位的肋骨处矫正。

(5)甲板分段梁拱的矫正,一般在船台上安装时处理。梁拱减小的甲板,可在分段下用千斤顶顶起;梁拱增大的甲板,可加压铁并配合火工矫正。

(6)舱壁分段变形,一般在焊接后就进行火工矫正。

5.8.4 总段变形的原因

1. 正装总段变形情况

如图5-53所示,其主要原因为:

(1)骨架焊接后产生宽度方向的收缩。

(2)甲板与舷侧的焊接收缩,使甲板的梁拱减小。

(3)纵向的焊接收缩使总段向上翘起。

2. 倒装总段变形情况

如图5-54所示,其主要原因为:

(1)由于总段外板纵向焊缝的横向收缩,而使甲板梁拱增大,但总段总的高度减小。

(2)纵向的焊接收缩,使总段两端向上(船底)翘曲。

当总段钢板较薄时,除产生上述总的变形外,还会出现波浪式变形,因薄板比厚板的刚性差,容易失去稳定性。

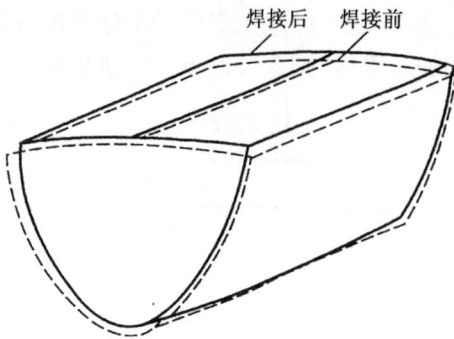

图 5 – 53　正装总段的变形

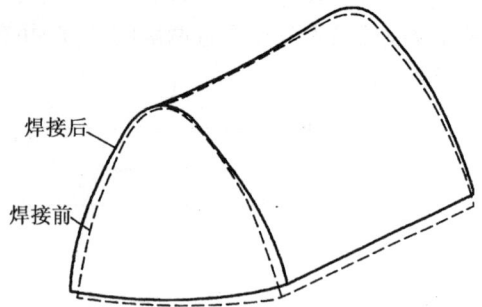

图 5 – 54　倒装总段的变形

5.8.5　总段变形的预防

总段变形的预防措施和分段预防变形的措施相同,可参照实行。通常采用刚性固定法,如设置假舱壁等;采用先进装焊工艺,遵守工艺规程;选用正确的焊接规范,注意装配间隙及焊接坡口等。但是,因为各种因素的影响,总会产生一定的总段变形。总段的变形一般较难处理,对于个别变形严重,并影响其与前后总段对接者,需割开修顺。总段一般在宽度方向变形较多,此时可将甲板与外板的角焊缝或舭部外板的纵接缝割开拉顺,所割长度视具体情况而定,但至少要超过一挡肋距,以利于接头光顺。

任务 5.9　分段和总段的吊运与翻身

5.9.1　分段和总段吊运翻身概述

分段和总段的吊运与翻身是船体建造过程中的一项重要工作。为了将分段和总段中的焊缝置于俯焊位置,需要将分段和总段翻身;在进行船台装配时,需要将完工的分段和总段吊运到船台上去。因此,船厂一般都应配备起重运输设备。由于分段和总段的尺度与质量都较大,在吊运过程中,若考虑不周,会使分段或总段发生变形,甚至造成严重事故,因此,事先要做好周密的分析研究。在分段和总段吊运翻身过程中,一般要考虑以下几方面的问题:

(1)分段和总段的加强措施;

(2)分段和总段的质量大小(包括舾装件与加强材)及吊车的许可负荷;

(3)吊运翻身方式;

(4)吊环数量、强度及其安装位置;

(5)钢索的许可负荷和钢索间的夹角。

5.9.2　分段和总段的加强措施

防止分段和总段在吊运中产生变形,必须确保分段和总段的刚性,即在吊运外力作用下,分段和总段不丧失稳定性。因此,刚性差的分段和总段必须适当加强。加强材的布置根据分段和总段的形状、结构特点及翻身方式来确定。

对于近似正方形的分段,应选择分段的主向构件方向进行翻身。近似长方形的分段,则选择短边方向翻身,如果短边方向是交叉构件,刚性较差,则进行适当加强。对于两端宽度相差较大的分段,由于分段两端吊环受力不均匀,宽端比窄端受力大,宽端钢索张角较大,水平分力也较大,易使宽端失去稳定性,故宜采取纵向翻身。舱壁、舷侧等分段应选择和骨架平行的方向起吊与翻身,并在骨架的垂直方向布置加强材。甲板分段的尺寸一般都较大,结构刚性较差,吊运前除考虑加强外,还可采用吊排(图5-55),使钢索产生的水平分力由吊排来承受,以免甲板失稳。上层建筑和甲板室等分段尺度较大,骨架较弱,钢板也较薄,这类分段的内部都应很好地加强。双层底分段和艏、艉总段因形成封闭体,板架较强且互相牵制,其刚性较好,可少加强或不加强。中部总段在两端环形接缝处如无横舱壁时,应设假舱壁来加强。

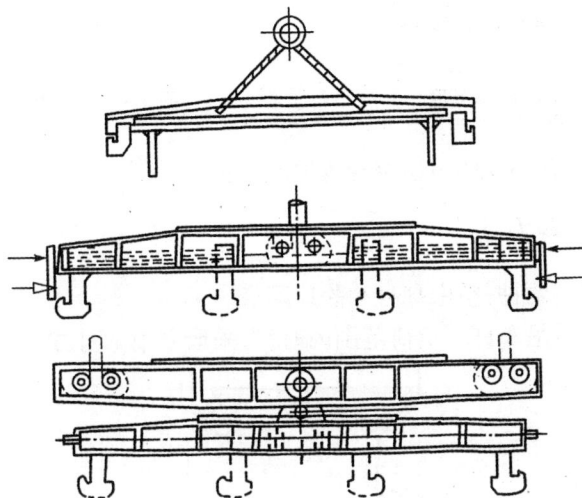

图5-55 吊排

分段对接的接头,有的是骨架超出板材,有的是板材超出骨架。若翻身支承边是板材时,则该边应用型钢加强,让型钢成为翻身的支承点。若翻身支承边为骨架时,则不需加强,但需在分段下垫好墩木,其高度应超过骨架的伸出长度,以免骨架在翻身时受损。

5.9.3 分段和总段质量大小及吊车许可负荷

吊运前,应尽可能正确地估算出分段和总段本身、舾装件、起吊工具(吊环、钢索、卸扣等)和加强材等的质量大小。当分段和总段质量大小在吊车许可负荷能力内,才是安全的;如果超过了吊车能力时,则应考虑采取措施(如两台吊车联吊等),以确保吊运的安全。

在车间内用行车吊运分段时,应注意行车的起吊高度(图5-56)。高架吊车吊运分段和总段时,需要注意吊车的起重幅度。如75 t高架吊车,其起重力臂为20 m,但有效幅度只有15 m(图5-57)。分段尺寸不超过有效幅度时,才能回转方便。另外,还必须注意在相应力臂时的起重量。如75 t高架吊车,当力臂为20 m,起重75 t,当力臂伸到30 m时,起重量则下降到50 t。又如40 t高架吊车,当力臂为20 m时,起重40 t,当力臂增加到30 m时,起重量则下降到26 t。因此,在船台装配时,若用吊车安装距离较远的分段时,便需注意力臂和起重量的关系。

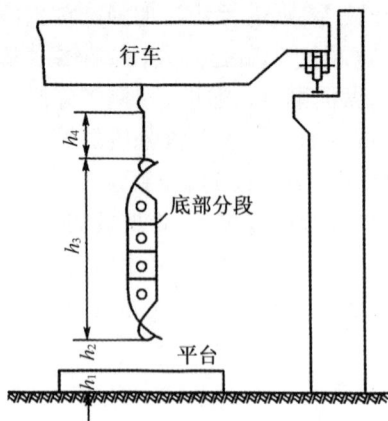

图 5-56 行车的起吊高度

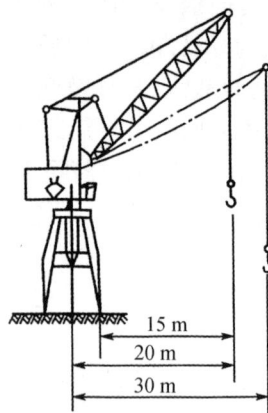

图 5-57 高架吊车的起吊幅度

此外,还应注意留有必要的吊运翻身场地的面积,以保证翻身的安全。

5.9.4 吊运翻身方式

吊运翻身的方式有两种:空中翻身和落地翻身。

当分段质量在一台吊车许可负荷范围内时,可采取空中翻身方式,如图 5-58 所示。

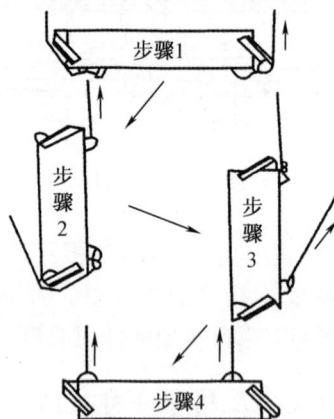

图 5-58 底部分段的空中翻身

图 5-59 是总段的空中翻身,与底部分段的吊运翻身方式类似。

当分段质量过大,但在两台吊车联吊的许可负荷范围内时,可采取落地翻身方式(图 5-60)。落地翻身可借助滚翻装置(图 5-61)来进行,采用滚翻装置可提高翻身的效率,且保证翻身的支承边不致产生变形。

5.9.5 吊环数量及其安装位置

吊环是分段吊运和翻身的主要属具,一般用钢板制成,它主要包括无肘板和有肘板两类。图 5-62 中的几种吊环形式是工厂常使用的。另外还可以根据特殊位置、特殊要求,制作非标准形吊环。

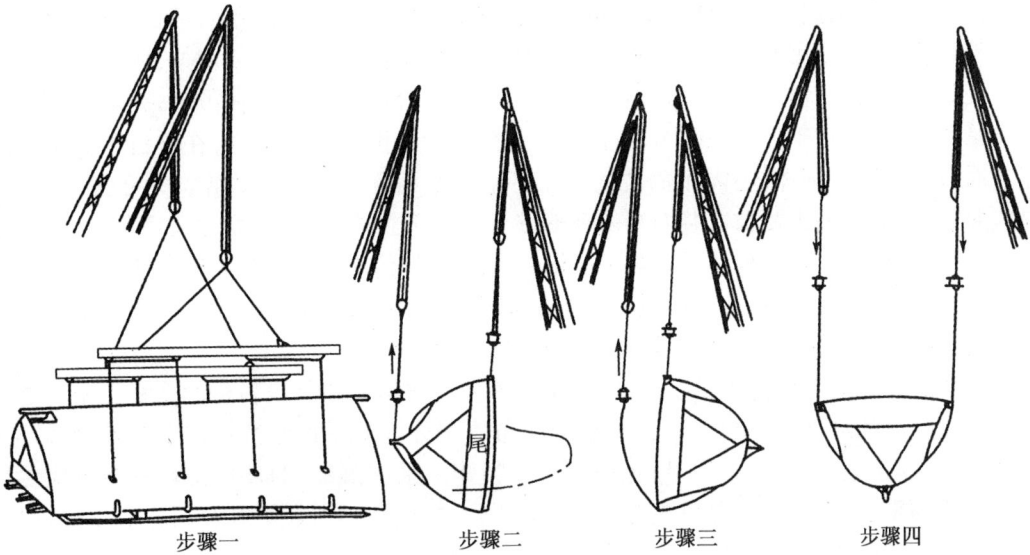

步骤一   步骤二   步骤三   步骤四

图5-59 总段的空中翻身

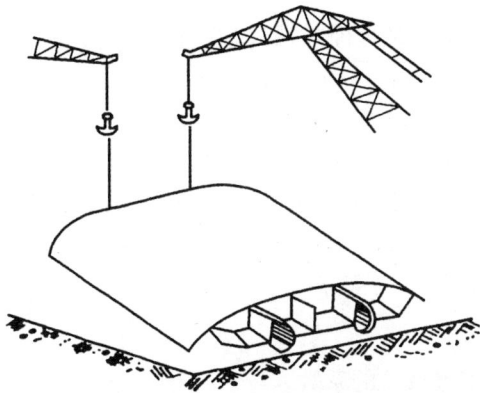

图5-60 两台高架吊车对底部分段进行落地翻身

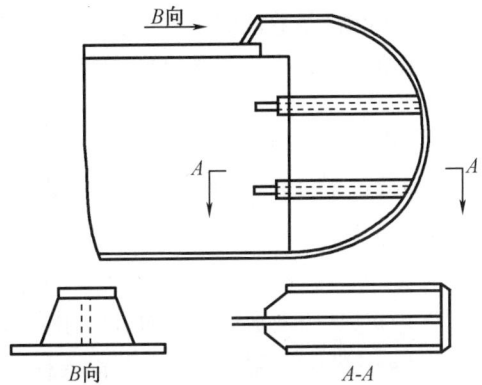

图5-61 滚翻装置

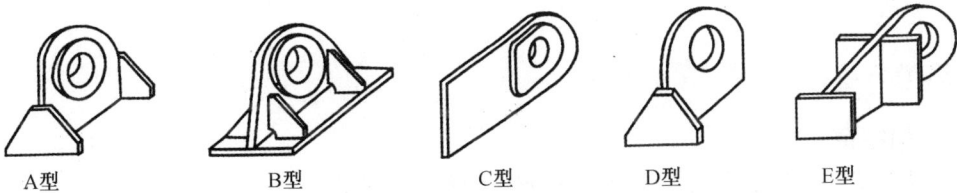

A型   B型   C型   D型   E型

图5-62 吊环形式

    图5-62中B型吊环一般仅限于在分段质量大且母材较薄的结构上安装,例如安装在艉楼甲板上及围壁上,其他情况尽量不使用。C型不带肘板的吊环,只在它的板宽方向具有较大的刚性,它一般与分段骨架按搭接方式安装,一般搭接在舱壁板、肋板、纵桁上。带肘板的吊环A型、D型在两个方向上均具有较大的刚性,它一般成垂直安装在分段表面上。有时根据分段结构特点和吊点位置,可用内部构件做吊环(在构件腹板上开孔并装焊加强复板),这样可免去吊环的安装和拆除作业。

吊环数量应根据分段形状和吊运翻身方式来决定。例如,舱壁、平直舷侧分段等,在制作时不用翻身,分段吊装时也只是将分段吊成直立状态便可进行安装定位,所以只要在分段上安装两个吊环就够了。甲板分段既需要翻身,船台吊装时又要求吊平,一般需要安装六个吊环。但是,对于带在舷侧分段上组成大型分段的甲板分段来说,在进行本大型分段组装时只要用两个吊环,还需不需要安装吊环应按是否需要翻身来决定。对于艏、艉部分舷侧曲面分段,按吊运要求安装四个吊环就够了。至于立体分段、总段和大型分段,一般都应安装六个以上的吊环,具体吊环数量应根据分段结构形式及吊运要求来确定。

吊环的孔眼宜采用钻孔,气割孔眼容易损坏属具。孔眼周围可加焊复板,以增强其剪切强度。吊环要求采用碱性焊条焊接,并经严格检验。

吊环的布置应与分段的重心对称,以保持吊环负荷均衡和分段吊运的平稳。吊环通常应布置在分段的纵、横骨架交叉处,或至少应布置在分段的一根刚性构件上。各个吊环的安装方向应与其受力方向一致,以免吊环产生扭矩。采用落地翻身时,吊环的布置应尽可能在分段的重心平面内,不要布置在分段重心平面之前,更不可布置在分段重心平面之后,以确保安全。此外,吊环安装处的船体内部构件,应进行长约 1 m 的双面连续焊。

5.9.6　钢索的许可负荷和钢索间的夹角

钢索是系吊分段的重要属具,为了使钢索既安全又合理,需要知道钢索所受之力 T。钢索所能承受的重力 P 可按下式求得

$$P = T \times \kappa \tag{5-1}$$

式中 κ 为安全系数。

如果钢索仅受拉伸,取 $\kappa = 6$;如果钢索既受拉伸又有挠曲时,取 $\kappa = 10$。因而钢索的直径为

$$(4P/\pi D^2) \leqslant [\sigma] \text{ 或 } D \geqslant \sqrt{4p/\pi[\sigma]} = \sqrt{4\kappa T/\pi[\sigma]} = K\sqrt{T} \tag{5-2}$$

式中　$[\sigma]$——钢索受拉伸时的许用应力;

$K = \sqrt{4\kappa / \pi[\sigma]}$——与钢索材料及其布置有关的系数。

钢索的长度应根据分段尺寸而定。一般不应使吊运钢索的夹角大于 $90°$,只在个别情况(如分段尺寸较大),夹角可允许适当增大,但不得超过 $120°$,此时需计算水平分力对分段变形的影响。

思考与练习

一、问答题

1. 纵骨架式平直内底边板的双层底分段怎样正装制造?

2. 纵骨架式阶梯形内底边板的双层底分段怎样倒装制造?

3. 图 5-63 为某船横骨架式向下折角内底边板的双层底分段结构简图,单船建造时若在型钢平台上进行装焊,试述:

　(1)怎样选择装配基准面;

　(2)怎样选择合理的装配程序;

　(3)怎样选择合理的焊接程序。

4. 第 3 题若为单层底分段,纵横骨架均为 T 型梁结构时,应当怎样制造?

5. 底部分段装配画纵横构架安装位置线的方法有哪几种?

6. 图 5 – 64 为某船舷侧分段型线,其纵向曲度较大,请合理设计胎架。要求:

(1)绘出胎架基准面、中心线;

(2)外板厚 10 mm,按 1∶10 绘出各块胎板,并用阴影表示出 7# 胎板。

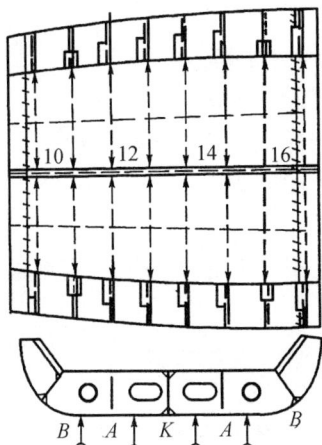

图 5 – 63 第 3 题图

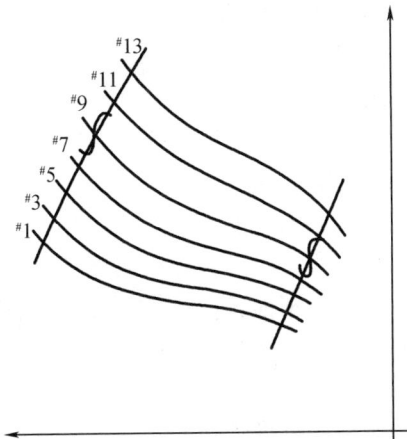

图 5 – 64 第 6 题图

7. 第 6 题若为横骨架式舷侧分段,应当怎样制造?

8. 试述纵骨架式甲板分段的装焊程序。

9. 图 5 – 65 为一横骨架式甲板分段结构简图,试述该分段合理的装焊步骤。

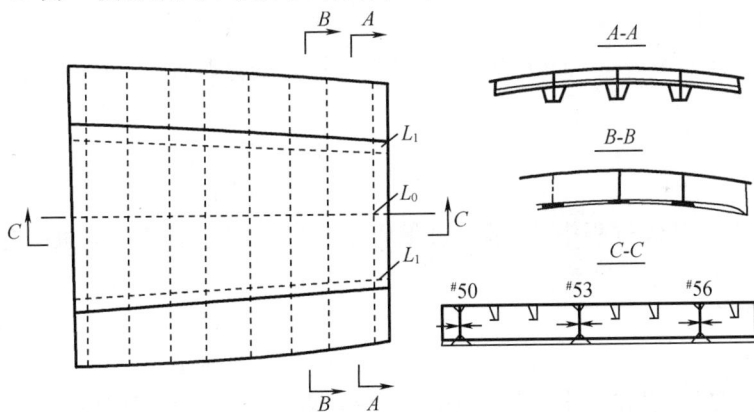

图 5 – 65 第 9 题图

10. 船体分段的焊接变形怎样预防与矫正?

11. 横骨架式尾部总段怎样制造?

12. 横骨架式首部总段怎样制造?

13. 简述满挡板安装方式。

14. 船体中部的底部、舱壁、舷侧、甲板各分段怎样组装成中部总段?

15. 什么情况下采用总段装配?

16. 说明船体尾总段装配过程中切除满挡板四周余量所采用准线法的基本过程。

17. 船总段的焊接变形怎样防止?

18. 船体分段和总段的吊运与翻身应考虑哪些问题?

19. 船体分段的吊运翻身方式有哪几种?

20. 吊环应当怎样设计与制造?

二、**选择题**(单项选择题,即只有一个答案是对的)

1. 船底分段中的 K 行板是: ( )

    A. 内底边板   B. 内底中心板

    C. 外底边板   D. 外底中心板

2. 在胎板式胎架上制造船体分(总)段时,船体板与胎板的连接方法一般是: ( )

    A. 直接用定位焊固定   B. 用钢索固定

    C. 不直接定位焊,通过马板来连接   D. 不需固定

3. 双层底分段中曲形外底板装配时,一般是尽量把刚吊上胎架的后一列钢板插入已定位好的前一列底板下面,进行切割余量。这种方法叫: ( )

    A. 套割   B. 借对

    C. 余量线法   D. 标准线法

4. 船体分段中纵横骨架的安装主要有 3 种方法。下列不正确的方法是: ( )

    A. 分离装配法   B. 放射装配法

    C. 插入装配法   D. 正装或倒装法

5. 当甲板分段的钢板较薄时(6 mm 以下),宜交叉装配纵横骨架,待全部骨架装配完成后,再进行焊接。这种装配方法是: ( )

    A. 分离装配法   B. 放射装配法

    C. 插入装配法   D. 正装或倒装法

6. 上层建筑(或甲板室)分段的装焊工艺与甲板分段的类似,一般采用的建造方法是: ( )

    A. 正装法   B. 倒装法

    C. 卧装法   D. 其他方法

7. 在船体分段装焊过程中,要求尽可量将该分段范围内的舾装件也一起装焊妥的工艺,叫作: ( )

    A. 分段舾装   B. 分段翻身

    C. 胎架制造   D. 舾装件制造

8. 船体分(总)段在吊离平台或胎架前,都要在外表面上画好定位线。这些定位线是: ( )

    A. 中心线、基准肋骨线、水平检验线等   B. 余量线

    C. 切割线   D. 检验线

9. 船体尾部托底小分段的预制最佳装配方法是: ( )

    A. 正装法   B. 卧装法

    C. 倒装法   D. 放射装配法

10. 尾总段装配过程中,在逐行安装舷侧顶板至托底小分段之间的外板时,必须预留一块外板暂不安装,以改善内部通风条件,待内部工作全部完成后再进行安装,这块暂留外板叫: ( )

    A. 满挡板   B. 马板

    C. 临时加强板   D. 熄弧工艺板

11. 在分段和总段吊运翻身过程中,不需要考虑的问题是: （　　）

A. 是否要采取加强措施　　　　　　　B. 如何安装吊环

C. 选择什么装焊程序　　　　　　　　D. 吊车的许可负荷

12. 在吊运翻身过程时,如中部总段在两端环形接缝处无横舱壁时,应设_____来加强。

（　　）

A. 假横舱壁　　　　　　　　　　　　B. 假纵舱壁

C. 真横舱壁　　　　　　　　　　　　D. 真纵舱壁

三、判断题(对的打"√",错的打"×")

1. 船体分(总)段的制造一般只需制订其装配与焊接程序,其他如平台或胎架的选择、焊接变形的预防与矫正、预舾装、吊运与翻身方法等不必考虑。（　　）

2. 双层底分段的内底边板都是平直的,没有向下折角、向上折角或阶梯形等形式的,因此,全部都可以倒装制造。（　　）

3. 船体分(总)段的装焊工艺一般要求边装边焊,即装配好一个构件,就焊接好该构件与其他构件连接的所有焊缝。（　　）

4. 舷侧分段装配好后,应先进行骨架之间的对接缝焊接,再进行骨架之间的立角缝焊接,最后焊接构件与外板的角接焊缝。（　　）

5. 实施分段舾装,有利于改善舾装条件,缩短整个造船周期,但是却增加了分段的重量。权衡利弊,要大力推行分段舾装。（　　）

6. 甲板分段一般采用正装法制造。（　　）

7. 上层建筑分段由顶甲板、围壁板和扶强材等组成,一般采用正造法进行建造。

（　　）

8. 分段在装配焊接后,往往会产生纵向及横向的收缩和翘曲变形,主要原因是因为焊缝位置不对称于中和轴,在装焊过程中的工艺措施不当等因素所造成。（　　）

9. 一般来说,船体分(总)段的焊接变形是不可避免的。但我们可以采取一定的措施,尽量控制和减少焊接变形,完成分(总)段的制造任务。（　　）

10. 船体分(总)段的焊接变形没有规律可循,不能用加放反变形的方法予以预防和控制。（　　）

11. 一般来说,分段的焊接变形可以矫正,而总段的焊接变形没办法矫正,若变形严重,则只能报废。（　　）

12. 船体尾总段装配过程中的满挡板四周均应留有余量。（　　）

13. 尾总段与其他总段合拢的一端,所有纵向接缝,都应保留一段长度(通常为150～250 mm)暂不焊接,以便在船台装配时用于借对和借直,以保证与其他总段间的型线接顺。

（　　）

14. 核算分段或总段的质量时,只需计算其本身的质量,不必考虑舾装件、起吊工具(如吊环、钢索、卸扣)和加强材等的质量。（　　）

15. 吊环通常应布置在分段的纵、横骨架交叉处,或至少应布置在分段的一根刚性构件上。

（　　）

项目6 船台装配

● 项目要求

知识要求

1. 熟悉船台装配的主要设施；
2. 熟悉船台装配前应做的主要准备工作；
3. 熟悉常见的船台装配方式及其工艺特点；
4. 熟悉在纵向倾斜船台上用塔式建造法进行船体总装的工艺过程；
5. 熟悉船台无余量装配的含义及意义；
6. 熟悉"一刀齐""水平企口"的工艺概念；
7. 了解船体总装焊接变形的原因；
8. 了解船体建造精度管理的基本内容与要求；
9. 了解船台无余量装配对分段划分的要求。

能力要求

1. 能编制用塔式建造法进行船体总装的工艺流程与施工要领；
2. 能编制用总段建造法进行船体总装的工艺流程与施工要领；
3. 能编制整体建造法的总装程序；
4. 经过实训，能参与船体总装的测量、定位等技术工作。

船台装配属于船体总装。船体总装可以在船台上进行，也可以在船坞里进行，通常统称为船台装配。船体总装是在部件装焊、分段或总段装焊的基础上，最后完成船壳整体装配的工艺阶段。它对保证船体建造质量，缩短船舶建造周期有着直接的关系。

任务6.1 总装设施——船台和船坞

船台和船坞是将各个零件、部件、分段或总段组装成整个船体的场所，位于船体装焊车间附近，同时又濒临水域。

6.1.1 船台

船台是陆地上船舶建造的场所，又是依靠下水装置将船舶移至水域的场所，一般可分为倾斜船台和水平船台两类。

（1）纵向倾斜船台（图6-1）

这是目前船体建造和下水最普遍采用的一种形式，船台平面具有一定的倾斜度（即船台坡度），通常取1/24～1/14。为便于分段在船台上总装，船台上通常配备有下列工艺装备。

①船台中心线槽钢 位于船台中心线上,槽钢上画有中心线及肋骨线等标志,作为分段或总段定位的依据。

②高度标杆 设置在船台的两侧,其上标有基线、水线、甲板边线及其他有关高度的检验线,作为分段安装高度的基准。

③船台拉桩 埋置在船台地面上,供分段定位时拉曳用。

④脚手架 设置于舷外和舱内(图6-2)。

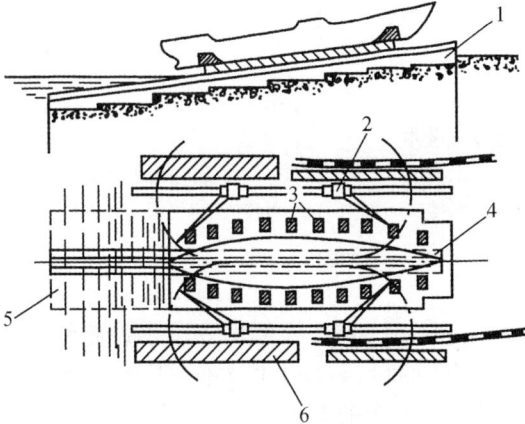

图6-1 纵向倾斜船台

1—船台;2—起重机;3—脚手架;
4—滑道;5—浮台;6—配套场地

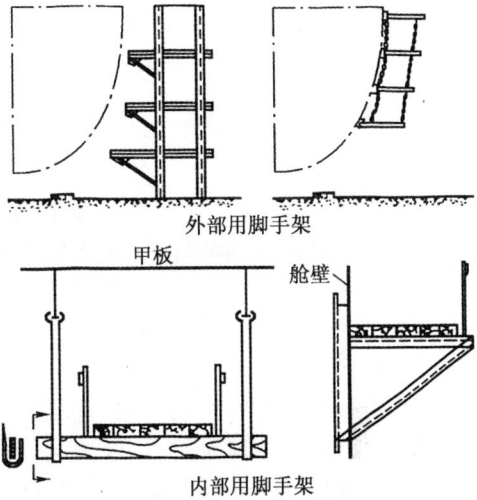

外部用脚手架

内部用脚手架

图6-2 造船用脚手架

⑤墩木 供搁置船体用,常见的有木墩、水泥墩和铁墩(图6-3)。还有可调节式铁墩,见图6-4,图6-4(a)中是一种活动升降钢墩木,图中右半边表示升高时的情形,左半边表示降低时的情形;图6-4(b)是一种机械调整式墩木,通过液压千斤顶带动下斜楔平移,使上斜楔做升降移动,以调节墩木的高度;图6-4(c)是一种船底千斤顶。使用这些装置时,在分段定位和纵横焊缝焊好后,必须加上普通墩木支顶船舶,以免千斤顶产生集中负荷。

船台上除了配置高架吊车及其主要工艺装备外,必须配置电力、压缩空气、氧气、乙炔、水及蒸气等动力供应设施。

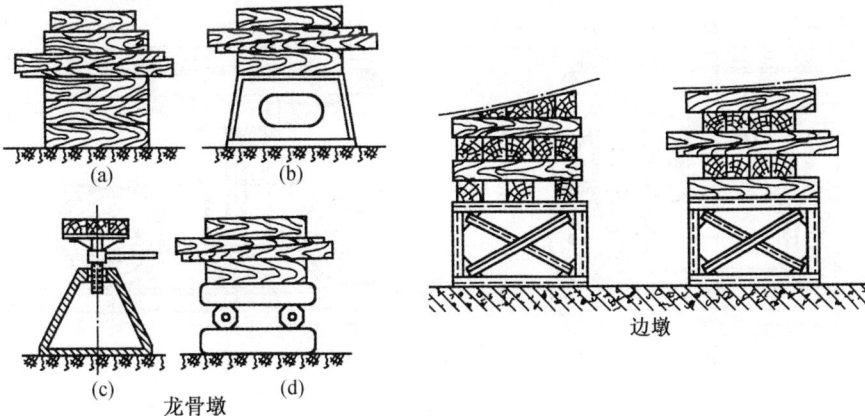

(a) (b)

(c) (d)

龙骨墩

边墩

图6-3 墩木

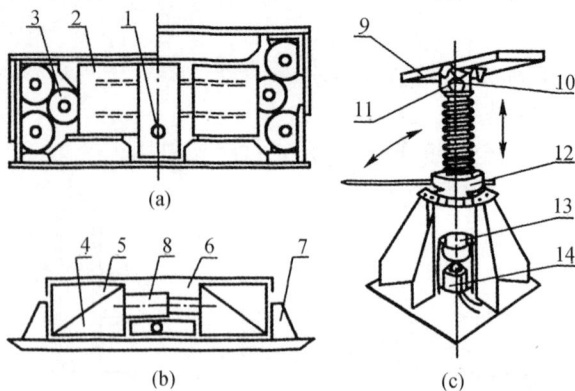

图 6-4 可调节式墩木

1—作用蜗杆轴;2—作用螺母;3—作用滚轮;4—下斜架;5—上斜架;6—拉紧板;7—支撑板;8—滚压千斤顶;
9—船底支承台;10—头球部;11—支承;12—安全螺母;13—螺杆;14—可移油压千斤顶

（2）水平船台

船台表面呈水平状态的船台,通常与机械化滑道、升船机、浮船坞等下水设施结合使用,其基建投资大,占地面积多。其优点是能排列多个船台,装焊工作方便,下水安全可靠,并可以双向使用,能下水,也能上排,因此常见于中型船舶修造厂。

水平船台除了应具有倾斜船台的工艺装备外,还须有以下两种工艺装备。

①船台肋骨线槽钢 它是沿全船的基准肋骨线处,横向嵌埋在船台两侧的槽钢(图6-14),作为分段或总段安装定位时,决定纵向位置用。

②移船设备 由船台小车和钢轨组成(有的采用钢柱滚道代替船台小车)。船台小车有纵移和横移两种运动方向,是利用小车本身的液压顶杆来进行不卸载的轮子自动或手动转向90°所实现的(图6-5)。它又分自动小车和非自动小车两种。

必须指出,在纵向倾斜船台或造船坞内采用串联建造法时,还必须配置相应的移动和控制船体尾段的工艺装备。

随着船舶向大型化发展,采用纵向倾斜船台造船不但在船体装配和下水工艺方面带来很大的困难,并且大型船台的造价也十分昂贵。故目前排水量在10万吨级以上的船舶大多采用造船坞来建造。

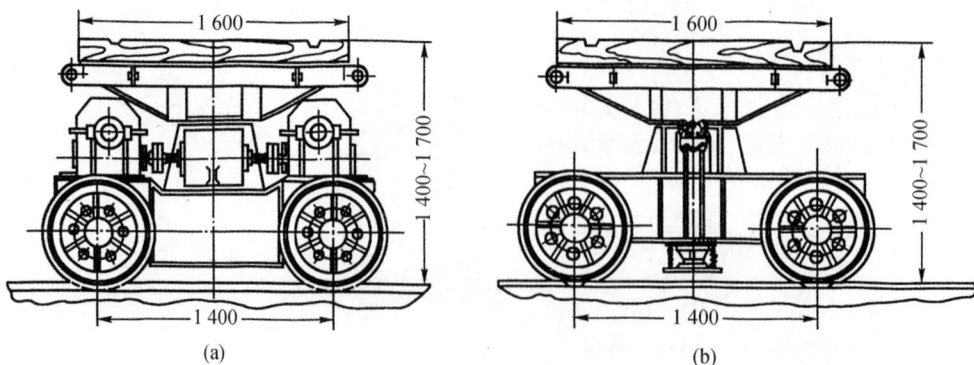

图 6-5 船台小车

(a)自动小车;(b)非自动小车

6.1.2 船坞

船坞是低于水面、端部设有闸门,在闸门关闭后能将水排干以从事船舶修造的水工建筑物。它具有水平船台的一些优点,同时由于坞面低于地面,可降低坞边吊车的高度,且能大大简化船舶下水工艺。

根据坞的深度,船坞分为两种:浅的用于造船,称为造船坞;深的用于修船,称为修船坞。造船坞一般都配置横跨船坞的大跨距大举力的龙门式起重机,而坞侧有大面积的预装配区。

任务6.2　船体总装方式

6.2.1　单艘船建造

(1)水平建造法　在船台上先将船底分段装焊完毕,再向上逐层装焊直至形成船体的造船方法。它由整体造船法演变而来,将零部件上船台散装改为以分段为单元上船台安装。这种建造方法船台建造周期较长,焊接变形较大,难以采用预舾装,可用于建造船台散装件较多的船,如图6-6所示。

(2)塔式建造法　在船台上以某一底部分段为基准分段,由此向前后左右,由下而上地进行装焊,在建造过程中始终保持下面宽上面窄的宝塔形状,如图6-所示7。与水平建造法相比,其作业面较宽广,刚性也稍好,但焊接变形仍较大。

(3)岛式建造法　有两个或两个以上基准分段同时进行船体总装的建造方法。它由塔式建造法发展而来,岛与岛之间用一个嵌补分段连接。这种方法有两个或三个建造中心,可分别称为二岛式或三岛式(图6-8)。它比塔式建造法作业面更广,焊接变形较小,适宜于造大船,但嵌补分段的安装难度较大。

(4)总段建造法　以总段作为船体总装单元的建造方法。由于总段较大,刚性好,并有较完整的空间,因此能减少船台工作量和焊接变形,提高总段内预舾装程度。但受船台起重能力的限制较大,一般只用于建造中小型船舶(图6-9)。

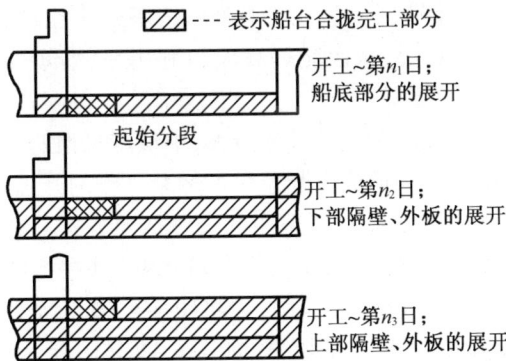

图6-6　水平建造法

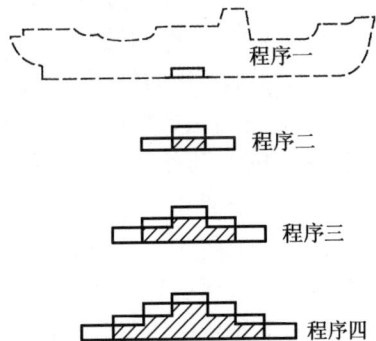

图6-7　塔式建造法

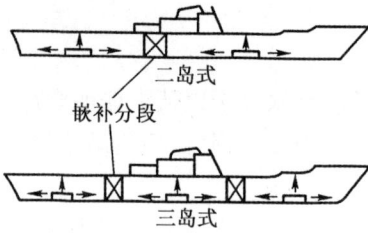

图6-8 岛式建造法

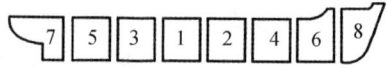

图6-9 总段建造法

（5）两段建造法　也称两段建造水上装配法或坞内装配法。它是将船体分为两段，在船台上分别建成后下水，然后再合龙成整个船体（图6-10）。

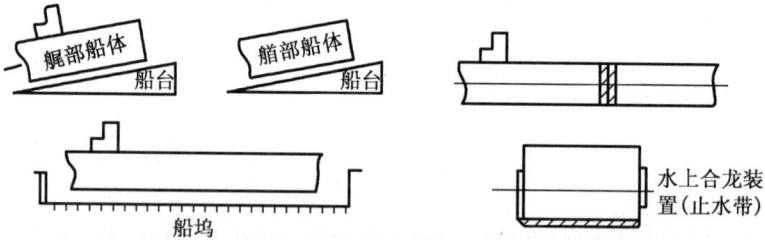

图6-10 两段建造法

6.2.2　批量船建造

（1）串联建造法　当第1艘船在船台末端建造时，第2艘船的尾部在船台前端同时施工；待第1艘船下水后，便将第2艘船的尾部移至末端，继续安装其他分段，形成整个船体。与此同时，可在船台前端开始第3艘船尾部的施工，如图6-11所示。

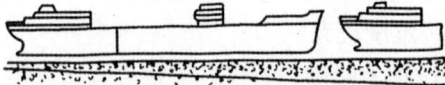

图6-11 串联建造法

此法的实质是将船体分为前后两个不同的建造区（岛），后艘船岛按塔式法建造，然后移位，因此岛与岛之间不必嵌补，而是直接进行对接，从而能提高船台利用率，缩短船舶建造周期；但需增加专用的移船装置，且移位要求较高。

采用串联建造法的船台长度约为1.5倍船长，适用于批量建造大、中型尾机型船。这是考虑到尾机型船的机舱和泵舱均位于尾部，尾段提早形成有利于早期舾装工作的开展。

（2）三阶段建造法　这是20世纪70年代建造的船厂所采用的一种造船方式。它以在坞中舾装为目的，将建造工程分为几个阶段，以使船体和舾装的作业量均衡，并在坞中进行主机安装和试车，出坞后可立即进行试航。以三工位方式为例，它将船舶建造工程分为船尾建造、船首和平行中体建造、舾装工作3个建造阶段，有直线式，如图6-12（a）所示；也有侧坞式，如图6-12（b）所示。

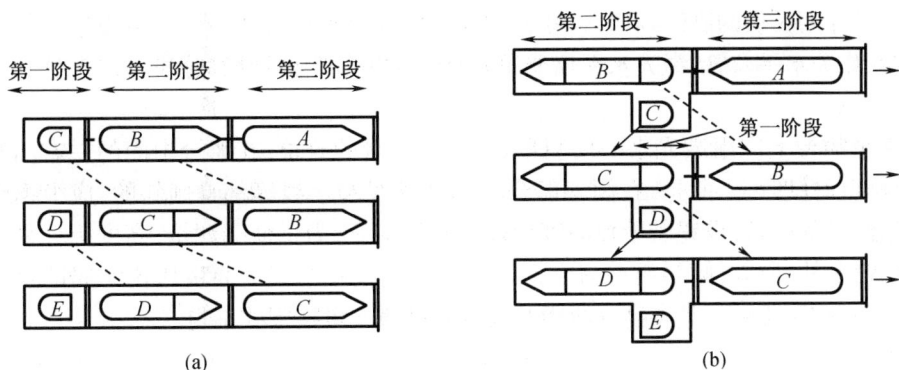

图 6-12 三阶段建造法

(a)直线式;(b)侧坞式

任务 6.3 船台装配的准备工作

我国绝大多数船厂均在船台上进行船体总装。船台装配的准备工作,是保证船体总装的施工质量和进度的重要措施,必须切实做好。该准备工作分为船台上的和船体上的准备工作两部分。

6.3.1 船台上的准备工作

(1)船台中心线 通常可用激光经纬仪在船台中心线槽钢上画出船台中心线,如图 6-13 所示。操作时,将激光经纬仪安置在船台中心线的端点 B,对中整平后,发射激光点到槽钢上(应超越船的尾端),每隔 1.5~2 m 画出一点,然后将所有点连成直线,即为船台中心线。

在没有激光经纬仪的船厂中,则可用拉钢丝吊线锤的传统方法来画出船台中心线。

(2)船台肋骨线 在倾斜船台上一般不设船台肋骨线槽钢,只在船台中心线槽钢上逐挡或间隔 5 挡画出肋骨位置线,并用色漆标上肋骨号码。

在水平船台上先在船台中心线上画出基准肋骨线的位置,然后用激光经纬仪及五棱镜在船台肋骨线槽钢上作出基准肋骨线。没有激光经纬仪时,可用几何学中作垂线的方法作出基准肋骨线(图 6-14)。

当船体基线倾斜时,因为它与船台中心线不平行,必须注意所画的肋骨间距不应等于理论肋骨间距值。

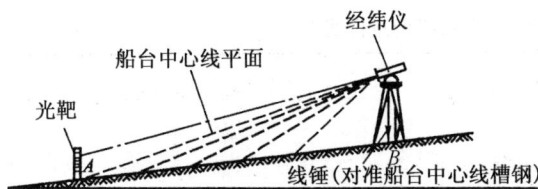

图 6-13 画船台中心线

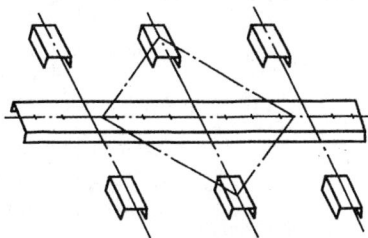

图 6-14 作基准肋骨线

(3)绘制高度标杆上的高度线

根据放样间提供的高度样棒,在船台的高度标杆上画出基线、水线、甲板边线等全部理论高度线,作为水平软管、激光水平仪或激光经纬仪进行船台铺墩、分段吊装定位和检验的基础。

在水平船台上应用激光水平仪测量时,根据测量的要求,在船台中间的左右两侧各设置一根高度标杆即可。但是,在倾斜船台上船体基线和水线等都是倾斜的,应根据激光水平仪转站测量的要求,设置若干根高度标杆。必须注意,为了便于测量,高度标杆都是垂直于水平面设置的,所以,倾斜船台高度标杆上各高度线距基线的高度值比实船的理论高度值小,如图 6-15 所示。其各高度线距基线的高度值 h 可按下式求得

$$h = H \cdot \cos \alpha$$

式中　H——实船各高度线距基线的理论高度值;

　　　α——船体基线与水平面的倾角。

至于各高度标杆的基线,可利用激光经纬仪根据龙骨坡度将望远镜调至所要求的倾角 α 来画出。

此外,在准备工作方面,对船台两侧设置的高架吊车以及供施工用的压缩空气、水管、电路、乙炔、氧气、蒸汽等系统管路,均须进行检查。

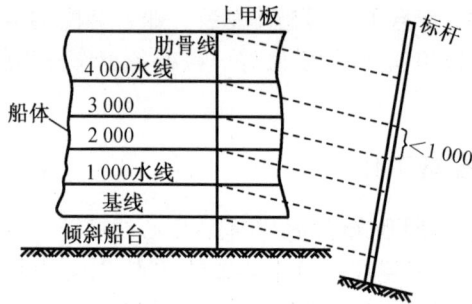

图 6-15　倾斜船台上高度标杆与船体各高度线的关系

6.3.2　船体上的准备工作

(1)画出分(总)段的船台定位线和对合线

这项工作是属于船体结构预装配的任务,用来确定分段或总段在船台上的位置,保证船体尺度的正确性。因此,在船台装配前必须检查是否已画出各分段或总段的船台安装定位线。

各种分段的定位线说明见表 6-1。

表 6-1　各种分段的船台定位线

分段种类	船台安装定位线
船底分段	分段中心线 分段基准肋骨线 分段水平检验线 内底板上舱壁位置线

舷侧分段	水线 1~2 根(高的舷侧分段上下边各画一根) 甲板边线 分段基准肋骨线(与船底同号) 舱壁位置线
甲板分段	分段中心线 分段基准肋骨线(与舷侧同号) 舱壁位置线
舱壁分段	分段中心线 水线 1~2 根

分段对合线是作为分段与分段对接时对准用的。通常在分段左右或上下各画一根与分段大接缝线垂直的短直线。对接的两个分段上的对合线位置应统一(图6-16),以便对准定位,否则失去对合线的意义。

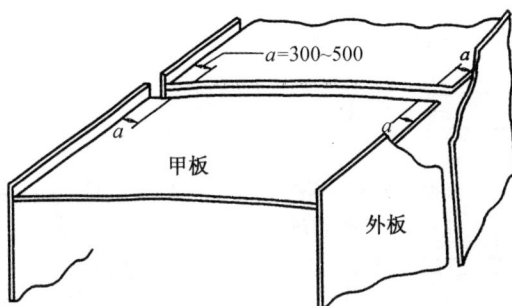

图6-16　甲板分段对合线

(2)船台装配临时支撑的设置

临时支撑的作用在于保证分段在船台装配时的位置和型线,并作为分段和总段的支承装置。例如,当舷侧分段未跨及舱壁时,则需要安装1~2道部分假舱壁,作为吊装舷侧分段的依靠。在安装甲板分段时,如果甲板分段没有适当的支撑结构(支柱、舱壁或甲板边板等),则需设置适当数量的临时支柱,作为吊装甲板分段时的依靠。采用总段建造法时,如果总段端部无舱壁或强肋骨框架,便要设置假舱壁以增强总段吊运时的刚性,保证总段大接缝处的正确型线。因此,临时支撑的安装,有些是在船体结构预装配中进行的,有些是在船台装配时进行的,属于船台装配的准备工作。

假舱壁不论是部分的还是整体的,临时支撑不管是长的还是短的,都是用废旧钢板、钢管、型钢等制成。它们的制造和安装都要花费一定的材料和工时,应尽可能少用或不用。如果建造一艘船舶需要花费大量的临时支撑材,这在一定程度上反映了分段划分和船台装配方式存在某些问题,需要加以改进。

(3)安装吊环

按照项目5任务5.9的要求,布置和装焊好起重吊环。

任务6.4 船台装焊工艺(一)

现以在纵向倾斜船台上用塔式法建造万吨级船体为例,说明船台装焊工艺的要点。

6.4.1 底部基准分段的定位

基准分段是船台搭载起始点,其选择应使船台上舾装工作与船体建造能同时完成。由于机舱舾装工作量大,一般常把起始点选在机舱及其附近,以便使机舱部船体尽早形成,尽早开展舾装工作。

基准分段通常是底部分段,吊运底部分段到船台上相应的位置处,这些地方事先按照底部分段强骨架位置和基线高度铺设好墩木,在墩木上放置能移动和升降分段用的油泵弹子盘(图6-17),水平船台可利用船台小车,亦可在墩木上放置涂有牛油的钢板等。而被吊运的底部分段,应在其K行板外表面的前后端肋板处焊两只眼环,并各装两只松紧螺旋扣,以便调整底部分段的前后和左右位置时用(图6-18)。这样吊上船台相应位置处的底部分段必须对好船台上的各种线(图6-19),定位好后再予固定。

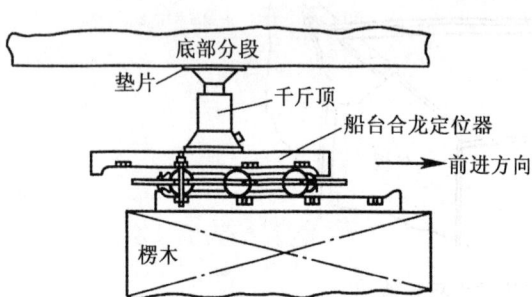

图6-17 弹子盘油压千斤顶

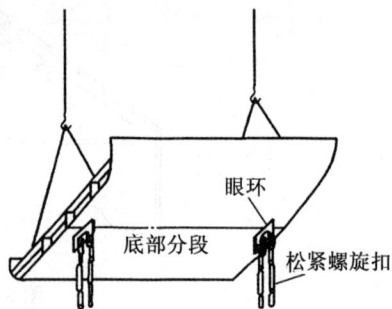

图6-18 前后松紧螺旋扣的位置

(1)使分段定位肋骨线对准船台上相应的肋骨线,以确定分段长度方向上的位置(图6-19)。

(2)使分段中心线对准船台槽钢中心线(图6-19),以确定分段宽度方向上的位置。

以上两种定位一般都采用线锤检验,如发现偏差,可利用船台上的拉桩作为力点,用松紧螺丝进行前后左右调节。

(3)校正分段基线高度。一般可用水平软管或激光经纬仪,以高度标杆为基准。从船底测量分段的高度,以确定分段在高度方向上的位置(图6-19)。如有偏差,可用油泵顶高或将木楔放松来调节。测量高度时应注意船体的倾斜度。

(4)测量分段左右水平检验线,以确定分段的左右水平度,方法同高度的测量与调节。

以上几项调整工作互有影响,因此需反复多次,直到各个方向都符合要求为止。

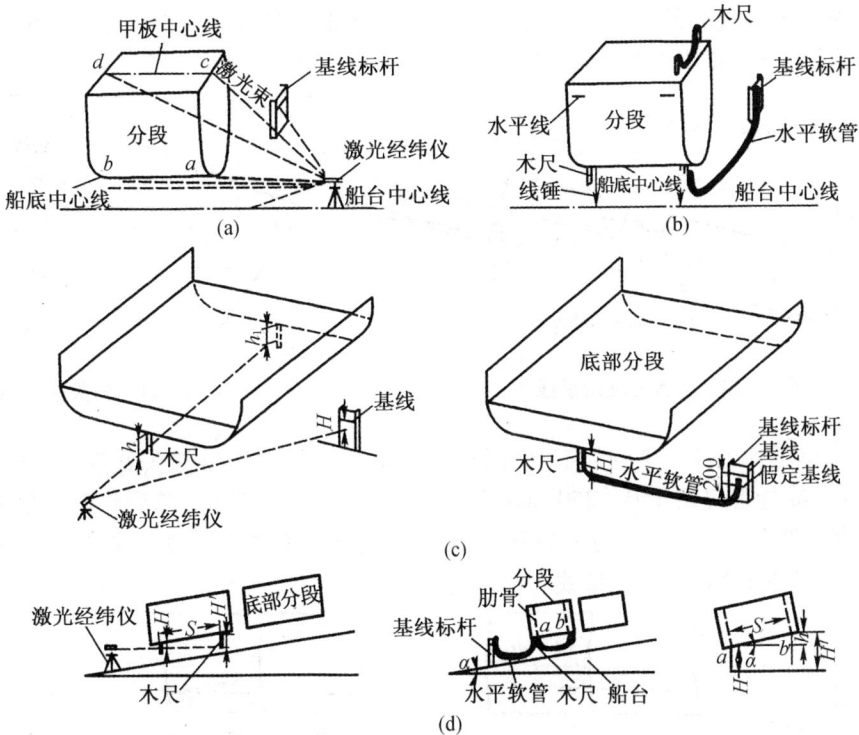

图 6 – 19　底部分段的定位测量
(a)用激光经纬仪的分段定位;(b)用水平软管线锤的分段定位;
(c)水平船台上测量底部分段距基线高度;(d)倾斜船台上测量部分段距基线高度

6.4.2　相邻底部分段吊装

1.定位

其方法与基准分段的定位基本相同。考虑到大接头端部放有余量,新吊装的分段应离开基准分段一段距离(图6-20)。然后根据两分段肋骨检验线间的距离与船台上两肋骨检验线间的距离的差值,可求出应该切除的余量值。如采用无余量上船台工艺,则可直接靠拢、定位。

2.拉拢与对接

当分段大接缝余量割除,并对坡口进行加工后,便可将分段向基准分段拉拢,再一次测量分段位置,最后将大接缝用电焊进行点焊(定位焊),安装大接头附近的内部骨架。大接缝处坡口加工的方法可用风动批凿、气割或碳弧气刨。坡口一般开在内面。

3.焊接

为防止变形,通常应左右对称地进行焊接,并且应装配好若干个分段后再开始焊接,以使船体刚性增大,不易产生上翘变形。内面先焊,外面扣槽封底焊。

4.拍片检验

拍片部位由检验员确定,拍片比例按工艺要求,军品高些,一般为 5% ~8% ;民品低些,一般为 3% ~5% 。

总装时的技巧是:分段接缝在进行定位焊时,往往会产生骨架与骨架对不准的现象,这时可将一根骨架与板间的定位焊拆去约一挡肋距,或将相对接的两根骨架与板间的定位焊都拆去,而将其借直或借对(图6-21)。

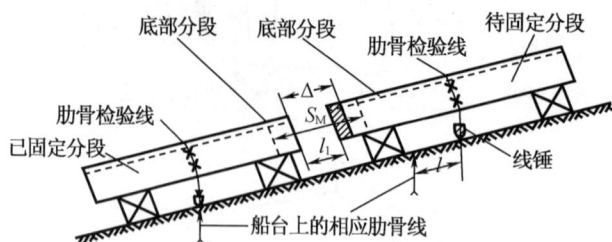

图6-20　船台上画余量线方法

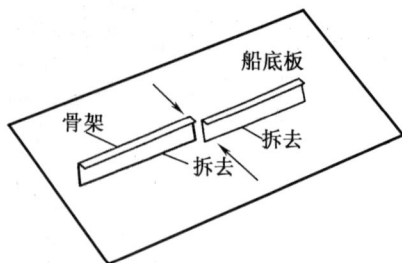

图6-21　骨架的借对

外板定位焊到舭部产生圆势不对(图6-22(a))时,可将焊缝接头处割开(在分段制造时,大接缝处纵缝都应留150~250 mm不焊),从下向上逐渐装配,最后将伸长出来的多余部分切割掉(图6-22(b))。为了防止焊接变形,外板定位焊后应加装梳状马。一般纵骨架式结构,可少装梳状马,而在型线弯曲处适当增加。

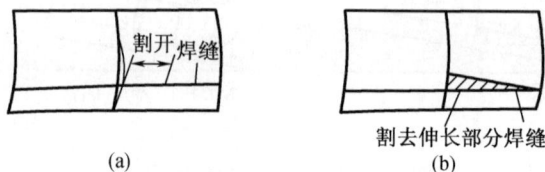

图6-22　舭部接缝
(a)割开焊缝接头;(b)切除伸长部分

6.4.3　舱壁分段吊装

舱壁分段有纵舱壁及横舱壁两种。底部分段对接后,在该区域内先装纵舱壁,然后将横舱壁靠上,这样安装较方便。也有先装横舱壁,后装纵舱壁,再将另一端横舱壁装上的交叉装配法。

1.内底板上画线

2.吊装横舱壁(下口有余量)

为防止横舱壁倒下,并调节其与内底板间的垂直度,可在前后用松紧螺旋扣固定,吊装纵舱壁也一样,如图6-23所示。

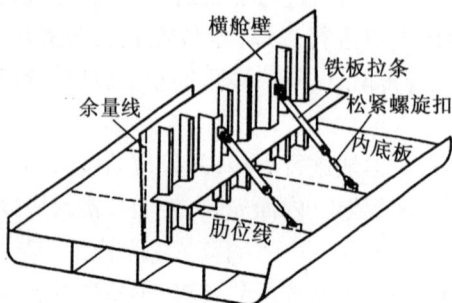

图6-23　纵舱壁的安装

3. 定位

下口对准内底板上画好的肋骨线,上口挂线锤,测定其夹角;左右对准中心线;高低方向可预先放高些,与高度标杆对照后,决定应该切除的余量值;水平度可用玻璃软管测量,如图 6－24 所示。

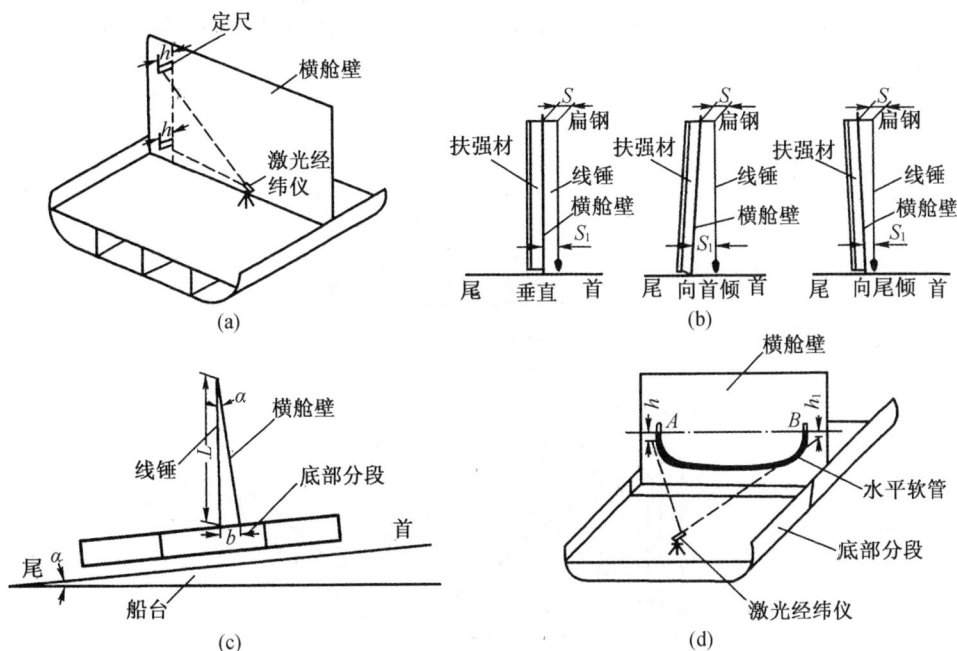

图 6－24　横舱壁的定位测量
(a)用激光经纬仪测量舱壁垂直度;(b)水平船台上用线锤测舱壁垂直线;
(c)倾斜船台上用线锤测舱壁垂直度;(d)舱壁水平位置的测量

4. 割除余量

特别应注意舭部横舱壁余量的割除,量取余量值时,应从铅垂方向量(图 6－25)。

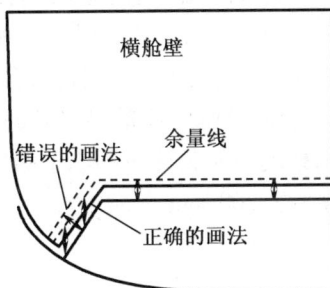

图 6－25　画内底边板处的横舱壁余量线

5. 定位焊

在内底板上定位焊是从中间开始,向两舷展开的。对槽形舱壁则应先定槽形转角,后定平直部分。

纵舱壁的装配方法基本上与横舱壁的装配方法相同。当纵舱壁装配完毕,首尾两端若有余量则需画线切割正确,以便靠上横舱壁。

6.4.4　舷侧分段吊装

舷侧分段的安装一般以横舱壁为支撑。若该区域没有横舱壁,可用假舱壁替代,以帮助舷侧分段的定位,如图 6 – 26 和图 6 – 27 所示。

舷侧分段的定位与其他分段相仿。当高度线与甲板边线有出入时,应以甲板边线高度为准。

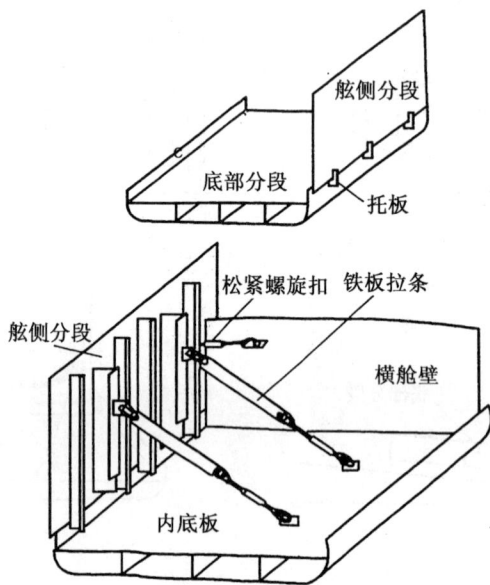

图 6 – 26　舷侧分段的定位

对于横向倾斜度较大的部分舷侧分段,在画下口余量线时,画图时要特别注意。如图 6 – 28 中,$P_1 \neq P$,应按 P 画,不应按 P_1 画。

艏部骨架连接的结构有 3 种形式:第 1 种是肋骨与内底板通过舭肘板连接,如图 6 – 29(a)所示。舷侧分段的肋骨伸到内底板上需对准内底板上的对应肋骨线,然后将舭肘板装上。第 2 种是强肋骨与舭肘板对接,如图 6 – 29(b)所示。装配时先将舭肘板对好外板型线,若圆势不对,应检查外板是否光顺,如果外板光顺,可修正舭肘板;若外板圆势不光顺,则需矫正外板,光顺后再装舭肘板。第 3 种是肋骨与舭肘板搭接,如图 6 – 29(c)所示。当肋骨高度等于或小于 100 mm 时,肋骨与舭肘板的搭接长度应不小于两倍肋骨高度;当大于 100 mm 时,则不小于 1.5 倍肋骨高度且不得小于 200 mm。

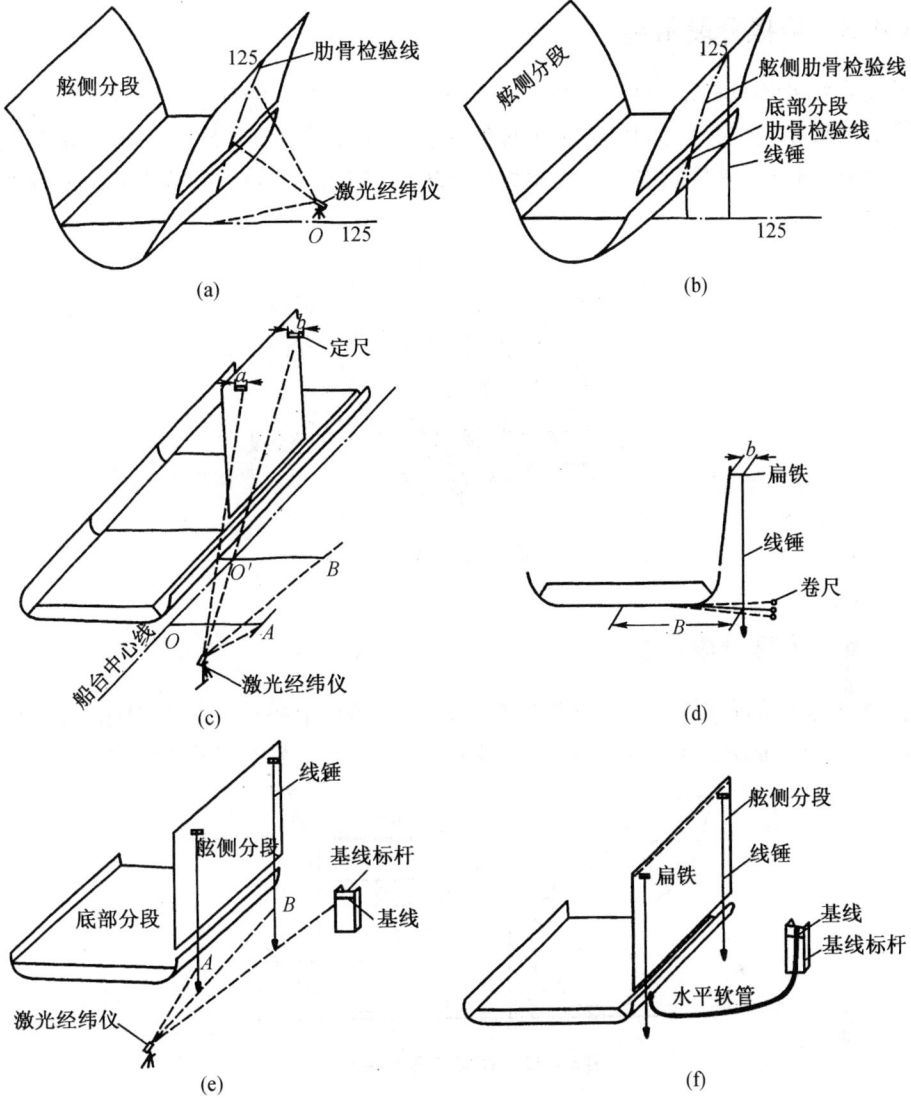

图 6-27 舷侧分段的安装测量定位

(a)用激光对准分段肋位线;(b)用线锤对准分段肋位线;(c)用激光经纬仪测量舷侧分段半宽;

(d)舷侧分段半宽的测量;(e)用激光经纬仪测量舷侧分段高度;(f)水平船台上测量舷侧分段高度

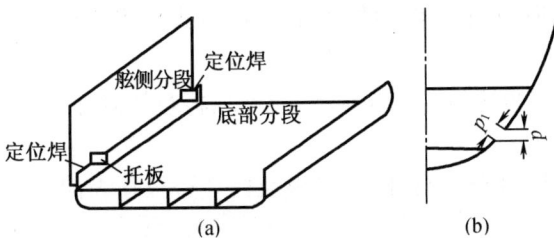

图 6-28 套割余量或垂直画余量线

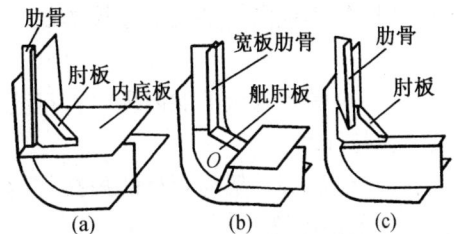

图 6-29 艏部骨架连接形式

(a)肘板连接;(b)艏肘板对接;(c)肘板搭接

6.4.5　甲板分段吊装

甲板分段吊装只需将甲板分段吊上,对准下面的舱壁、舷侧分段即可。如果甲板分段的端缝余量留在先装分段,则以后装甲板的端缝为准,进行套割(图6-30)。如果余量留在后装分段上,则应在先装的甲板端部预先画好准线,距离为100 mm或150 mm,作为割除余量的依据。

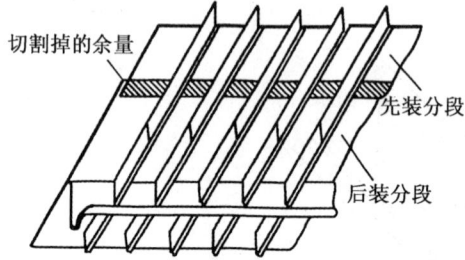

图6-30　甲板分段余量的切割

6.4.6　艏艉分段吊装

中、小型船舶的首尾分段,一般均以总段形式在船台上搭载。大型船舶,在起重能力较小的情况下,可分成几段在船台上搭载,如图6-31所示。图中编号为分段吊装顺序。

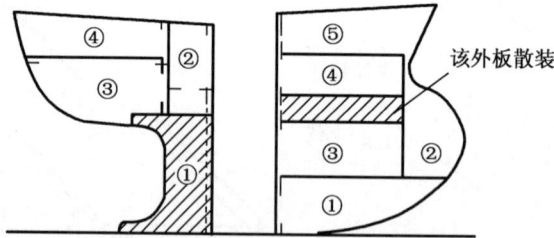

图6-31　艏艉各分段安装程序

6.4.7　焊接

1. 分段纵向大接缝的焊接

分段纵向大接缝的焊接顺序如下:

(1)先焊横向构件间的连接焊缝。如梁肘板与横梁或肋骨,舭肘板与肋骨或肋板或内底边板。

(2)再焊板与板的舱内纵向大接缝。如甲板边板与舷侧顶板,舭部列板与舷侧外板,内底边板与外底板。

(3)然后焊骨架与板材的角接焊缝。如肋骨框架与外板、甲板及内底边板在纵向大接缝处的角接焊缝。

(4)最后在外板外表面碳刨开槽后焊接板材纵向大接缝。如甲板与舷侧顶板、舭部列板与舷侧外板,这样便形成了环形总段。

2. 总段横向大接缝的焊接

(1)总段环形接缝焊接前,先将总段间的纵向构件的对接焊缝焊完,然后才进行环形接缝焊接,最后焊接内部构件与船体外板、甲板、内底板等的角接焊缝。

(2)环形接缝在十字接头的焊接程序,应先焊纵向焊缝,后焊环形焊缝。

(3)船体外板的对接焊,先焊接有构件一侧的内面焊缝,焊完后,再将外板外表面接缝采用碳弧气刨开槽,吹净焊根,然后进行手工封底焊。内底板和甲板对接焊,如果采用坡口向下,应先采用手工仰焊焊接有坡口一面的焊缝,焊完后采用埋弧自动焊进行平焊封底焊;如果采用坡口向上,正面焊缝采用埋弧自动焊时,应先用手工焊打底。焊完正面焊缝后,用碳弧气刨在反面接缝开槽,吹净焊根,再进行手工封底焊。

(4)总段环形接缝焊接时,应由双数焊工在船的左右同时对称施焊。总段环形接缝的典型焊接如图6-32所示。图中编号的分段吊装顺序。

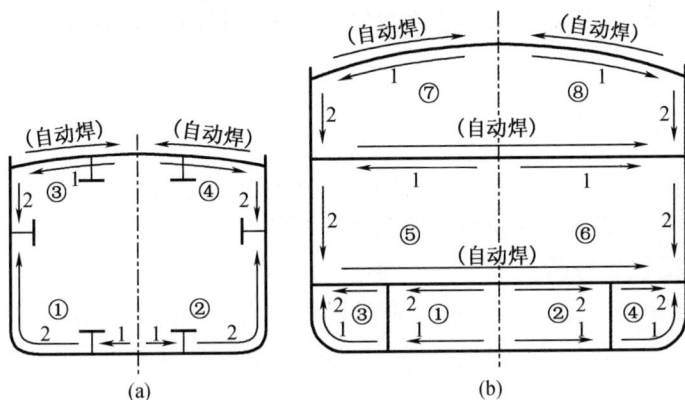

图6-32 总段环形接缝的焊接程序
(a)单底总段;(b)双层底总段

6.4.8 上层建筑吊装

凡是有条件的,应采用上层建筑整体吊装工艺,这样可以改善施工条件、平行作业、扩大预舾装,从而缩短造船周期。

上层建筑若采用分层吊装时,其具体程序如下:

(1)在甲板上画出围壁位置线。

(2)将上层建筑分段吊上甲板。下口因留有余量,所以分段放置高度比定位高度略高。

(3)定位。可借助松紧螺旋扣、油泵等工具,对准中心线、肋骨线、围壁位置线,并调整左右水平、前后高度等。

(4)根据高度差画出下口余量切割线。

(5)割去余量,去除熔渣。

(6)落位,定位焊。

(7)焊接。

6.4.9 舾装与涂装

对分段大接缝焊接好的舱室开展舾装工作,如内装、机装、电装,以及舱室外的舾装工作即外装。

对分段大接缝焊接质量进行密性试验和拍片检验合格后,可开展船上涂装,在船舶下水前应完成绝大部分涂装工程。

6.4.10 竣工测量

船舶下水之前,船体建造、舾装和涂装工程基本完成,必须进行船舶主尺度、船底基线以及船体型线的测量,并绘制竣工图样,对施工中改变了原设计的地方,一一记录下来,以备参考和改进。

任务 6.5　船台装焊工艺(二)

任务6.4介绍的是塔式建造法,下面分别介绍一下我国各中小船厂较常采用的总段建造法和整体建造法。

6.5.1 总段建造法

总段建造法在船台上常从船中总段开始,依次向首尾方向进行总装。一般应使尾部装配工作先于首部完成,以便提早进行机舱和轴系等的安装工作。

当奠基总段的位置检验合格后即可固定之,其余总段依次向首尾方向吊装,同样要保证各方向位置的正确性。各总段余量的画线切割和余量加放原则与塔式法装配时的底部分段余量处理方法相同,不过在总段上船台前亦可割去装配余量,仅留有焊缝收缩补偿量,即无余量总装。

6.5.2 整体建造法

对于起重运输能力十分有限难以采用分(总)段建造法造船的小型船厂,或虽有足够的起重运输能力但采用分(总)段建造法不能明显提高生产效率的小型船舶,可采用整体建造法建造。

整体建造法要求用船台胎架来保证船体型线和尺寸。船台胎架有纵向和横向两种。纵向胎架根据船体纵剖型线来制造,横向胎架根据船体肋骨线来制造。胎架的选用根据船体型线的复杂程度和船厂的习惯做法来决定,一般采用如图6-33所示的船台纵向胎架,因为它相对横向胎架来说,可节省辅助材料和减少生产工时。

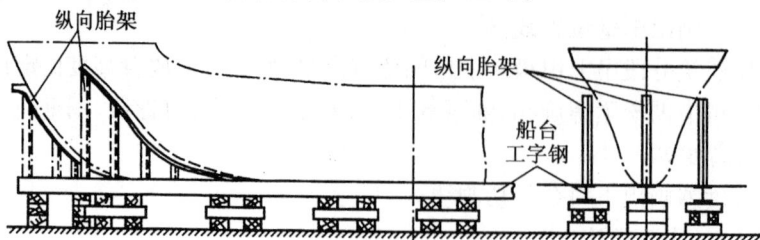

图6-33　整体建造法的船台纵向胎架示意图

6.5.3 整体建造法的船台装配焊接工艺

(1)铺底板,先铺K行底板(平板龙骨),由中部向前后至艏艉柱;同时向左右并向前后铺其他各行底板。

（2）在底板上画出纵横骨架位置线。

（3）安装纵横舱壁。

（4）安装肋骨框架和纵向桁材。

（5）安装左右舷侧顶板。

（6）安装甲板边板和其他各行外板（但每舱均留一块舷部满挡板不装，以作为舱内外的通道，这样便于施工）。

（7）安装其余甲板板。

（8）进行船体的舱内焊接。

（9）安装舷部满挡板。进行船体外板及甲板接缝的封底焊。

（10）进行船体的密性试验。

（11）安装上层建筑（或甲板室）并焊接之。

（12）进行船台舾装工作。

（13）进行船舶涂装工作。

6.5.4　几个问题

（1）纵向胎架一般采用3道简单的框架式结构，这是为了省工省料。但仅仅靠这3道框架组成的纵向胎架是不可能保证船体型线稳定的，可是由于依靠横舱壁、肋骨框架和纵向桁材组成的内部骨架作为内胎架，这样就能保证船体型线，这就是整体建造法采用相当简化的船台纵向胎架仍能满足施工质量要求的原因。

（2）外板安装并不是从底板到舷板再到舷板，而是当内部骨架装好后，立即把舷侧顶板装上。因为它离船体中和轴较远，安装后能加强由横舱壁、肋骨框架和纵向桁材所组成的内胎架的纵向坚固性。

（3）外板及甲板的余量均用套割法切割。一般平板龙骨和舷侧顶板、甲板边板的纵向边缘都是标准边，与之相邻或朝向它们的外板及甲板纵边留余量，另一边不留余量，因此舷部外板的两条纵边均留余量。而外板及甲板的横向边缘是那一列板第一个上船台，其两端均为标准边，其余的板凡与之相邻或朝向它们的这一端留余量，另一端不留余量。

不论采用何种建造法造船，在船台装配焊妥后，都需要进行完工测量并绘制竣工图纸，留作资料保存。完工测量主要测定实船的主尺度。测定船体中心线时，最好在夜晚进行，因为白天阳光照射角度不同，船体的甲板与船底、左舷与右舷受热情况不同，膨胀伸长也不同，所以测定的中心线与实际的中心线会因船长较大而偏离较多，发生向左、向右或向上弯曲及扭曲的现象，影响测量精度。

任务6.6　船体焊接变形及预防

6.6.1　船体变形的原因

船舶在船台上建造时，其变形也具有一定的特点。例如，船体龙骨线向下挠弯，而首尾端向上翘曲；船体首尾上翘及大接缝处的横向收缩，形成船舶总长度缩短；此外，还有船体中纵剖面的左右变形。究其变形原因，大致有以下几种情况。

1. 船舶首尾上翘的原因

（1）由于船底结构较强，故船体的中和轴位置偏于船底，而大部分焊缝（包括上层建筑和舾装件等焊缝）却又分布在中和轴上侧，焊接后使船体上部受到压缩应力，导致整个船体产生两端上翘的变形。

（2）位于中和轴上侧的甲板结构较船底为弱，特别是上层建筑的板材较薄，焊后变形大；同时，火工矫正的工作量也大，造成较大的收缩，增大了船体的上翘。一般来说，火工矫正所引起的船体总变形比焊后收缩所引起的更大。

（3）一般船体中间的质量较大而两端较小（尾机型船除外），更易形成两端上翘。

2. 船舶总长缩短的原因

（1）由于横向大接缝焊后收缩以及首尾上翘而形成的总长缩短。

（2）分段余量不足。

3. 分段大接缝的凹凸变形

如图 6-34 所示，船体接缝，特别是大接缝，因焊接收缩变形，型线曲率有缓坦的趋势。一般正圆势接缝焊接后，型线向内凹进，反圆势焊缝则向外凸出。

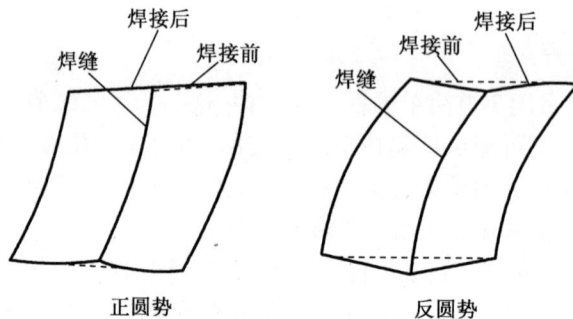

图 6-34 大接缝的焊接变形

6.6.2 船体变形的预防措施

在船体建造过程中，避免和减少船体总变形是一个重要的问题。一般所用的预防措施有以下几种。

1. 船底基线预放反变形

船底基线预放反变形是以底部奠基分段为基准，向首尾逐段由小至大放低一定的反变形。其数值大小可根据经验以光顺曲线作出，并且要考虑施工的可能性。

预放反变形应在第一艘船舶建造的基础上，进行测量得出数据，那么在以后建造同类型船舶时，则需在相同的施工条件下预放由上艘船测得的反变形数值，才比较可靠。一般反变形数值如下：

（1）塔式法建造时的反变形值：大船的上层建筑钢板较厚，火工矫正量少，相应变形也小，可取为 L/2000；而中小型船舶可取为 L/1000。L 是首尾端间的最大水平距离（总长）。

（2）总段建造时的反变形值：对中小型船舶，每 10 m 长内放 -6 ~ -10 mm（向下加放）；对大型船舶，每 10 m 长内放 -5 ~ -8 mm（向下加放）。

（3）反变形实例如图 6-35 所示。

2. 适当加大大接缝肋距

为了保证船体总长度,在大接缝处的肋骨间距可适当加大,以抵消焊接后船体总长的缩短。横骨架式船体大接缝肋距,可放 5~10 mm,纵骨架式船体大接缝肋距,可放 10~20 mm。一般分段之间的接缝(纵向)可放 5 mm。

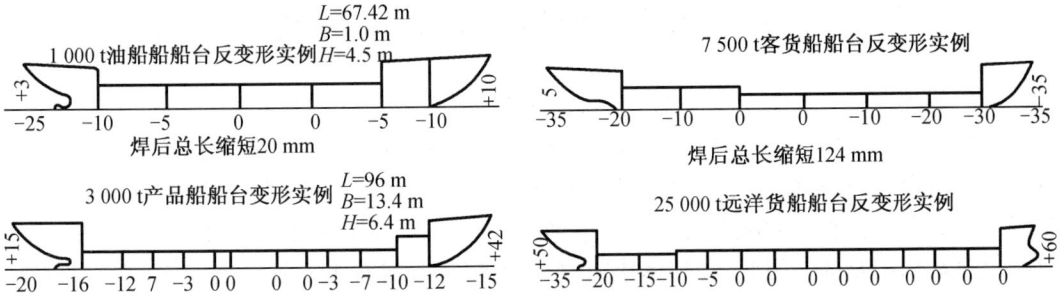

图 6-35 船体反变形实例

3. 提高装配质量

严格控制各分段对接缝间隙、构件连接间隙和焊缝坡口的大小,它们必须符合工艺要求,避免由于过大的装配间隙而增大焊接变形的数值。

4. 严格遵守工艺规程

包括船台装配与焊接的先后程序及其工艺要求,减少由于安装程序不当而增大船体变形。此外,还必须保证正确的焊缝规格,过大的焊脚尺度,既浪费焊条,又造成不必要的额外变形。同时,分段在吊上船台前,应将能进行的焊接工作尽量完成;并将分段矫正好,以减少船台上因焊接与矫正工作量增多而引起的变形。

5. 采取必要的工艺措施

如为了防止船体首尾上翘,可在首尾分段上压重物,并在首尾分段下面用松紧螺旋扣与船台上的拉桩固定,即用强制的方法来减少船体上翘变形的数值。各分段在船台进行对接焊时,可用各种马板加强(图 6-36),或采用水火弯板法。将接头处的外板于焊前做出反变形,其方法为当外板呈正圆势时,可在外板外表面上的骨架位置附近(约距骨架 3~4 mm),用氧炔火焰沿骨架方向加热,使外板形成图 6-37 中虚线所示的反变形(其大小为 2~5 mm)待封底焊接后,接缝处型线即可光顺。对于外板呈反圆势部分一般不加放反变形,个别的可向内稍加反变形,这对横骨架式底部分段较为适用,对舷侧分段采用得更多。

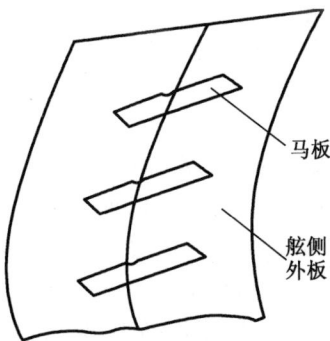

图 6-36 接缝处加马板

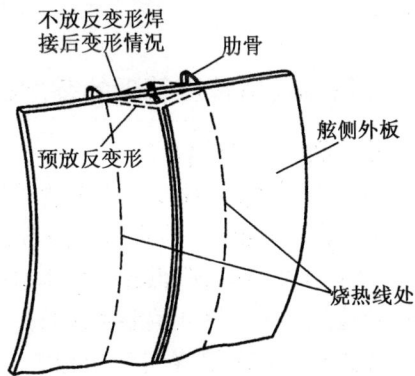

图 6-37 外板对接缝放反变形

6.改进建造工艺

尽可能减少船台焊接工作量,扩大分段施工范围,采用自动焊、半自动焊、气体保护焊等焊接工艺,提高焊缝质量,减少焊缝返修量,以达到减小船体总变形的目的。

任务 6.7 船体建造精度管理

钢质船体建造是按船舶设计图纸,经过放样、号料、加工、部件装焊、分段(或总段)装焊、船台装焊等一系列工序完成的。在整个施工过程中,因受种种客观条件的限制,船体零件、部件、分段、总段和船体主尺度等不可避免地会产生实际尺寸偏离放样时的公称尺寸,造成尺寸偏差。这种尺寸偏差的产生与很多因素有关,要精确地求取造船尺寸偏差的余量补偿值是相当困难的。因此,在船体建造中,一般都采取留有大于补偿值的造船工艺余量,装配中,经过定位、测量、画线后再切除实际多余的余量。船体建造余量分为总段余量、分段余量、部件余量、零件余量和其他余量,其大小是通过实际工作中积累的经验来确定的。船体构件的余量是为补偿构件在各工序中所产生的误差而留的尺寸裕度,它保证了各工序作业的顺利进行和建造质量。

在取得大量生产实践测量数据的基础上,运用数理统计方法,研究、制订、修改和完善船体建造公差标准,采用无余量的造船方法,有利于减轻劳动强度和缩短船台周期。因此,在船体建造过程中,我们利用公差标准来控制施工精度,利用加放工艺余量来补偿施工变形。

6.7.1 我国船体建造精度管理的状况

我国从 20 世纪 70 年代初期就开始了船体建造精度控制技术的研究和实践,在国内各大船厂不同程度地取得了一些成果和经验。实施船体建造精度管理经过了三个发展阶段:

(1)分段上船台前进行预修正以适应船台装配的尺寸精度要求(俗称分段无余量上船台装配)。

(2)对平直分段进行建造全过程的尺寸精度控制与对曲面分段进行预修正后上船台相结合。

(3)对全船所有分段进行建造全过程的尺寸精度控制。

国内精度控制水平已经基本上达到内部构件无余量号料、全船分(总)段无余量上船台装配(大合拢)。

6.7.2 船体建造精度管理的基本概念

1.船体建造精度管理的含义

船体建造精度管理,就是以船体建造精度标准为基本准则,通过科学的管理方法与先进的技术工艺手段,对船体建造进行全过程的尺寸精度分析与控制,以最大限度减小现场修整工作量,提高工作效率,降低建造成本,保证产品质量。

2.船体建造过程中的尺寸偏差和误差

造船公差的标准与生产条件密切相关,必须从船厂的实际生产条件出发,探索最佳的余量和公差标准,作为造船生产的指南。

(1)尺寸偏差 指制造的零部件或分段测量得到的实际尺寸与公称尺寸之间的偏差。

（2）误差　分为随机性误差、规则性误差（系统误差）和草率性误差（粗大性误差）3种。

所谓随机性误差，一般是指在测量一批同样的零部件或分（总）段中发现的误差，它是各种生产因素的综合结果。实际调查统计表明，这种误差具有一定的规律性。

所谓规则性误差，是指生产过程中固定的误差。如在工艺过程标准化的情况下，焊接一批同样分段所产生的焊接变形，对于每个分段而言基本上是固定的。在用气割机切割一批同样的板件时，对于每块板件来说其热变形也是固定不变的。又如冷加工机床、测量仪器及工具的系统误差，实际上都是固定的，等等。

所谓草率性误差，是指生产过程中，由于操作人员的疏忽大意，发生工作错误所引起的误差。

精度标准是以随机性误差为主要依据而制定的，故在分析误差的性质时，应将规则性误差和草率性误差加以排除。

3.船体建造精度标准包括的内容

船体建造精度标准一般安排"标准范围"及"允许极限"两挡。其主要内容包括：对钢材表面缺陷的规定；放样、画线和号料的精度；零部件制造精度；分段制造精度；船台安装精度；焊缝质量及外形质量等要求。

4.船体建造精度管理的理论基础

船体建造精度管理的理论基础是数理统计、尺寸链理论；技术核心是尺寸补偿量的加放，使之以补偿量取代余量；管理内容是健全精度保证体系、建立精度管理制度、完善精度检测手段与方法、提出精度控制目标、确定精度计划、制定预防尺寸偏差的工艺措施等。

6.7.3　船体建造精度管理

船体建造精度管理的目的是根据造船的最终质量要求，应用统计分析的原理和方法，制定出各工序中每个零件、部件、分段直至总段的最合理的公差，以控制和掌握零件与分段的尺寸精度，保证制造精度均在公差范围以内。实施造船精度管理，必须做好下列各项基础工作。

（1）鉴定加工设备的精度。

（2）鉴定和统一检测量具的精度。

（3）测定气割割缝值，以确定零件切割割缝的补偿值，保证零件的切割尺寸精度。

（4）测定各种焊接变形。包括：

①压力架拼接焊缝的收缩值。

②分段铺板焊缝的收缩值。

③分段装焊后纵横向的收缩值。

④船台大接头纵横向的收缩值。

掌握各种收缩变形的规律，计算误差和系统补偿值。

（5）测定热弯成型外板的变形，以便掌握变形规律，计算加工补偿值。

（6）编写各种工艺文件和标准。

（7）建立各种必要的规章制度，以提高工作效率和保证产品质量。

（8）加强技术培训和教育工作，不断提高操作者、管理人员的专业技术和业务水平。

船体建造精度管理的水平等级的提高在很大程度上受船厂的生产技术、管理水平、设备能力、工人技术素质、建造船舶的类型与等级、经济合理性等一系列因素的制约。它是当代造船的重大新技术之一,是船厂现代化科学管理的重要内容,也是企业发展生产、加快科技进步的客观需要。

任务 6.8　船台无余量装配工艺

船台装配俗称"大合拢",是船体结构整体装配的工艺阶段。在船体建造中,船台装配是一道技术性强、质量要求高的关键工序。长期以来,世界各国的一些船厂一直采用在分段一端放 20 ~ 50 mm 的余量,吊上船台两次定位、画线、切割、合拢的工艺。这是一道被广大造船工人视为费时最多、劳动强度最大、工作环境最差、严重影响船台周期和船体质量的"老大难"工序。

对于船台装配这道"老大难"工序,世界各船厂都提出了各自解决的办法,于是船台无余量装配(即分段无余量上船台合拢)工艺在世界各国造船业中发展起来。

船台无余量装配工艺,比原来带余量大合拢两次定位工艺优点明显。

(1)使原来两次定位改为一次定位,减少吊装时间 50% 以上,减少船台装配工作量 30% 以上,这样就降低了船台装配的劳动强度,提高了生产效率和船台大吊车的利用率,并缩短了船台周期。

(2)分段大接头处的余量由于是在胎架上(或平台上)用半自动割炬切割,并一次开出焊接坡口,生产条件好,劳动强度低,有利于电焊质量的提高,有利于安全生产和文明生产。

要实行船台无余量装配,有两条途径:一是通过分段预修整达到船台无余量装配,二是通过加放补偿量使分段无余量制造来达到船台无余量装配。通过分段无余量制造来达到船台无余量装配,对船体建造中的放样、加工、装配等各道工序的精度要求都很严格。目前,造船技术比较发达的日本等国,一般只能在建造船舶平行中体部位分段时才能实现,即便如此,在船台装配时也存在一定的修整工作量,其艏、艉部位的分段仍然采用带有余量的两次定位工艺。我国绝大多数船厂采用的是通过分段预修整的方法来达到船台无余量装配。与此同时,也在积极探索通过分段无余量制造达到船台无余量装配的方法和经验。

通过分段预修整达到船台无余量装配的造船工艺,在我国造船工业中,采用的时间虽然不长,但发展非常迅速。

在采用船台无余量装配工艺时,分段划分除了考虑船厂吊运能力、船体结构强度、施工工艺的合理性等一般划分原则外,还有两点需要特别引起注意:一是尽量采用"一刀齐"工艺,二是尽量采用"水平企口"工艺,这将给船台无余量装配工作带来很大的方便。

所谓"一刀齐"工艺,即是在分段划分时,把分段大接头处的板和骨架的接缝安排在同一横剖面内,而不是像过去那样是交错开的。这样划分的优点是:

(1)使分段在进行预修整时望光、画线变得非常简便,同时,又可防止或减少画线差错,容易保证画线质量。

(2)使分段船台吊装方便、迅速,容易到位,大幅度减少船台吊车使用的时间,减少船台装配拉拢对接分段的工作量,并有利于管理部门灵活安排生产计划。

"水平企口"工艺,是指将底部分段与舷侧分段的接缝线(即底部分段企口线),尽量安排成具有一定高度且与船底基线平行的水平直线。这样,可以简化分段定位、装配等操作,不易出错。

现以在纵向倾斜船台上用塔式法建造万吨级船体为例,说明船台无余量装配工艺的要点。

6.8.1 辅助标杆法的原理

分段预修整的船台无余量装配工艺,具有很大的优越性。但在倾斜船台上实施这一工艺时,如果还是沿用挂铅锤、换算冲势等陈旧的检测工具和方法,就会大大影响它的应用和推广。

现在,我国各船厂所采用的除了常用的检测工具外,已广泛使用经纬仪、激光经纬仪、准直仪、水准仪等精度较高的检测工具。在生产过程中,也有的船厂把激光经纬仪与五棱镜装置等辅助仪器配合使用,效果更好。

我们知道,激光经纬仪在基面为水平的工作面上,进行测量工作很方便,但如果基面是倾斜的呢?我国船厂摸索出了一种方法,那就是通过调节激光经纬仪的三个安平螺旋,引用辅助标杆,激光经纬仪可以直接在倾斜船台上较方便地完成画线、定位、测量等工作,我们称这种方法为辅助标杆法。

现以坡度为 1/20 的纵向倾斜船台为例,说明辅助标杆法的原理。这时在该坡度的船台上,船体的水平、垂直构件,如双层底分段的内底板和横舱壁、下甲板等,均与水平面和铅垂面成 $2°51'45''$ 的倾角(即 1/20 的斜度对应的倾角)。

我们知道,激光经纬仪轴线之间是呈水平和铅垂的关系。在倾斜船台上,如果采取仅将仪器的视准轴调到与船台坡度相平行的位置上,那么,由于视准轴与竖轴不再保持垂直,因而,当转动仪器照准部时,则激光束的运动轨迹就是一个以竖轴为中心线的圆锥面。显然,这是不能用来解决船台上所需要解决的问题的。如果能把激光经纬仪的轴座基面(即上基面)调整到与船台基面相平行,则激光经纬仪的特性(除个别特性外)就能完全应用于船台,借以取代线锤等工具进行分段定位和检测画线工作。

根据仪器的结构和性能,只要调节仪器的三角基座底板(即下基面)上的安平螺旋,就完全可以调成与水平面成 $2°51'45''$ 的倾斜面,如图 6-38 所示。仪器安平螺旋的调节范围为 60 mm,能满足调小角度(8°以内)倾斜面的要求。

为简化操作,如果把仪器的轴座基面(即上基面)调平,并使下基面上的两只安平螺旋的轴心边线 AB 与船体肋骨线平行,这样只需调节第三只安平螺旋 C,使上基面以 AB 为旋转轴而转动,就能获得上仰或下倾的与水平面成 $2°51'45''$ 的倾角。我们将这种调节方法称为第一调节法,如图 6-39(a)所示。同理,也可使 AB 平行于船体肋骨线,并固定 C 点,而同向调节安平螺旋 A、B,就可获得上仰或下倾的与水平面成 $2°51'45''$ 的倾角。此一调节方法称为第二调节法,如图 6-39(b)所示。同样,还可使 AB 平行于船台中心线,并固定 C 点,而反向调节两安平螺旋 A、B,也可获得上仰或下倾的与水平面成 $2°51'45''$ 的倾角。我们称这一调节方法为第三调节法,如图 6-39(c)所示。

利用以上三种调节方法,使上基面 ABC 转动 $2°51'45''$ 倾角后的重心 O、横轴与竖轴交点 P(见图 6-38,假想点 P 为激光发射点)的位置,同在水平状态下有所不同,而在空间产生了位移。根据仪器的几何尺寸,可以算出位移的数值。三种不同的调节方法,其位移的数值也各不相同。同时还要注意,由于仪器上基面已经倾斜,因而其竖盘读数不能再反映实际数值,从而不能使用。于是,轴座基面的转动角度须靠树立辅助标杆来显示,故称激光经纬仪的这种应用方法为辅助标杆法。当把激光经纬仪的上基面调成与水平面成 $2°51'45''$ 的角度后,若将激光束置于 90°角位置,而仪器的照准部做 360°旋转,则激光束扫出的平面便成为与船台上表面平行的等高。若将仪器照准的纬向回转部分固定于某一位置,然后转动激光器,则激光束扫出的平面,将成为在该位置上与船台上表面垂直的经向平面。实践证明,在倾斜船台上,利用激光经纬仪,引用辅助标杆,画船台中心线的垂直线(角尺线),其精度可达 10″,即在 20 m 范围内的偏差为 1 mm。这完全能够满足造船的精度要求。

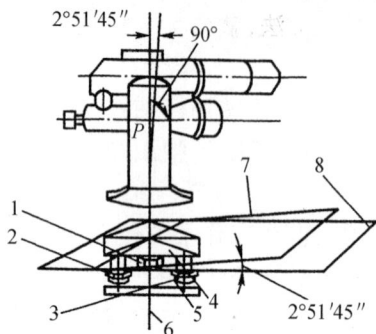

图 6-38 激光经纬仪基面调斜示意图

1—安平螺旋 B;2—安平螺旋 A;3—安平螺旋 C;
4—上基座面;5—下基座面;6—铅垂线;
7—终止位置(船台平行面);8—初始位置(水平面)

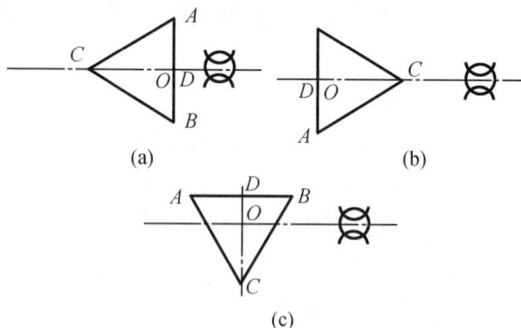

图 6-39 激光经纬仪上基面调斜的三种特殊位置

(a)第一调节法;(b)第二调节法;(c)第三调节法

这样,可以利用辅助标杆法解决倾斜船台上的一系列问题。例如画制船台上已装配好的双层底分段的水平企口线,进行底部分段、横舱壁、甲板分段等的船台定位,画制分段的环形断面线,测量船长,画制水线、水尺等。

6.8.2 船台无余量装配的准备工作

为了使船台上的船体安装工作保质保量地完成,必须切实做好船台无余量装配前的准备工作。船台无余量装配的准备工作分为船台和船体两个方面。船体方面的准备工作分别在以下各部分内容中叙述,下面主要介绍船台上的准备工作。

船台无余量装配前在船台上的准备工作,除了绘制船台中心线、船台肋骨线以外,还需做以下准备工作。

1. 绘制船台中心线两侧的平行线

当船台中心线和各分段基准肋骨线及艏、艉的肋骨线画好后,在船台中心线的两侧,且距船台中心线 $B/2 +0.5$ m~1 m 处(B 为船宽)各画船台中心线的平行线一根,如图 6-40 所示。

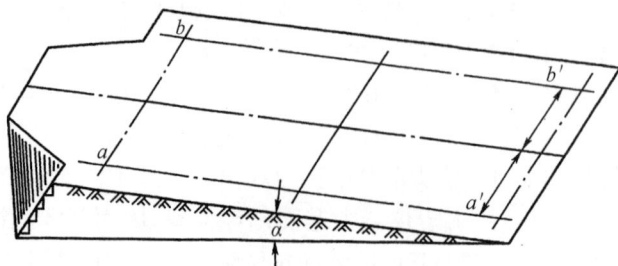

图 6-40 船台中心线的平行线

预先画制平行线的目的,是为了船台无余量装配过程中架设仪器方便。其画法是在船台中心线艏、艉端处的垂直线上,分别量取 $B/2+1$ m 得 a、b、a'、b' 四点,然后,应用激光经纬仪,分别画出直线 ab 和 $a'b'$,并打上铳凿记号。

2. 铺放墩木

在船台上需按墩木布置图铺放墩木,用以搁置分段。为了便于在船底进行工作,因此要求墩木有一定高度,通常为 $1\sim1.8$ m。布置在船体中纵剖面下的墩木称为龙骨墩,而位于两侧者称为边墩。

墩木有金属墩、水泥墩和木墩三种类型。其中金属墩、水泥墩一般用于墩的下部,木墩用于墩的上部。

为了测量船底挠度的方便,注意将龙骨墩的横向断面安排成"口"字形(图6-41),以便让激光束在船长范围内能穿过,这给全船挠度测量带来很大方便,且利于保证测量精度。

3. 在龙骨墩上画制船底基准线

采用船台无余量装配工艺,船台上不需要单独树立高度标杆,而只需在龙骨墩下部(因为龙骨墩下部一般为钢质或水泥墩木,刚性好,不易变形)画上船底基准线即可。

划线方法如图6-42所示,在船台顶端中心线处架设激光经纬仪(注意:激光经纬仪的高度要高于墩木的高度,否则,激光束被墩木挡住而无法进行画线),应用辅助标杆法把仪器调平置中后,再调成船台坡度,射出激光束并左右转动,在每个龙骨墩上画出 a、b 两点,连接 ab 即为龙骨墩上的船底基准线。图中,h 为船底距激光束的距离,量取时注意用冲势样板和水平尺配合,否则,会出现误差而影响基准线的精度。

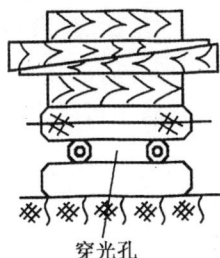

图6-41 龙骨墩横向断面示意图　　　图6-42 画制船底基准线

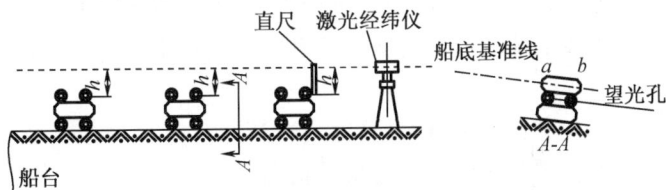

6.8.3 船台无余量装配的顺序

船台无余量装配的顺序,一般来说与传统的船台装配顺序相同,只是在其中增加了底部分段企口线的画线与余量切割,艏、艉部环形断面的画线与余量切割等工序。例如,船台无余量装配采用塔式装配法时的装配顺序大致如下:

(1)吊装底部分段的奠基段(即中心塔)。
(2)吊装毗邻的底部分段。
(3)底部分段企口线的画线与余量切割。
(4)吊装舱壁分段(下甲板以下)。
(5)吊装下甲板分段。
(6)吊装舷侧分段。
(7)吊装舱壁分段(下甲板以上)。
(8)吊装上甲板分段。

(9)在船台上按上述顺序完成所有底部分段、舱壁分段、舷侧分段及甲板分段装配之后,对与艏、艉立体分段相邻的环形断面进行画线与余量切割。

(10)吊装艏、艉立体分段。

以上所述装配顺序不是绝对的,各个船厂有所不同,这与各船厂的工艺习惯有关。

6.8.4　船底分段的预修整及船台一次定位

如前所述,为了望光、画线和船台吊装的方便,船底分段(以双层底分段为例)最好采用"一刀齐"工艺,即分段的内底板、外底板、各纵桁、内底纵骨、外底纵骨都断于同一横剖面内。双层底分段制造可采用正造或反造两种方法,对于建造民用船舶来说,一般采用反造法较多。所以,我们以反造法为例来介绍双层底分段的预修整工作。

1. 预修整前的准备工作

(1)分段装配中的准备工作　双层底分段开始装配时,即内底板(水舱面)在平台上或胎架上展开后,最好用激光经纬仪测画内底板上的中心线和两端的断头线,并打上铳凿作为记号。这样做的好处是有利于今后分段无余量画线时,能找到准确的中心线作为望光画线的基准线,有利于检测和计算分段制造后的变形量和收缩量,有利于在分段制造中保证结构线与内底板中心线相对位置的准确性。

(2)画出船底中心线　当分段装配完毕尚未处于自由状态时,根据分段内底板上的中心线,用线锤移至船底 K 行板上画出船底中心线。若分段高度大于 2.5 m,则应用激光经纬仪来完成以上画中心线的工作,以确保船底中心线的准确度。

(3)预修整时分段固定状态的选择　当分段反造时正面的装焊工作完成(分段的反面焊缝可待画线、分段翻身后再行施焊,因为画线后进行的焊接所引起的外底的微量收缩,有利于分段上船台定位时施放反变形),并火工矫正后,分段画线的固定状态可考虑以下三种形式:

①在平台或胎架上呈自由状态;

②在平台或胎架上呈紧固状态;

③吊离平台或胎架正放在供画线专用的托架上。

目前,在我国各船厂中采用第一种固定状态(即在平台或胎架上呈自由状态)较多。其原因有二,一是操作简单;二是当分段处于自由状态时,消除了因外力而产生的变形,这对保证分段断面画线的准确性来说是有利的。但应注意,当分段呈自由状态时,可能会产生微量的横倾和纵倾。分段横倾对分段断头面画线影响一般不大,不必调整,而分段纵倾则会造成分段断面与船体横剖面(基准面)产生一个角位移。因此,当分段在采用此种固定状态时,必须在画线前先测量其变形情况并记录。若分段底部艏、艉处的高度差大于5 mm,则需要用油泵调整其水平度,因为分段底部平面是分段断头面画线和船台定位的基准面,它不平则会直接影响分段断面画线和船台定位的精度,故切不可忽视。

在我国某些船厂里也有采用第二种固定状态的。它的优点是在画线工作前无须做准备工作。其缺点是采用这种固定状态,因底部分段断面是在其与平台或胎架呈紧固状态下进行的,当其呈自由状态时,就会出现纵倾变形,使分段断面不垂直船体中纵剖面。为了弥补这一不足,只得在画线时采用加放一定数值的反变形。加放反变形给分段断头面画线带来很大麻烦,使画线操作极其烦琐,而且也很不容易画正确,因而在分段定位时常常出现接缝不吻合的现象,装配质量不易保证。因此,这种固定状态只适用于刚性特别好的底部分段、甲板分段和舷侧分段中的平面分段。

第三种固定状态是最理想的固定状态。因为它是在包括分段翻身后的反面焊缝全部焊完及火工矫正工作全部结束之后,将分段正放在供画线专用的托架上,这对保证画线质量提供了有利条件。但由于这样做,需要增加吊运、场地、定位等辅助工作量,因而,目前在我国的船厂采用的还不多。但随着船台无余量装配工艺的发展,各船厂会创造条件采用此种固定状态,以保证分段的无余量画线质量。

(4)分段预修整划线时间的选择 分段无余量画线时间的选择与画线地点有关。如果划画地点是在车间内场进行,画线时间可不受限制,随时可进行。如果画线地点是露天外场,特别是在炎热的季节里,由于太阳的直接照射将会使分段(特别是薄板分段)因受热不均而产生较大的变形。所以,为了消除温度不均匀而产生的变形,在炎热的季节里最好选择在早晨对分段进行画线。

(5)确定分段实长 在进行分段无余量画线前还必须确定分段的实长。分段的实长等于分段的理论长度与加放在分段两端大接头的收缩补偿量之和。

船底分段采用正造法时,预修整工作与反造法类同。

2. 预修整步骤

(1)架设仪器 对于底部分段进行无余量画线,仪器安放位置有如下3种。

①仪器的第1种安放位置(图6-43)是安放在分段龙骨底板(反造时)或内底板(正造时)两端的中心线上。采用这种安放位置时,因为仪器定位瞄准线就是分段的中心线,这不仅操作方便,而且在画分段断头线时可减少累积误差,从而相对地容易保证望光画线质量。另外,对胎架周围的场地也没有什么要求。但是,在采用此种安放位置时应注意在望光画线时,其他工种不得同时在分段上进行操作,否则会引起分段振动而使仪器走动产生画线误差。这种仪器安放位置适用于3 000 t以上客货轮底部分段的预修整画线。目前,此种方法在我国许多船厂得到广泛采用。

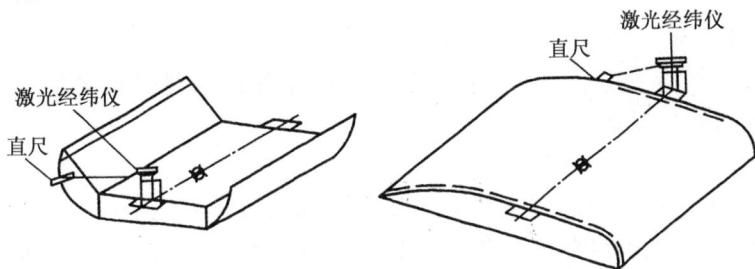

图6-43 仪器安置在分段上

②仪器的第2种安放位置(图6-44)是安放在胎架中心线上(分段的艏、艉处)。其优点是仪器不直接与分段接触,在操作过程中不会因分段振动而使仪器走动;缺点是仪器定位瞄准线是胎架中心线,胎架中心线与分段中心线的不平行度会使望光、画线造成偏差。另外,在胎架的两头需要有适当的架设仪器的场地。这种仪器除了适用于大、中型底部分段外,还特别适用于艏、艉立体分段的预修整画线。

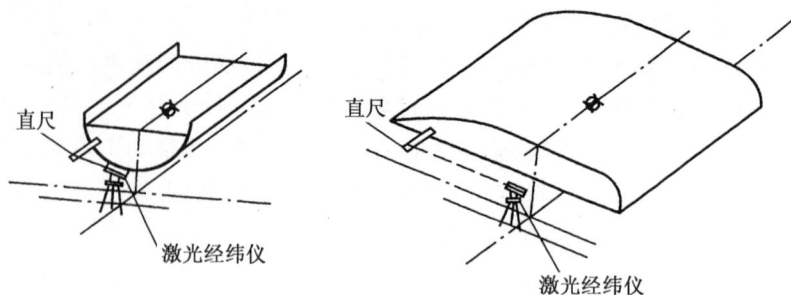

图 6 – 44 仪器安置在胎架中心线上

③仪器的第 3 种安放位置(图 6 – 45)是安放在分段一侧的胎架基础平台上。仪器的定位瞄准线距胎架中心线的距离为 b = 分段半宽 + 2.5 m,是与胎架中心线平行的直线。此种安放位置最大的优点是能弥补激光经纬仪的 2 m 最短视距及工作死角的不足,其适用于型线瘦、半宽不到 2 m 的分段。其缺点是累积误差较大。因此,在采用此种仪器安放位置时,对胎架的中心线的延伸和平行线的画线必须精心操作。

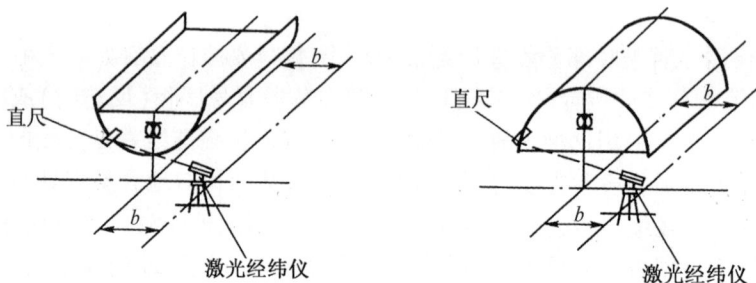

图 6 – 45 仪器安置在胎架的一侧

从上面的介绍可知,仪器的 3 种安放位置各有其优缺点,应根据各船厂的具体情况(例如分段装配工艺、场地条件等)来决定。仪器安放位置确定后,将仪器架设在选定的定位瞄准线上,便可对分段进行画线工作。

(2)分段画线 在分段船底中心线处架设好激光经纬仪,进行分段断头面的画线。其方法是利用激光望出的点子,在有曲率的部分用样条把若干点连接成光顺的曲线,平直部分用直尺画出或用粉线弹出直线,同时,画出与切割线平行且距离等于 100 mm 的半自动气割机的轨道线。内底板上望出的点子,先打上铳凿并做好色漆记号,待分段翻身后再行弹直线(或用直尺画直线)。

(3)切割余量 分段余量是采用半自动气割机切割,并一次开好焊接坡口。切割时,要求切割线上的铳子印留下一半,以便检验员检查切割质量。如果分段上船台搭载时出现质量问题,便可分清是画线者还是切割者的责任。分段内底板上的余量待分段翻身后再行切割。

分段的余量切割后,即为无余量分段。此时,分段的预修整工作即告结束。但应注意,这里所指的双层底预修整只是在分段两端的横向大接头处进行的,而双层底分段与舷侧分段相接的水平企口线,留待船台双层底分段接龙后再行画线。这样做的好处是,消除双层底分段大合拢中焊接变形对下道大合拢工序的影响。

3. 船台一次定位

（1）奠基分段的选定和定位　奠基分段定位时,应注意分段中心线与船台中心线吻合（偏差不得大于 2 mm）,分段左、右应水平（偏差不得大于 5 mm）,分段前、后接头处的墩木高度须准确（根据龙骨墩上的基准线用样棒测量,偏差不得大于 2 mm）。奠基分段的定位质量的好坏,将直接影响以后毗邻分段装配的质量,故应特别注意奠基分段的定位质量。

（2）毗邻分段的定位装配　毗邻分段吊上船台装配位置后,下面垫有油泵弹子盘（见本项目图 6－17）,所以该分段可以被轻便地拉动。毗邻分段的中心线必须对准船台中心线,并使分段左、右水平,墩木高度准确。一般来说,分段的一端与已定位的分段一样高,另一端的高度在条件许可的情况下可比理论高度低 3～5 mm,即施放微量反变形。

（3）内底板上修正中心线的画线　当双层底分段接好并焊妥后,为了下一步安装横舱壁、甲板分段的需要,必须在内底板上重新根据船台中心线画修正中心线。

双层底分段船台无余量装配的优点是：吊装到位,对接方便,大接头装配质量好,焊接质量容易保证,劳动强度大大减轻,劳动效率可提高一倍以上。

6.8.5 双层底水平企口线的画线

如前所述,为了给安装舷侧分段创造有利条件,在双层底对接成一条龙并画好内底板修正中心线后,便可分区域进行双层底的水平企口线的画线工作（也可在一部分分段接拢焊接后,就分区间进行水平企口线的画线）。现以某船为例来介绍双层底水平企口线的画法。

该船双层底水平企口线按不同高度分为四个区域：艉部高水舱区域为 F12～F41,机舱区域为 F41～F69,中部低水舱区域为 F69～F159^{+600},艏部高水舱区域为 F159～F188。现叙述低水舱区域水平企口线的画线,该区域为 F69～F159^{+600},水舱面为长 68.10 m,最大宽度为 20.68 m。其具体操作步骤如下（图 6－46）：

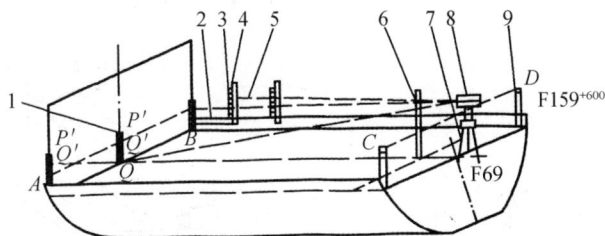

图 6－46　双层底水平企口线的画制

1—标尺；2—水平企口线；3—水平尺；4—划线样板；5—照准线；6—标尺；7—支架；8—激光经纬仪；9—标杆

（1）将仪器支架（自制）固定于 F69^{+600} 断面的内底板中部。

（2）将激光经纬仪安装于仪器支架上,使其对准内底板中心线（即内底板的修正中心线）,而使两只安平螺旋 A、B 轴的连线平行于肋骨线,即与内底板中心线垂直,随之将其固定。

（3）在 F69 处设标杆三根：内底板中心线处一根,左右舷处各一根。

（4）将激光经纬仪对中调平,激光斑在 F69 处的三根标杆上得投影点 P',然后将激光束调成与水平线成 2°51′45″的夹角。于是,激光斑又在中心线处的标杆上得投影点 Q,再把 Q 修正到 Q',使 $QQ' = 1.58$ mm。这时,再将激光经纬仪调平,激光斑又回到 P',接着再调节螺

旋 C,使激光斑从点 P' 移到 Q'。然后左右旋转激光管,在左右舷标杆上也得到 Q'。如果左右舷标杆上的 $P'Q'$ 也相等,则激光经纬仪的上基面已经调成船台坡度($2°51'45''$)。此调节法即为辅助标杆法。

（5）量取水平企口线的高度为 200 mm,在画线样板上画定激光照准线。为减少由于样板倾斜所造成的误差,而在样板上绑一水平尺,使画线样板保持垂直位置,以保证所画出的每一点都在同一个平面内。这样每当激光斑照射到样板的照准线上时,便可画定一点,然后连成一线。

（6）画好左舷企口线后,让激光斑再回到中部,若仍与初始点重合,就说明仪器未曾走动。

（7）继续画制右舷企口线。画完后,也让激光斑回到中部进行检验,若仪器没有走动,则整个画线过程是可靠的。

（8）再用光学水平仪来检验所画的水平企口线。

（9）用样条将望光所得的点连接成光顺的线,并打上铳凿记号,同时还可画出与切割线平行且距离等于 100 mm 的轨道线。用半自动切割机切割余量,水平企口线处的接缝边不开焊接坡口。若开了焊接坡口,在吊装舷侧分段时,由于分段重力,焊接坡口容易被损坏,而且此处开了焊接坡口,反而给装配工作带来不便。故此处不开焊接坡口为好,而采用碳弧气刨工艺为宜。

另外,在建造大型船舶时,若在平行中体区画制水平企口线,可采用一种操作简单的方法,即将仪器用自制专用支架安放在企口板上缘(图 6-47),将仪器对中(企口线),调平,然后在竖盘水准器水泡影像吻合的情况下转动望远镜,将竖盘数置于 $87°8'15''$ 的位置上(指在坡度为 $2°51'45''$ 的船台上),发射激光束,并根据企口线理论高度在画线样板上画定激光照准线,便可进行画线。注意此法只适用于平行中体区域,而不能用于具有曲度的区域。

此外,在建造具有边水舱的大型船舶时,若在曲度区域的底部分段上画制水平企口线,还可以把激光经纬仪与五棱镜装置配合使用,进行画线,如图 6-48 所示。

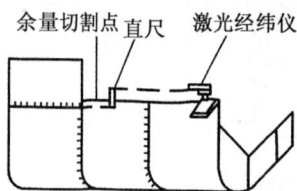

图 6-47 平行中体水平企口线的画制

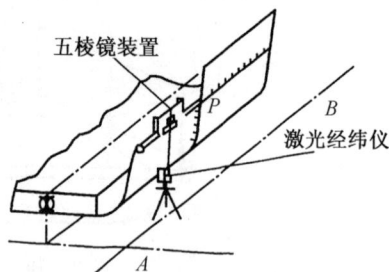

图 6-48 激光经纬仪与五棱镜装置配合

6.8.6 横舱壁的预修整及船台激光定位

当双层底分段装配焊接后,必须先测量双层底中内底板的变形并记录好数据,变形包括横向变形和纵向变形。只有掌握了双层底中内底板的变形情况后,才可进行横舱壁的预修整工作和船台定位。

横舱壁的预修整及船台激光定位步骤如下:

（1）测量全船各横舱壁处内底板中心线的纵向变形挠度使用值 Δ。

（2）间隔一定距离(一般为内底纵骨间距),测量横舱壁位置处内底板上的横向变形情况。

（3）根据内底板中心线处的纵向挠度情况,对该横舱壁中心线的理论高度值进行修正。修正值即为该处内底板中心线的纵向变形挠度值 Δ,Δ 可为正数、零、负数。

（4）对横舱壁高度值进行修正后,再根据该处内底板的横向变形情况,进行横舱壁下口的余量画线和余量切割。

（5）船台激光定位。

将不带余量的横舱壁吊上船台安装定位。其中心线对准内底板中心线,横向对准内底板上的横舱壁安装位置线,并保证横舱壁与内底板垂直。在此过程中,用激光经纬仪进行测量并复验,如图 6 – 49 所示。

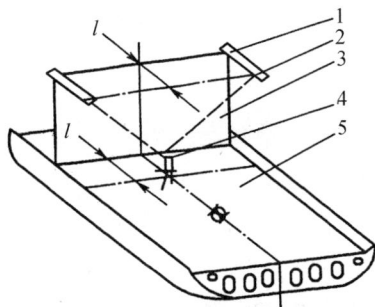

图 6 – 49　横舱壁的船台激光定位
1—画线样板;2—照准线;3—横舱壁;4—激光经纬仪;5—内底板;l—自选距离

纵舱壁预修整的基本原理和操作方法与横舱壁相同,只要注意按双层底的纵向变形情况画线即可。

6.8.7　甲板分段的预修整及船台激光定位

1. 甲板分段的预修整

在采用船台无余量装配工艺时,甲板分段一般是采用"一刀齐"工艺。而甲板分段的制造一般均采用反造法,其胎架一般是水平的或是具有抛、昂势的。当甲板板在胎架上拼拢并焊妥后(指完成正面焊),一般是用激光经纬仪画制甲板中心线与肋骨线(即横梁线),并检验甲板中心线与肋骨线的垂直度,以保证分段预修整时画线的正确。当分段装配完工并经火工矫正后(此时甲板板反面的焊缝尚未焊接,但对画线影响不大),即可开始进行预修整工作。其步骤如下。

（1）确定分段实长

甲板分段的实长是根据双层底相应肋位的实长而确定的。

（2）架设仪器

仪器架设的位置类似于双层底分段画线时的位置,即有 3 种安放位置:

①利用自制的仪器架固定于分段前、后端的甲板纵桁上。

②利用三脚架架设在分段前、后端胎架的中心线上。

③利用三脚架架设在分段一侧的胎架中心线的平行线上。

根据各船厂的具体条件可选择其中一种安放位置。

（3）画制分段断头线

仪器安放位置选定后,根据基准线(即甲板中心线或胎架中心线、胎架中心线的平行线)定位瞄准,并根据分段实长确定断头位置,然后画定分段两端的断头线并打上铳凿,做好记号。

(4)切割余量

首先,根据断头线切除分段骨架(各纵桁、纵骨等)两端的余量。甲板板余量的切除分两种情况处理:

①甲板基准段在分段翻身后,就将甲板板的余量切除,并按要求开好焊接坡口,然后吊上船台安装定位。

②甲板毗邻段在分段翻身并吊上船台定位后,再切割其两端的余量,并开好坡口。

这样处理的好处是,减少甲板分段翻身停放的时间,有利于分段翻身场地的周转,同时,甲板板的余量还可以起临时"靠山马"(定位)的作用。否则,在分段定位时还得装焊临时的"靠山马"。

2.甲板分段船台激光定位

(1)基准分段定位

其两端均无余量,定位时要注意其中心线及前后位置与相应的双层底的一致。

①定中心线 将激光经纬仪架于双层底内底板中心线处,调整仪器使激光束处于中纵剖面内,移动甲板,使甲板中心线与激光重合即可。前后两端中心线的定位方法均一样。

②定冲势(即前后位置) 如图6-50所示。

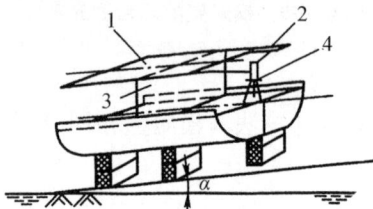

图6-50 甲板分段的船台激光定位
1—甲板;2—画线样板;3—横舱壁;4—激光经纬仪

第1步:将仪器架于双层底内底板中心线处(与甲板分段端部相应肋位处),并将激光经纬仪用辅助标杆法调成船台坡度。

第2步:量取仪器中点到选定肋位的距离,并根据这一距离在画线样板上画出激光照准线。

第3步:调整仪器使激光束处于横剖面内,并使激光束分别打到甲板左右处的画线样板上,移动甲板分段,使样板上的激光照准线与激光斑重合,这样,甲板前后位置就能正确地定下来。

(2)毗邻甲板分段定位

①定中心线 分段一端的中心线与已装好的基准段中心线重合,分段另一端的中心线的定位法与基准段相同。

②定冲势 其方法与基准段相同,主要是检验甲板分段与双层底相应肋位的一致性,为舷侧分段船台一次定位提供第一手资料和创造良好条件。

6.8.8 舷侧分段的预修整及船台激光定位

制造舷侧分段的胎架,除了平行中体部分的平直舷侧板外,其他部位凡具有曲度的分段一般均采用单斜切胎架,这主要是考虑船台无余量装配时画线方便。

如图6-51所示，舷侧分段预修整的实施步骤如下：

(1)制造好胎架，然后舷侧板上胎架拼拢并焊接(反面的焊缝尚未施焊，其后焊焊缝的收缩甚微)，再应用激光经纬仪开始画线工作。

首先，画出分段的基准线及前后理论断头线和肋骨线，再根据基准线分别量到主甲板边线和分段下口线(即水平企口线)的实长(事先在放样台上量好并做好样棒)，每隔两挡肋位量一点，并用样条把若干点连接成光顺的主甲板边线和舷侧板下口线。

(2)在船台已装配好的双层底上，测量双层底每一肋位处水平企口线到水舱面(内底板)的实长，以及肋骨与双层底接合处的内底板的水平差值，此差值为制造双层底分段时焊接变形所致。

(3)定位段的预修整。所谓定位段即是第一对上船台安装的舷侧分段。当其肋骨、舷侧纵桁等骨架及其所带的甲板边板装焊完毕并经过火工矫正后，根据测量所记录的数值，以舷侧板下口线为基准画出肋骨断头线，并切割其余量。分段外板的前后断头线及下口线均按步骤(1)中画定的线进行切割余量，其前、后断头线处按要求开好焊接坡口，而下口线处不开焊接坡口。

(4)毗邻舷侧分段的预修整。当毗邻舷侧分段的骨架等装焊完毕并经火工矫正后，即可按照步骤(2)所述的办法画出肋骨断头线。再根据已装好的毗邻舷侧分段与双层底相应肋位差值及冲势差值(冲势差值是用激光经纬仪使用辅助标杆法进行测量的，如图6-52所示)，对待装的舷侧分段毗邻的断头线进行修正，这样，可以逐段地消除舷侧分段大合拢时产生的误差，防止定位误差累积而确保舷侧分段装配的质量。外板的另一端及下口线则按步骤(1)画定的线切割余量。下口线处不开焊接坡口，前后断头线处按要求开好焊接坡口。

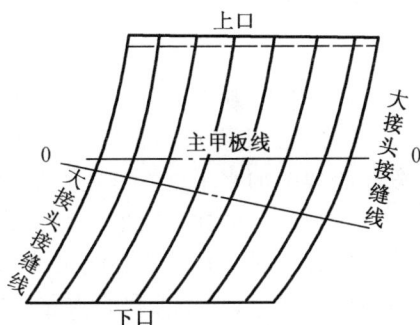

图6-51 舷侧分段预修整画线示意图

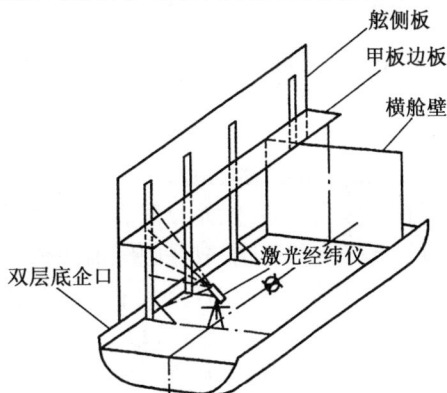

图6-52 舷侧分段的船台激光定位

(5)船台激光定位。船台上安装每一舷侧分段时都必须有校正线，即预先选定分段内的某一肋位和某一水线，以便检验该分段里甲板肋位与双层底肋位的一致性以及分段的高度正确与否。舷侧分段的船台激光定位与检测如图6-52所示。舷侧分段船台无余量装配对于定位段的定位精度要求比较高，否则会影响毗邻分段的安装精度。

6.8.9 船台上艏、艉部无余量环缝的画制

船台上艏、艉部环缝是指与艏、艉立体分段毗邻的底部分段、舷侧分段、甲板分段组成的大接头。我们知道，该大接头一般留有30~50 mm的余量。在艏、艉立体分段吊上船台装配之前，必须将这个大接头处的余量切除。要保证船台上这个大接头环形断面的画线质

量,即既要使两段装配接缝平面一致,又要与船体中纵剖面严格垂直,就需要采用精确度较高的测量技术。主要采用直接利用激光经纬仪画制和采用激光器与五棱镜配合画制两种方法。下面介绍直接利用激光经纬仪画制的方法。

如图 6-53 所示,将激光经纬仪架设于离接缝线为 300~500 mm 的船台中心线上,应用辅助标杆法将仪器调成船台坡度,仪器发射的激光线面便是一个垂直于船体中纵剖面的平面,该平面即为画线时的参考平面。以该参考平面为基准,测量出接缝线位置。画线时要注意,在曲度大的部位多望一些点子(一般间隔 200~300 mm 望一点),然后用样条把这些点连成光顺曲线,并画出切割轨道线(一般距切割线 100 mm)。画线完毕后,用半自动切割机切割余量,并按焊接工艺要求一次性开好坡口。画线前的准备工作是,在大接头区域搭好脚手架。

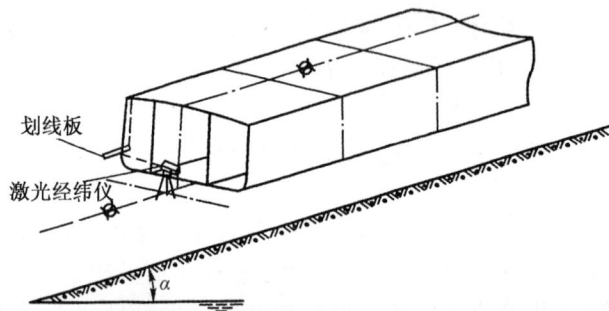

图 6-53　船台上画制艏、艉部无余量环缝

若用此法在船台中心线上架设激光经纬仪对正船台中心线有困难时,如有龙骨墩阻碍视线,可将激光经纬仪架设于与船台中心线距离为 500~700 mm 的平行线上。

6.8.10　艏、艉立体分段的预修整及船台激光定位

1. 艏、艉立体分段的预修整

艏、艉立体分段的预修整基本上与双层底分段的相同,但艏、艉立体分段的高度比一般双层底分段高得多,因而分段在胎架上的水平度特别是前后的水平度,对于预修整画线时的质量有较大的影响,故在画线前必须仔细测量分段在胎架上的水平度。若在测量中发现不平,则应用油泵调整直至水平。在艏、艉立体分段进行预修整画线时,仪器一般安放在分段一端的胎架中心线上或分段一侧胎架中心线的平行线上,因此,分段中心线延伸到基础平台上的准确度,也是影响分段预修整画线质量的重要因素之一,切不可粗心大意。此外,望光时应注意在曲度大的部位,多望一些点子(一般间隔 200~300 mm 望一点),以便能精确地连接成光顺的曲线来,然后打上铣凿并画出鲜明的记号,用半自动切割机切割余量,并按要求开好焊接坡口。

2. 艉立体分段船台激光定位

如图 6-54 所示,将激光经纬仪架设于船台中心线上,使激光束处于中纵剖面内,然后移动艏或艉立体分段,使分段中心线与激光斑重合,另一端则与已装好的毗邻分段重合。至于立体分段的高度和左右的水平度是预修整画线时确定好了的,装配定位时只需对准中心线即可。

利用激光经纬仪进行艏、艉立体分段船台定位时,其中心线与船台中心线的偏差可控制在 3~8 mm 以内,而采用线锤定位时其偏差大致为 20~30 mm 或更大一些。因此,艏、艉立体分段的船台激光定位精度很高,完全能满足需要。

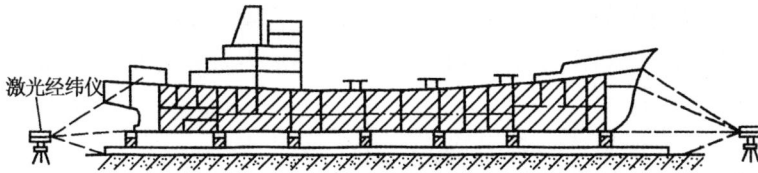

图 6-54 艏、艉立体分段的船台激光定位

思考与练习

一、问答题

1. 船体总装设施有哪些,你见过其中的哪些设施?

2. 船体总装方式有哪些种类?

3. 船台装焊前需做哪些准备工作? 为什么?

4. 在纵向倾斜船台上用塔式建造法进行船体总装时,其装焊工艺要点有哪些?

5. 试述在水平船台上某 $L_右$ 立体分段的装配过程(左侧段还未装)。$L_右$ 段的结构及其所装部位见图 6-55,$L_右$ 段站号为:$^\#40^{+400} \sim {}^\#50^{+400}$。

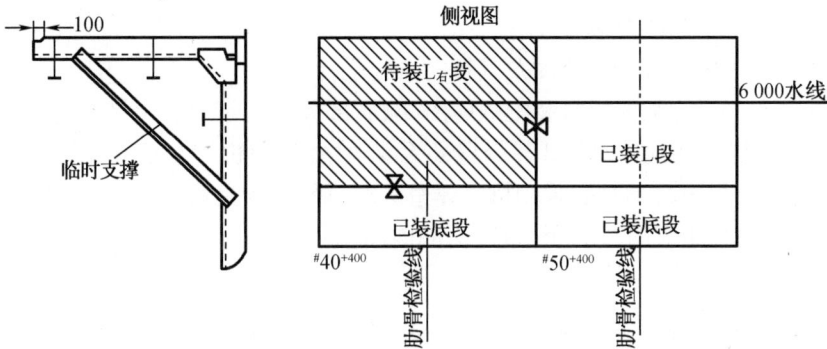

图 6-55 第 5 题图

6. 在水平船台上安装"F"型立体分段 $F_{3右}$(图 6-56),其他分段均已安装完毕。试述 $F_{3右}$ 立体分段定位安装的步骤。

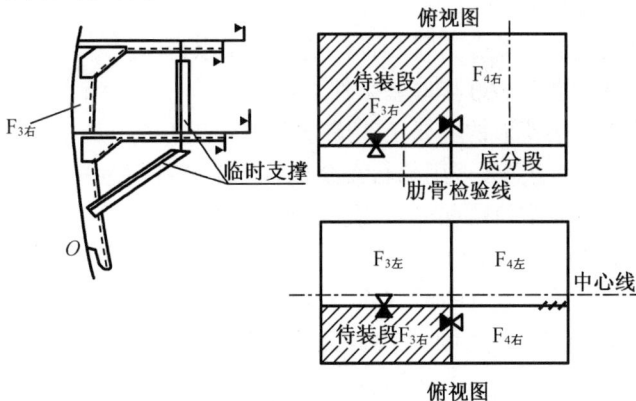

图 6-56 第 6 题图

7. 试述图 6 – 57 所示的艉总段在水平船台上的安装程序及注意事项。

8. 图 6 – 58 所示为某船在船台大合拢时的一个环形大合拢缝简图,请标出其焊接顺序并说明焊接方法。

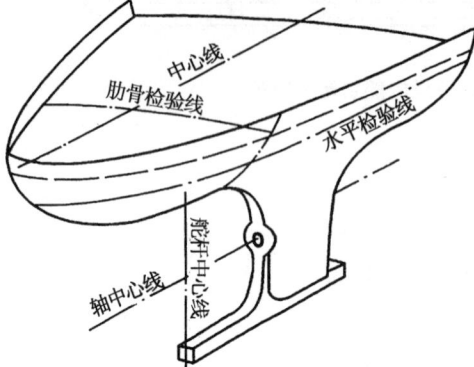

图 6 – 57　第 7 题图　　　　　　　图 6 – 58　第 8 题图

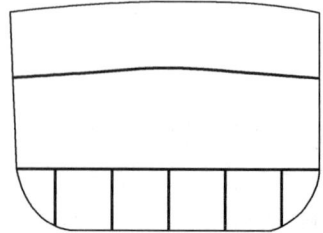

9. 试述总段建造法的总装程序。

10. 试述整体建造法的总装程序。

11. 船体总装时的焊接变形原因及其预防措施是什么?

12. 图 6 – 59 所示为某船船台装配顺序图,除底部分段无余量船台装配外,其余分段及总段均为有余量船台装配,试标出各分段船台装配余量的位置(可用 △ 标注为标准边,▲ 或 → 标注为有余量边)。说明:采用塔式建造法时,艏、艉为总段,中部为双层底立体分段及由两个舷侧和甲板组成的"门"形分段;圆圈内的序号为船台装配顺序号。

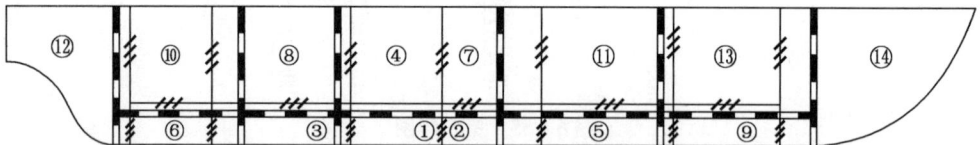

图 6 – 59　第 12 题图

13. 什么是造船公称尺寸、尺寸偏差?

14. 船体建造过程中的误差分为哪几种? 请分别予以说明。

15. 实施造船精度管理要做好哪些基础性工作?

16. 简述控制薄板焊接变形的主要工艺措施。

17. 什么是船台无余量装配,采用船台无余量装配工艺有何意义?

18. 实行船台无余量装配有哪些途径,我国船厂采用的是哪一种?

19. 什么是"一刀齐""水平企口"工艺?

20. 进行船台无余量装配要配备哪些检测工具?

21. 激光经纬仪有何特点,在倾斜船台上直接应用有何技巧,辅助标杆法的原理是什么?

22. 进行船台无余量装配,要在船台上做好哪些准备工作?

23. 船台无余量装配的顺序与传统的船台装配顺序有何不同之处?

24. 预修整画线时,分段有哪几种固定状态,如何选择?

25. 船底分段如何进行船台激光定位?

26. 横舱壁如何进行预修整及船台激光定位?

27. 甲板分段如何进行预修整及船台激光定位?

28. 舷侧分段如何进行预修整及船台激光定位?

29. 如何在船台上画制与艏、艉立体分段对接的无余量环缝?

30. 艏、艉立体分段如何进行预修整及船台激光定位?

二、选择题(单项选择题,即只有一个答案是对的)

1. 将各个零件、部件、分段或总段组装成整个船体的装配场所是: ( )

    A. 船台或船坞   B. 平台或胎架

    C. 部件装配区   D. 分段装配区

2. 一般只用于建造中小型船舶的建造方法是: ( )

    A. 水平建造法   B. 塔式建造法

    C. 岛式建造法   D. 总段建造法

3. 船体总装之前,要在船台上画好三个方向的定位基准线。其中,用于确定分(总)段前后位置的基准线是: ( )

    A. 船台中心线   B. 船台肋骨线

    C. 高度标杆上的高度线   D. 分段水平检验线

4. 船体总装之前,要在船台上画好三个方向的定位基准线。其中,用于确定分(总)段左右位置的基准线是: ( )

    A. 船台中心线   B. 船台肋骨线

    C. 高度标杆上的高度线   D. 分段水平检验线

5. 船体总装之前,要在船台上画好三个方向的定位基准线。其中,用于确定分(总)段上下位置的基准线是: ( )

    A. 船台中心线   B. 船台肋骨线

    C. 高度标杆上的高度线   D. 分段水平检验线

6. 分(总)段与分(总)段对接时,除了用基准线定位外,通常在分(总)段左右或上下各画一根与分段大接缝线垂直的短直线,该线的名称叫: ( )

    A. 船台中心线   B. 船台肋骨线

    C. 对合线   D. 水平检验线

7. 船台装配时,最先吊上船台进行装配的分段名称叫: ( )

    A. 基准分段   B. 艏部总段

    C. 艉部总段   D. 甲板分段

8. 船台装配时,对接分段之间往往会产生骨架与骨架对不准的现象,这时可将一根骨架与板间的定位焊拆去约一挡肋距,或将相对接的两根骨架与板间的定位焊都拆去,再进行装配。这叫: ( )

    A. 借对   B. 定位焊

    C. 封底焊   D. 对合线

9. 对于起重运输设备能力不足的小型船厂建造小型船舶,可采用的造船方法是: ( )

    A. 塔式建造法   B. 整体建造法

C. 总段建造法 D. 岛式建造法

10. 船体建造过程中,由于操作人员的疏忽大意,由于工作错误所引起的误差是:（　　）

A. 随机性误差 B. 规则性误差

C. 草率性误差 D. 客观性误差

11. 船台装配是船体结构整体装配的工艺阶段,俗称:（　　）

A. 大合拢 B. 中合拢

C. 总段装配 D. 分段装配

12. 采用经纬仪或激光经纬仪在分段制造完工后画出分段余量线,并采用半自动割炬把余量割除,以达到船台无余量装配。这种方法是:（　　）

A. 分段预修整 B. 分段无余量制造

C. "一刀齐"工艺 D. "水平企口"工艺

13. 在分段划分时,把分段大接头处的板和骨架的接缝安排在同一横剖面内,而不是像过去那样交错开。这种工艺称为:（　　）

A. "一刀齐"工艺 B. "水平企口"工艺

C. "套割"工艺 D. "对合线"工艺

14. 在分段划分时,将底部分段与舷侧分段的接缝线(即底部分段企口线),尽量安排成具有一定高度且与船底基线平行的水平直线。这种工艺称为:（　　）

A. "一刀齐"工艺 B. "水平企口"工艺

C. "套割"工艺 D. "对合线"工艺

15. 在造船中,工艺余量分为补偿余量和切割余量两种。大于造船尺寸基础数值所规定的余量,并供随后生产工序加以补偿而不切除的,称为:（　　）

A. 规则性误差 B. 规则性误差

C. 切割余量 D. 补偿余量

16. 在船台上需按墩木布置图铺放墩木,用以搁置分段。布置在船体中纵剖面下的墩木俗称为:（　　）

A. 腰墩 B. 龙骨墩

C. 边墩 D. 旁墩

17. 分段预修整的余量一般用半自动气割机切割。画线时,要求画出与切割线平行的气割机轨道线,其距离是:（　　）

A. 0.5 ~ 1 mm B. 5 ~ 10 mm

C. 100 mm D. 900 mm

18. 在炎热的季节里,在露天外场进行薄板分段预修整画线时,选择画线的最佳时机是:（　　）

A. 早晨 B. 中午

C. 夜晚 D. 随时都可以

三、判断题(对的打"√",错的打"×")

1. 船舶在船台上建造好之后,都是用大型吊车吊到水域(即船厂码头)去的。（　　）

2. 根据深度,船坞分为两种:浅的用于造船,称为造船坞;深的用于修船,称为修船坞。

（　　）

3. 船底分段上的定位线是分段中心线、分段基准肋骨线、分段水平检验线和内底板上舱壁位置线。 （　　）

4. 甲板分段上的定位线是分段中心线、分段基准肋骨线、水线 1～2 根和舱壁位置线。 （　　）

5. 舱壁分段上的定位线是分段中心线、分段基准肋骨线和水线 1～2 根。 （　　）

6. 船台装配时,没有必要设置用于临时支撑的装置,如设置假舱壁或临时支柱等。 （　　）

7. 船台装配时,最先吊上船台的基准分段通常是底部分段,其四周一般都没有余量。 （　　）

8. 船台装配时,焊接总段环形接缝应由双数焊工在船的左右同时对称施焊。 （　　）

9. 船舶在船台上建造时,其总体变形常常是:首尾上翘,总长缩短和船体中纵剖面的左右变形。 （　　）

10. 为了保证船体总长度,可适当加大在大接缝处的肋骨间距,以抵消焊接后船体总长的缩短。 （　　）

11. 尽可能采用自动焊、半自动焊、气体保护焊等焊接工艺,能提高焊缝质量,减小船体总变形。 （　　）

12. 精度标准是以规则性误差为主要依据而制定的,故在分析误差的性质时,应将随机性误差和草率性误差加以排除。 （　　）

13. 实行船台无余量装配,有两条途径:一是通过分段预修整达到船台无余量装配,二是通过加放补偿量使分段无余量制造来达到船台无余量装配。前一种方法比后一种方法容易实现。 （　　）

14. 通过严格控制船体建造中的放样、加工、装配等各道工序的精度,使装配成的分段没有余量,可以直接上船台进行无余量装配。这种方法称为分段无余量制造。 （　　）

15. 实行船台无余量装配,有两条途径:一是通过分段预修整达到船台无余量装配,二是通过加放补偿量使分段无余量制造来达到船台无余量装配。这两种方法都容易实现。 （　　）

16. 船台无余量装配只需要在船台上绘制好船台中心线、船台肋骨线即可。 （　　）

17. 分段预修整的船台无余量装配工艺不需要使用辅助标杆,就可以直接在倾斜船台上方便地完成画线、定位、测量等工作。 （　　）

18. 船台无余量装配的顺序,一般来说,各个船厂有所不同,这与各船厂的工艺习惯有关。 （　　）

附　　录

附录 A　中国造船质量标准（GB/T 34000—2016）

详细内容请扫描下方二维码查看。

附录 B "船体加工与装配"课程标准

（供参考）

一、课程名称

船体加工与装配。

二、内容简介

本课程把船体建造从船体放样后的工艺阶段分成船体加工和船体装配两大部分,把职业岗位分成钢材预处理、船体构件边缘加工、船体构件成形加工、船体部件装配、船体分段装配和船台装配等,并以此组建一系列行动化的学习项目,且将每个项目分解成一个个典型的工作任务。

本课程学习的主要内容包括:钢船建造基本知识、船体建造主体工种、船体构件加工、船体部件装配、船体分段装配、船台装配。

三、课程性质

专业核心课。

该课程主要培养学生具有参加船体加工和船体装配的基本知识与基本技能。这是船舶工程技术专业培养的核心职业能力之一。

四、建议课时

13 周×6 课时/周 =78 课时。

五、前导课程

船体放样:是船体加工与装配的上一道工序。

船舶放样实训:集中进行船体放样手工操作基本功实践训练。

船舶结构与制图:能识读船体建造施工图是开展船体建造各项生产活动的基础。

船舶焊接工艺:船舶焊接是船体建造装配生产通常的连接方式。

船舶焊接实训:集中进行各种焊接方法操作基本功实践训练。

船舶气割下料实训:集中进行下料画线、气割操作基本功实践训练。

六、后续课程

船体加工与装配实训:集中进行船体加工与装配操作基本功实践训练。

船舶装配定位测量实训:集中进行船体装配定位测量操作基本功实践训练。

船体生产设计:研究优化船体加工与装配生产的方式方法。

船舶 CAM:研究船舶建造如何运用计算机技术、自动化技术,提高生产效率和建造质量。

七、课程目标(岗位能力)

课程目标分知识目标、能力目标和素质目标。

知识目标:掌握船体建造工艺阶段的划分和主要的船体建造工艺流程,了解造船工业的基本知识。了解船体建造切割工、冷加工、火工、装配工、电焊工等主体工种的基本知识与技能要求。了解钢材预处理的内容,了解船体构件边缘加工和成形加工的原理并掌握其加工方法。掌握船体预装配的工艺装备内容和胎架设计与制作方法,掌握船体部件、分段、总段的装焊工艺和制造方法。掌握船体总装的方式、设施及船台装焊工艺,了解船台无余量装配工艺。熟悉了解分(总)段、船台装配焊接变形的原因及预防措施。

能力目标:通过本课程的学习和相应的实训项目集中训练,能参与船体钢材预处理,会进行船体构件边缘加工及成形加工。能准备船体结构预装焊的工艺装备,会进行胎架的设计与制造。能制定船体部件、分段和总段的装配与焊接工艺,并具备船体预装配与焊接的操作能力。能编制船台装配与焊接工艺规程,并能参加进行船台装焊工作。能制定分段、船体总装焊接变形的预防措施,并能对分段及船体总装焊接变形以及吊运翻身措施进行处理。

素质目标:通过本课程的学习和相应的实训项目集中训练以及综合能力训练,培养学生在钢材预处理、船体构件加工、设计与制造胎架、部件装配、分(总)段装配、船台装配等职业岗位,具备基层操作工人、基层技术人员乃至基层管理人员的素质要求。同时,为今后的职业发展奠定基础。

八、设计思路

本课程根据船舶工程技术专业人才培养方案确定的培养目标和职业能力要求,由学校专任教师、行业和企业专家共同确定课程目标。

本课程是基于船体加工与装配的工作过程,即钢材预处理→船体构件边缘加工→船体构件成形加工→船体部件装配→船体分段装配→船体总段装配→船台装配,来组织课程内容。变学科型课程体系为项目任务引领性课程体系,紧紧围绕完成船舶建造各工序的工作任务的需要来选择课程内容,组织教学方法与手段。

在教学中,选用12 500吨多用途货船和150吨冷藏船作为教学样船为载体,引导学生通过项目学习,并结合相应的实训项目集中训练,最终获得相关职业岗位所需要的知识和技能。

九、内容和要求

序号	模块/项目	课程内容及要求	学生实训	参考学时
1	钢船建造基本知识	要求学习船舶建造的内容与模式、整体的船体建造工艺流程、造船工业的基本知识	参观校内船舶工程实训基地	4
2	船体建造主体工种	要求学习了解切割工、冷加工、火工、装配工、电焊工的基本知识与技能	参观校内船舶工程实训基地	6

表（续）

序号	模块/项目	课程内容及要求	学生实训	参考学时
3	船体构件加工	要求学习掌握钢材预处理、船体构件的边缘加工、船体型材构件的成形加工、船体板材构件的成形加工的有关知识与技能	船舶气割下料实训 船体加工与装配实训	12
4	船体部件装配	要求学习掌握船体板的拼接、T型梁的装焊、肋骨框架的装焊、主机和辅机基座的装焊、尾柱和首柱的装焊以及其他构件的装焊方法与工艺规程	船体加工与装配实训	14
5	船体分段装配	要求学习掌握胎架的设计与制作、底部分段的装焊、舷侧分段的装焊、甲板分段的装焊、舱壁分段的装焊、首和尾总段的装焊、中部总段的装焊方法与工艺规程，熟悉了解上层建筑的装焊工艺、分段和总段的焊接变形及预防、分段和总段的吊运与翻身知识与技能	船体加工与装配实训 船舶装配定位测量实训	18
6	船台装配	要求学习掌握船台和船坞总装设施、船体总装方式、船台装配的准备工作、船台装焊工艺，熟悉了解船体焊接变形及预防、船体建造精度管理、船台无余量装配工艺	船体加工与装配实训 船舶装配定位测量实训	16
其他	机动			6
	考核			2
总学时				78

十、课程考核

课程考核以过程评价和目标评价相结合，以过程评价为基础，以能力考核为中心，综合评定学生成绩。

学生课程成绩由平时考核成绩、应知考核成绩、应会考核成绩三部分组成。评定办法如下：

综合成绩＝平时考核成绩×20％＋应知考核成绩×40％＋应会考核成绩×40％。

（1）平时考核成绩指平时上课表现、学习态度、出勤、作业等情况；

（2）应知考核成绩是根据课程要求出题考核，考核方式采用笔试为主；

（3）应会考核成绩一方面以笔试形式考核操作方法、操作规程等技能，另一方面，有条件的话，可以采取理实一体化、教学做一体化的教学模式，在平时就检查、记录、考核各技能训练项目。

十一、参考资料与教学资源

1.选用高水平的公开出版的高职船舶规划教材。如选用人民交通出版社2018年（第二版），周启学主编的《船体修造工艺》一书；哈尔滨工程大学出版社2019年版，何志标、周启学主编《船体加工与装配》。

2.选用样船列举实例，模拟真实造船生产场景，加强针对性，增强学习效果。如某校选用 12 500 t 多用途货船和 150 t 冷藏船作为教学样船，因为教研室具有这两条船相对完整的图纸，而且其他课程的学习也是以这两条船为例的。

3.充分利用校内船舶工程技术实训基地实训资源。

4.利用精品资源课《船体加工与装配》《船体建造工艺》网上公开的资源，适当变换教学形式，培养提高学生学习兴趣，辅助教学。

5.适当设置更多单独的实训项目进行强化训练。如专门设置 2 ~ 4 周时间不等的放样实训、船舶焊接实训、船舶结构模型制作实训、船舶气割下料实训、船体加工与装配实训、船舶装配定位测量实训等实训项目，进行技能训练。

6.研究推进理实一体化、教学做一体化的教学方式方法。

参考文献

[1] 周启学. 船体修造工艺[M]. 2版. 北京:人民交通出版社,2018.

[2] 魏莉洁,何志标. 船舶建造工艺[M]. 哈尔滨:哈尔滨工程大学出版社,2010.

[3] 何汉武,陈叶华. 船舶切割工[M]. 北京:国防工业出版社,2009.

[4] 金鹏华. 船体冷加工[M]. 北京:国防工业出版社,2008.

[5] 黄镇. 船体火工[M]. 北京:国防工业出版社,2008.

[6] 施克非. 船体装配工[M]. 北京:国防工业出版社,2010.

[7] 赵伟兴. 船舶电焊工[M]. 北京:国防工业出版社,2010.

[8] 王鸿斌. 船体修造工艺[M]. 北京:人民交通出版社,2006.

[9] 徐兆康. 船舶建造工艺学[M]. 北京:人民交通出版社,2005.

[10] 华乃导. 船体修造与工艺[M]. 大连:大连海事大学出版社,2000.

[11] 王云梯. 船体装配工艺[M]. 哈尔滨:哈尔滨工程大学出版社,2004.

[12] 上海市造船公司编写组. 船体装配[M]. 上海:上海人民出版社,1977.

[13] 陈强. 中心造船模式的研究与应用[D]. 哈尔滨:哈尔滨工程大学,2002.

[14] 叶家玮. 现代造船技术概论[M]. 广州:华南工业大学出版社,1999.

[15] 高介祜,郁照荣,温绍海. 现代造船工程[M]. 哈尔滨:哈尔滨工程大学出版社,1998.

[16] 黄浩. 船体工艺手册[M]. 北京:国防工业出版社,1989.

[17] 中国船级社. 钢质海船入级与建造规范[M]. 北京:人民交通出版社,1996.

[18] 徐学光. 壳舾涂一体化内涵的探析[J]. 造船技术,1998(2),10-20.

[19] 康汉元. 船台无余量装配[M]. 北京:人民交通出版社,1980.

[20] CB/T 4000—2005,中国造船质量标准[S].

[21] GB/T 34000—2016,中国造船质量标准[S].